广东省城乡规划设计研究院有限责任公司
广东省国土空间规划协会 组织编写

广东省城市评估数据蓝皮书（2020）

——韧性城市视角下的城市评估

王 浩 马 星 胡慧建 主编

中国建筑工业出版社

图书在版编目（CIP）数据

广东省城市评估数据蓝皮书 . 2020 : 韧性城市视角下的城市评估 / 王浩，马星，胡慧建主编；广东省城乡规划设计研究院有限责任公司，广东省国土空间规划协会组织编写 . —北京：中国建筑工业出版社，2021.7

ISBN 978-7-112-26361-5

Ⅰ.①广⋯ Ⅱ.①王⋯ ②马⋯ ③胡⋯ ④广⋯ ⑤广⋯ Ⅲ.①城市—发展—评估—研究报告—广东—2020 Ⅳ.①F299.276.5

中国版本图书馆 CIP 数据核字（2021）第 145383 号

责任编辑：毋婷娴
责任校对：王　烨

广东省城市评估数据蓝皮书（2020）——韧性城市视角下的城市评估
广东省城乡规划设计研究院有限责任公司
广东省国土空间规划协会　组织编写
王　浩　马　星　胡慧建　主编

*

中国建筑工业出版社出版、发行（北京海淀三里河路 9 号）
各地新华书店、建筑书店经销
逸品书装设计制版
临西县阅读时光印刷有限公司印刷

*

开本：880 毫米 ×1230 毫米　1/16　印张：16½　字数：385 千字
2021 年 8 月第一版　2021 年 8 月第一次印刷
定价：188.00 元
ISBN 978-7-112-26361-5
（37257）

版权所有　翻印必究
如有印装质量问题，可寄本社图书出版中心退换
（邮政编码 100037）

参编人员名单

主　　编：王　浩　马　星　胡慧建

编　　委：吴晓生　杜　勇　邓力凡　李军锋　潘俊钳
　　　　　　原明清　梅梦媛　陈明发　彭雨滕　陈俊松
　　　　　　杨晓羚　王晓路　丁　宁　林堉楠　陈海洋
　　　　　　陈美妍　林尤涛　马　瑶　牛晓君　方小山
　　　　　　梅　乐　刘　奇

特别感谢：陈　宇　蔡　希　石莹怡　何正国　梁健超

前言 · FOREWORD

随着城镇化的快速发展，人类的高度集聚与高强度开发建设，使得城市系统的复杂性不断上升；加之全球气候变化、地质活动等引起的自然灾害，以及重大传染性疾病、极端恐怖主义等事件频发，各类不可预测、不确定性风险对城市发展带来的威胁日益增加；现代社会正进入一种"风险型社会"，呈现自然灾害频发化、城市系统脆弱化、突发事件常态化等特征，城市安全与可持续发展面临越来越严峻的挑战。

我国高度重视城市安全韧性问题，面对城市风险防范安全治理这一重大议题，党和政府一直给予高度重视，并不断做出积极努力。2018年初，中共中央办公厅、国务院办公厅印发了《关于推进城市安全发展的意见》，提出城市安全发展的总目标：到2035年，城市安全发展体系更加完善，建成与基本实现社会主义现代化相适应的安全发展型城市。

2020年初，突如其来的"新型冠状病毒"，以惊人的速度蔓延，面对这次全球性的公共卫生事件，我们赖以生存的城市遭遇前所未有的重创。随着社会经济生活的逐渐恢复，我们开始对城市居住环境的安全性及城市系统的韧性进行反思，思考应该规划、建设一个什么样的城市，才能在面对各类突发灾害和公共事件时，作出快速精准的反应和应对，并能在灾后迅速恢复经济社会运转。

疫情是一面放大镜，一个城市的应对表现，从侧面反映出其物理空间布局是否合理、管理治理是否科学有效、社会协调是否灵活，也在某种程度上反映出我国在快速城镇化过程中普遍存在的"城市病"。比较典型的有：

一是城市建设侵占大量生态空间，各类生物不得不适应城镇化过程，与人类混居在城市中，这不但增加人们接触野生动物、传染病毒的风险，而且栖息地遭到破坏的生物面临种群数量减少、生物资源减少的困境。如何构建一个人与自然和谐共存的宜居环境是此次疫情后应当思考的问题，也是增强人类居住环境韧性的关键。

二是城市人口过于密集，流动性过强。城市外来人口激增，人口流动成为常态，给城市经济系统带来不稳定性和不确定性，城市设施始终处于超负荷状态，管理者难以对巨量外来人口实行精细化管理。可见，人口规模是一把双刃剑，城市的经济发展需要大量年轻的劳动力，人口老龄化趋势下人口系统的脆弱性不断增大，必将使城市处于脆弱状态。

三是基层防灾减灾救灾能力有待加强。城乡社区是社会治理的基本单元，社区安则社会安。

在疫情阻击战中，基层社区群防群治工作发挥了基础性的作用，但仍存在信息错滞、资源不足、管理无序和服务缺位等问题。面临自然灾害、公共卫生、重大事故等不确定性威胁，需进一步提升社区在物质空间、服务配套以及民生保障等方面的韧性，打造韧性城市的"最后一公里"。

四是在以第二产业发展带动为导向的发展观下，农业投入资金少，机械化、现代化程度低，耕地使用效率低下是普遍存在的问题，进而导致大量城市以及区域难以形成农业的内循环。面对突如其来的疫情，农业这块"压舱石"显得异常重要。

五是城镇化地区空间结构不尽合理，特别是交通结构。在区域层面，重大交通廊道统筹建设力度不够，导致重大公共事件发生时必要的物资不能及时有效送达；在城市内部，许多大城市采取"摊大饼式"的空间扩张模式，组团发展和卫星城镇建设补助，忽视生态间隔的构建，既不利于城市通风和环境改善，也不利于疫情时的隔离管理。同时，城市功能布局不合理，产城分离，每日大量人群通过公共交通在城市内流动，给病毒传播提供了途径。

六是区域协同和全球经济一体化发展的当下，城市的基本生活生产过度依赖区域协作网络的弊端日益显现。在国外疫情难以控制、生产协作网络瘫痪的情况下，如何通过强化内循环、建立内外双循环的经济系统，实现经济的可持续发展，是后疫情时代需要重点关注的议题。

庆幸的是随着大数据、互联网等技术的发展，大数据技术应用于城市治理的途径越来越成熟，在此次疫情防控中逐渐成为主流城市治理依据，帮助建立起疫情常态化数据监测机制，提升了政府对公共事件的响应能力。从全国层面，利用电信大数据分析模型，统计全国各地区的人员流向，帮助预判疫情传播趋势，提升各地疫情防控工作效率，到各地出现的"粤康码""穗康码""莞E"等健康登记APP，快速登记进出各类公共场合的人群，建立感染者出行线路及密切接触者分析模型，从而判断可能产生的新的高风险区域，为社区层面的疫情防控提供支撑。

《广东省城市评估数据蓝皮书（2020）——韧性城市视角下的城市评估》以城市韧性发展为主题，从城市健康与城市系统韧性理念出发，针对广东省21地市的人口系统、用地系统、农业系统、交通系统、经济系统及生态系统等城市关键系统的脆弱性问题，通过大数据手段对各关键系统进行科学评估，发现系统脆弱性特点、地区性差异，并提出韧性强化的策略建议及信息化设想，为强化城市治理能力提供理论和技术支撑。

目录 · CONTENTS

前言

001

第一章 生物资源韧性

1.1 广东省动物资源空间分布特征 / 002
1.2 广东省鸟类资源空间分布特征 / 004
1.3 动物资源与生态安全格局 / 006
1.4 动物资源与线性生态空间的关系 / 007

021

第二章 城市韧性发展评估

2.1 广东省城市韧性发展评估技术路径 / 023
2.2 广东省各地市韧性发展结构特征 / 026
2.3 广东省韧性发展空间特征 / 040
2.4 广东省城市韧性发展的思路与对策 / 041

047

第三章 社区韧性

3.1 社区韧性内涵及其评价体系 / 048
3.2 广东省社区物质空间环境 / 052
3.3 广东省社区配套设施 / 067
3.4 广东省城市居民自有资源 / 075
3.5 广东省城市社区韧性综合评估 / 081

087

第四章 农业韧性

4.1 广东省农业发展时空特征 / 088
4.2 广东省各地市农业韧性评估 / 098
4.3 农业现代化发展策略及案例借鉴 / 113
4.4 本章小结 / 122

125

第五章　交通韧性

5.1 交通韧性概述 / 127

5.2 广东省交通发展特征 / 129

5.3 广东省城市交通韧性评估 / 144

5.4 交通韧性提升发展策略及案例借鉴 / 170

5.5 本章小结 / 177

181

第六章　经济韧性

6.1 经济韧性研究进展 / 182

6.2 经济韧性实证分析 / 185

6.3 本章小结 / 203

205

第七章　数据增强韧性

7.1 数据的韧性 / 206

7.2 数据的困境 / 207

7.3 数据工作应遵循的原则 / 210

7.4 数据治理关键环节及技术 / 212

7.5 数据挖掘：洞悉城市的运行状态 / 218

7.6 本章小结 / 228

231

第八章　信息技术增强韧性

8.1 疫情下的信息技术应用 / 232

8.2 自然资源信息技术应用 / 237

8.3 智慧城市建设与规划协同发展 / 247

8.4 本章小结 / 252

参考文献 / 253

第一章

生物资源韧性

当前，全球物种灭绝速度不断加快，生物多样性丧失和生态系统退化对人类生存和发展构成重大风险。人与自然是命运共同体，生物多样性是人类赖以生存和发展的重要基础。生物多样性通过保障生态系统服务，包括提供食物、清洁的水和空气，调节气温与降水，减少自然灾害，降低传染性疾病传播风险等方式影响人类及其赖以生存的环境。动物多样性是生物多样性的重要组成部分，本章节在分析广东省野生动物资源空间分布规律的基础上，通过构建模型实现动物资源的空间可视化，分析广东省动物资源的空间分布规律，并将其与广东省内具有特殊意义的生态廊道、生态屏障、绿道、古驿道和碧道等生态空间进行耦合分析，探索动物资源在生态空间中的重要性，并借此提出生物多样性的保护措施和生物资源恢复的建议，以提升广东省生物资源的韧性。

1.1 广东省动物资源空间分布特征

广东省拥有丰富的水资源及充足的光热条件，动物资源尤为丰富。然而，随着快速的城镇化进程，珠三角地区演变为全国城镇最为密集的地区，人口、经济的高度聚集带来了一定的环境压力，生物多样性也面临着威胁。研究团队多年来在广东省内大范围开展了多次动物资源调查，掌握了大量的动物资源一手数据。基于这些调查数据，结合环境数据，构建物种空间分布模型，模拟部分动物空间分布并得到广东省动物多样性空间分布结果。

1.1.1 建立动物资源调查数据库

动物资源分布数据来源于研究团队多年来对广东省陆生野生动物的调查动作，调查时间为2010—2019年。野外调研在充分考虑物种的栖息地类型、活动范围、生态习性的基础上，并结合广东省地理区系和实际情况，将广东省划分为12个地理单元，共设180个样区，每个调查样区大小为10km×10km。

对于每一个样区，按照1.2%的调查强度，采用随机均匀布样法，布设了6条样线，长度为4km，单侧宽度为25～30m，动物调查共分繁殖季与越冬季两期进行。调查时，以步行为主，步行速度为1～2km/h，借助望远镜进行观察，并记录发现鸟类的名称、数量、距离中线的距离、地理位置、生境状况和威胁因素等信息，同时记录样线调查的行进航迹。为确保模型精度与减少空间偏差，我们对同一种鸟类在同一个100m×100m的网格内仅保留一条观测记录，并仅选择观察记录大于5个的物种进行研究。最终，共285种动物，70 869个分布点位用于本研究中。

1.1.2 构建动物空间分布模拟模型

基于前人研究的基础，从气候、地形、生境质量、干扰强度等因素考虑，并经过皮尔森相关分析验证，筛选出高程、年均降雨量、年均温、年均湿度、年均温度差、土地利用类型、归一化植被指数、人口密度、距离城镇距离、距离水源距离等10个影响动物分布的环境因子进行模型分析（表1-1）。源数据中：高程、距离城镇距离、距离水源距离、归一化植被指数原始分辨率为30m×30m，使用最近邻法（Nearest）进行重采样；年均降雨量、年均温、年均温度差、年均湿度原始数据为点数据，采用克里金法（Kriging）将观测数据插值成同空间分辨率的数据；将以上数据统一进行归一化处理，分辨率均为100m×100m，地理坐标系为CGS_WGS_1984。

表1-1　　用于物种分布模型的环境因子

环境因子	缩写	单位
高程 Altitude	ALT	m
年均降雨量 Annual precipitation	AP	mm
年均温 Annual mean temperature	AMT	℃
年均湿度 Annual mean humidity	AMH	%
年均温度差 Annual average temperature difference	AMTD	℃
土地利用类型 Land use	LU	—
归一化植被指数 Normalized difference vegetation index	NDVI	—
人口密度 Population density	PD	人/km²
距离城镇距离 Distance from urban land	DUL	m
距离水源距离 Distance from water	DW	m

使用MaxEnt模型来对285种动物在广东省的潜在分布区进行预测。对每一种动物物种，使用75%的点位作为训练数据进行分部预测，剩余出现点记录作为检验数据，为了防止计算的过拟合（Over-fitting），模型运算中采用了自动特征选择功能（Auto feature function），其余模型参数均设为默认。我们采用刀切法（Jackknife procedure）来分析每个环境变量对物种潜在分布影响的相对重要性（郝雪娜和吴艳兰，2017），使用受试者工作特征曲线（the receiver operating characteristics curve，ROC）下的面积值（area under the curve，AUC）来验证模型模拟结果，评价标准为：0.6~0.7较差、0.7~0.8一般、0.8~0.9良好、0.9~1优秀（Swets，1988）。

此外，对于每个模型使用Subsample进行重复10次并计算10次交叉验证结果的平均生境适合度、AUC和环境变量重要性作为物种分布概率的预测结果、模型精度和因子作用的评价指标，评价标准（崔绍朋等，2018）。选择均等测试敏感性和特异性阈值（Equal training sensitivity and specificity logistic threshold）作为阈值将平均生境适合度进行1、0二值化分割，1表示为潜在分布区，0表示无分布。

1.1.3　广东省动物资源空间分布格局

（1）多样性高值区域形成"三区"分布。①南岭向南山脉—韶关片区：以大东山、蔚岭为西、北两线，与韶关市中心成包围状。②粤东七市片区（惠州、河源、梅州、潮州、汕头、揭阳、汕尾），该片区生物多样性较为丰富，河源、梅州南部等部分地区有明显破碎状，是由于九连山、七目峰山、莲花山、凤麓山对其生物连片性存在一定割裂。③江门、阳江片区。该片区西为大田顶山地、天露山等自然保护区，东为珠海、中山、佛山、广州等强人为干扰因素地区，该区域为珠三角与粤西之间的动物迁徙、交流提供了重要通道。

（2）多样性区域分布不平衡凸显。①粤东生物栖息地分布显著高于粤西地区，粤东七市是重要的生物多样性片区，而在粤西地区仅有江门、阳江两市较为丰富；②北部山脉、南部沿海普遍高于中部地区；③珠三角两翼存在明显的"区域性踏脚石"，对维持珠三角内部物种平衡提供了重要的保护机制。

（3）人为干扰明显影响着动物多样性。在各地市的生物多样性对比中，潮州、汕尾、江门等地区物种多样性较高（均值＞57种），广州、佛山、东莞、深圳等地市由于人类活动与城市扩张，物种生存适宜性较低（均值＜37种），除去自然因素，人类活动仍可能是影响动物栖息地变化的主要因素之一，根据广东省空间分布，有以下初步结论：①高人为干扰地区生物多样性较少。广州、深圳、佛山、东莞等高城市密集区呈现出低生物多样性。②低人为干扰地区生物多样性较少，这类区域以大片远离人类活动的山脉、林地为主，例如云开大山、滑石山、起微山等，其生物多样性呈现出低值。③中度人为干扰地区生物多样性较高。人类活动的边缘存在较多的破碎用地斑块，为动物生存提供了一定的资源与条件，该类型区域以"南岭向南山脉—韶关片区""江门、阳江片区""广佛深莞周边"为主。

（4）动物多样性与生态保护地区重合度高。广东省物种空间分布区域差异较大，进一步选出重要动物多样性区域（自然断点分为四类，选取最高一类，该类别为大于70种物种的空间分布），判别高动物多样性区域是否依附于自然保护区与生态红线。广东省来看物种高于70种的地区斑块较为破碎，主要分布于三大片区中，该区域约为27 153.28km^2，约占广东省总面积的15%。

选取的自然保护区总面积为6 161.84km^2，生态红线37 425.22km^2，将两者数据与多样性高值区域进行相交，发现生态红线仅在南岭向南山脉—韶关片区及粤东片区的九连山南部有少量的重叠区域，重叠面积约为2 443.5km^2，不到整个生态红线的7%。与自然保护区的相交面积为555km^2，占整个自然保护区面积的9%，其主要分布在韶关、九连山脉南部等，与生态红线相交结果空间分布相似。

1.2 广东省鸟类资源空间分布特征

鸟类是生物多样性的重要组成部分，更是重要的环境指示物种，而鸟类的分布、种群密度、繁殖成功率等均有可能受到栖息地环境质量的直接影响，对生态系统状态具有重要指示性。因此团队选择鸟类作为主要研究对象，探究其空间分布规律。新型国土空间规划背景下，生态保护红线、永久基本农田、城镇开发边界（以下称"三线"）成了核心的规划线性要素，生态保护红线更是生态保护与修复的重要"底线"，但关于它们与生物多样性热点地区之间的空间研究却鲜有报道,不利于规划管控与决策调整。本节主要分析广东省鸟类的空间分布规律,并探讨鸟类多样性热点与"三线"——特别是生态保护红线——的空间关系,找出潜在的保护空缺,以期为生物多样性的保护规划提供科学的参考依据。

1.2.1 鸟类资源空间分布规律

全部鸟类多样性高值区主要分布于三大片区。①南岭片区:以韶关中心向四周扩散,西至大东山,北抵蔚岭山脉,鸟类栖息地形成以点、线连接型的高聚集区;②粤东片区:栖息地由多个区域性斑块相连构成,整体分布于七个地级市内(惠州、河源、梅州、潮州、汕头、揭阳、汕尾),因九连山、七目峰山、莲花山、凤麓山脉的割裂作用,河源、梅州南部等部分动物栖息地明显呈破碎状分布,不如粤东沿海地区的栖息地完整。③江门、阳江、云浮片区:江门市多样性高值区空间连片性相对较高;阳江、云浮市内两个栖息地斑块由大田顶山地、云开大山、云雾山、天露山等四山环绕而形成。

保护鸟类空间分布更为聚集。三片区中:①南岭片区整体由外向内碎片化,中心聚集效应更为明显;②粤东片区的保护鸟类丰富度格局整体向南部偏移,集中布于惠州、汕尾、揭阳、汕头、潮州等沿海区域;③江门、阳江、云浮片区综合变化较小,但云浮市对保护鸟类的适宜性明显降低。

留鸟类与迁徙鸟类的分布格局存在明显的南北差异。留鸟类主要的分布区相对靠北,例如粤湘边界处的蔚岭、大东山等,粤东片区中以梅州、潮州等地区为主,部分分布于云浮市内。迁徙鸟类整体分布趋南,南岭片区中主要分布于大东山南部、滑石山西部,粤东片区中其主要活跃于沿海区域,广州南沙、江门等滨海地区也分布着迁徙鸟类的落脚点。

1.2.2 鸟类热点区与三线之间的空间关系

全部鸟类的热点地区分布相对隔离,主要布于南岭、粤东两大片区内,热点地区总面积为13 910.82 km^2。保护鸟类的热点地区域与全部鸟类的热点地区格局较为相似,两者空间重叠率为62.98%,但空间上存一定的压缩,面积仅为4 783.28 km^2,其在粤东片区的分布呈南北分化状。留鸟类与迁徙鸟类的热点地区域面积分别为11 290.26 km^2、9 630.54 km^2,两者的分布存在明显空间错位,空间重叠率仅为25.26%。分别将上述热点地区与"三线"对比,全部鸟类、保护鸟类、留鸟类、迁徙鸟类的保护空缺分别达到88.37%、95.44%、84.27%、95.38%,均存在大范围的保护空缺(表1-2)。

表1-2		鸟类热点地区与三线空间关系			
		生态保护红线	永久基本农田	城镇开发边界	"三线"之外
全部鸟类热点地区	相交面积/km^2	1 618.79	4 009.49	24.01	8 258.52
	热点地区占比/%	11.63	28.82	0.17	59.38

续表

		生态保护红线	永久基本农田	城镇开发边界	"三线"之外
保护鸟类热点地区	相交面积/km²	218.44	1 880.32	65.95	2 618.58
	热点地区占比/%	4.56	39.31	1.38	54.75
留鸟类热点地区	相交面积/km²	1 776.68	2 856.25	3.17	6 654.16
	热点地区占比/%	15.73	25.29	0.03	58.95
迁徙鸟类热点地区	相交面积/km²	445.13	3 103.25	210.07	5 872.09
	热点地区占比/%	4.62	32.23	2.18	60.97

全部鸟类热点地区在生态保护红线内比例仅占11.63%，主要分布地为韶关市的丹霞山国家自然保护区、南雄小流坑—青嶂山自然保护区、河源新港自然保护区、梅州市兴宁铁山渡田河自然保护区、汕尾市海丰鸟类自然保护区等周边区域；28.82%的热点地区与永久基本农田重叠，重叠部分中连片性较高的农田主要分布于南岭、粤东片区中；极少量热点地区分布于潮州、梅州市城镇开发边界内。保护鸟类热点地区中与生态保护红线相交部分仅占4.56%，其中主要分布于汕尾市海丰鸟类自然保护区、韶关丹霞山自然保护区等；39.31%与永久基本农田有明显重叠，较大重叠斑块主要分布于汕尾、揭阳、惠州、江门、阳江等地；城镇开发边界内的热点地区较少，主要分布于潮州、汕头市等区域。

留鸟类热点地区位于生态保护红线内部的比例相对较高，达15.73%，主要分布于韶关丹霞山自然保护区、南岭国家森林公园、仁化森林公园、河源新港自然保护区、梅州市兴宁铁山渡田河自然保护区等区域；对于迁徙鸟类，生态保护红线内部热点地区比例仅为4.62%，主要位于汕尾市海丰鸟类自然保护区等。与永久基本农田的重合部分中，留鸟类热点地区25.29%主要分布于南岭片区北部、粤东片区北部，而迁徙鸟类热点地区32.23%主要分布于粤东片区南部，以及江门、阳江、云浮片区南部。从城镇开发边界的角度来看，留鸟类热点地区基本上均在其外（仅占0.03%），而迁徙鸟类热点地区在揭阳、汕头、潮州城镇区域内存在一定分布。

1.3 动物资源与生态安全格局

生物多样性是区域生态安全格局的重要组成部分，尤其是作为连接生态源地的生态廊道，是生态要素流动的廊道，也是动物迁徙活动的重要廊道。本节在构建广东省重要生态廊道网络的基础上，探索动物生存空间与广东省重要生态空间和生态廊道的关系。

1.3.1 广东省生态廊道划定

结合生态源地与广东省自然保护地，选取重要的战略节点，通过参照相关文献，选取国家级自然保护区，湿地公园和森林公园，面积大于100km²的非国家级自然保护地以及具有重要的区域性生态系统服务功能区的几何中心作为重要生态节点。重要生态节点共有87个，其中国家级自然保护区有6个，国家级森林公园有21个，国家级湿地公园有23个，面积大于100km²的非国家级自然保护地有14个，具有重要区域性生态系统服务功能的生态节点有23个。

在识别生态源地、生态节点和最小阻力面的基础上，通过Arcgis的cost-distance模块，共识别出151条生态廊道，总长度为7 400km。受生态源地和重要生态节点的影响，生态廊道在环珠三角的区域分布较为密集，由于粤西生态源地和重要生态节点较少，因此生态廊道数量较少。此外，珠三角核心区内部的生态廊道也较少，该地区生态节点较少，且生态扩张阻力较大。

1.3.2 动物多样性与生态廊道

将线状生态廊道与土地利用类型相叠加，选取生态廊道所经过的完整用地图斑作为生态廊道面状生态空间。统计生态廊道面状空间里面的动物资源发现，生态廊道面中共有动物178种，占全省空间模拟物种的78%，其中鸟类138种，两栖动物28种，兽类12种。整体来看，生态廊道所经区域的动物资源丰富度较高，从空间联系上来看，生态廊道节点所在的区域一般为动物资源集聚区，生态廊道起到了一定的串联作用。

1.3.3 动物多样性与生态屏障

基于生态重要性评价结果，通过梳理重要生态空间的用地，识别出环珠三角生态屏障和粤北生态屏障，通过空间统计分析发现，两个生态屏障中的动物种数为185种，占所有模拟物种的81%，一定程度上说明两个生态屏障在广东全省生物多样性中占有重要的地位。

在两个生态屏障中，粤北生态屏障共有动物106种，其中鸟类85种，两栖爬行动物10种，兽类11种；环珠三角生态屏障共有动物79种，其中鸟类46种，两栖爬行动物25种，兽类8种。从动物种类来看，粤北生态屏障物种主要以鸟类为主，两栖爬行动物较少，环珠三角生态屏障动物物种主要以鸟类和两栖爬行动物为主。

1.4 动物资源与线性生态空间的关系

广东省拥有绿道、古驿道、碧道等多种线性生态空间，通过对不同线性生态空间周边的动物多样性空间分布特征的研究，尝试提出如何通过线性生态空间的建设和优化，实现生态修复和动物资源的恢复。

1.4.1 广东省古驿道重点线路周边的动物资源

古驿道不仅是南粤一段历史文明的演绎，更为奔波在城市中的人们提供了一个亲近感受自然、体验人文魅力的空间场所。在这里自然人文相映成趣、乡村田园风光怡人，但古驿道的魅力、价值却远不止此。本节选择广东省古驿道重点线路为研究区域,分析重点线路周边的动物资源分布特征,并对典型重点线路周边的动物资源单独进行分析。

1)广东省古驿道重点线路周边的鸟类资源分布特征

本节选择了古驿道中的8条2017年示范段、11条2018年重点线路、5条2019年拓展新增线路、2020年3条新增的海防主题线路与3条新增滨水绿道为研究对象,梳理并细化其空间分布,整理动物调查数据中的47条样线共20 000余个动物观察点形成2020年度古驿道重点线路空间数据库。

研究结果发现,古驿道重点线路周边共有动物138种,其中鸟类110种,种类占比高达80%,两栖爬行动物21种,兽类7种,平均每条古驿道重点段上的动物种数超过百种、鸟类种数90余种(表1-3)。黑鸢是古驿道重点线路周边分布面积最广的物种,沼蛙是分布面积最广的两栖爬行动物,隐纹花松鼠是分布面积最广的兽类(图1-1)。百种共存,鸟语花香,丰富的动物资源种类使得古驿道生趣盎然,为古驿道活化利用、带活带旺生态发展地区提供了新的路径。

表1-3　　　　　　　　　　　南粤古驿道重点段上的主要动物概况一览表

编号	古道名称	动物种数	鸟类种数	两栖爬行动物种数	兽类种数	代表性动物
1	广韶古道(从化段)	109	84	20	5	白鹇、褐翅鸦鹃、画眉
2	岐澳古道(中山段)	95	74	15	6	大白鹭、金眶鸻
3	岐澳古道(珠海段)	92	73	16	3	大白鹭、中白鹭、金眶鸻
4	香山古道(珠海凤凰山段)	86	70	12	4	白鹭、大白鹭
5	梅关古道	105	92	7	6	斑胸钩嘴鹛、白鹇、黑眉拟啄木
6	乌迳古道	107	98	5	4	白鹇、小鸦鹃、雉鸡
7	西京古道(乐昌段)	119	108	7	4	灰林鸮、白鹇、红隼
8	西京古道(乳源段)	119	107	8	4	水鹿、褐翅鸦鹃、白鹇
9	西京古道(英德段)	97	80	12	5	白喉红臀鹎、纯色山鹪莺、灰胸竹鸡
10	秦汉古道(连州段)	111	94	8	9	黑鸢、虎纹蛙
11	秦汉古道(阳山段)	103	91	9	3	水鹿、虎纹蛙、中华鹧鸪
12	湘粤古道(连州段)	108	90	12	6	黑鸢、蛇雕
13	粤赣古道(平远段)	109	92	13	4	珠颈斑鸠、暗绿绣眼鸟
14	粤赣古道(兴宁段)	115	100	10	5	白胸翡翠、豹猫
15	粤赣古道(和平段)	117	105	7	5	黑鸢、白胸翡翠
16	粤赣古道(连平段)	122	110	8	4	黑鸢、白胸翡翠、豹猫
17	粤赣古道(东源段)	111	101	8	3	珠颈斑鸠、暗绿绣眼鸟
18	潮梅古道(大浦三河坝段)	100	82	10	8	家燕、眼镜王蛇、饰纹姬蛙
19	潮梅古道(饶平麒麟岭段)	118	106	8	4	黑冠鹃隼、红隼
20	潮惠古道(惠东高潭段)	108	82	20	6	中华鹧鸪、白腰草鹬
21	潮惠古道(海丰羊蹄岭段)	104	80	19	5	中华鹧鸪、白腰草鹬

续表

编号	古道名称	动物种数	鸟类种数	两栖爬行动物种数	兽类种数	代表性动物
22	潮惠古道（陆河段）	118	104	12	2	苍鹭、普通翠鸟、南滑蜥
23	罗浮山古道	90	74	10	6	黑脸噪鹛、八哥、褐柳莺
24	东澳岛海关古道	107	90	11	6	大白鹭、普通翠鸟
25	双鱼城海防古道	113	88	21	4	中白鹭、金眶鸻
26	南江古水道（郁南段）	106	85	18	3	大山雀、暗绿绣眼鸟、叉尾太阳鸟
27	肇雷古道（信宜段）	97	81	13	3	绿翅金鸠、雉鸡、金腰燕
28	潇贺古道（封开段）	99	82	12	5	雉鸡、金腰燕
29	南粤"左联"之旅暨中央红色交通线之旅	89	78	8	3	家燕、普通翠鸟、白腰草鹬
30	樟林古港	108	91	14	3	斑鱼狗、黑水鸡
31	台山海口埠	103	76	20	7	白鹭、苍鹭
32	黄埔古港	98	89	7	2	画眉、苍鹭
33	徐闻古港	96	88	7	1	金眶鸻、褐柳莺

黑鹎　　　　　　　　　　　沼蛙　　　　　　　　　　隐纹花松鼠

图1-1　古驿道上常见的动物

从动物资源丰富度的数据统计上看，动物种类最丰富的古驿道线路分别是粤赣古道（连平段）、西京古道（乳源段）、梅潮古道（饶平麒麟段）和西京古道（乐昌段）。从动物资源丰富度空间分布来看，潮惠古道（海丰段）、台山海口埠、南江古水道（郁南段）、西京古道（乳源段）、秦汉古道（连州段）、梅关古道和乌迳古道上动物资源空间集聚度较高，形成面状动物资源集聚区，成为生物多样性重点保护区。

从区域空间集聚特征来看，粤北生态区的南岭区域、江门和汕尾的古驿道重点线路周边动物资源最为丰富。江门和汕尾古驿道濒临海岸，分别背靠莲花山脉和天露山，是陆生动物和海洋动物的交汇地带，它们既是连接海陆的交通要道，又是通山达海的生命栖息迁徙之道；地处粤北生态区南岭区域的古驿道有着良好的生态本底，在联通古代南北交通运输的同时，又承担着生态廊道的作用。

2）典型线路周边的鸟类资源分布特征

（1）广韶古道（从化段）。该段古驿道周边共有动物109种，其中鸟类84种，两栖爬行动物20种，兽类5种。值得注意的是，在84种鸟类中，不乏国家二级保护动物褐翅鸦鹃、小鸦鹃等珍稀物种，还有广东省省鸟白鹇和广州市鸟画眉的分布（图1-2）。

图1-2 广韶古道（从化段）上的代表性动物

广韶古道（从化段）经过近几年的活化利用，已经成为广州及周边城市民众休闲娱乐的好去处，其中钱岗村段的古驿道已经是举办定向越野的重要场所，它不仅是一条充满历史文化底蕴的古道，还为民众从城市走向郊野自然、从大湾区走向粤北生态区提供了理想的桥梁。通过对广韶古道（从化段）上动物资源的挖掘、保护与科普，既能丰富古驿道的自然生态内涵，又可将该段线路打造为户外自然博物馆的重要示范（图1-3）。

（2）连州古驿道。从动物资源的空间分布和动物种类数量来看，连州的秦汉古道（连州段）和湘粤古道（连州段）都是古驿道重点线路中动物资源最丰富的线路（图1-4）。两条古驿道地处南岭，是中国生物多样性最高和保护状况最好的区域之一，是我国动物宝贵的基因库。秦汉古道（连州段）共有动物111种，其中鸟类94种，两栖爬行动物9种，兽类8种，其中虎皮蛙、黑鸢是具有代表性的动物；湘粤古道（连州段）共有动物108种，其中鸟类90种，两栖爬行动物12种，动物6种，代表性动物有黑鸢和蛇雕（图1-5）。

图1-3 广韶古道(从化段)生境与动物资源分布

图1-4 秦汉古道(连州段)和湘粤古道(连州段)古驿道生境

| 黑鸢 | 蛇雕 |

图1-5 秦汉古道（连州段）上的代表性动物

良好的生态环境和丰富的旅游资源是连州的名片，也是连州经济发展的基础和动力。连州古驿道上动物资源的保护与利用，可以进一步丰富当地的旅游资源。在古驿道活化与保护利用工作的统筹之下，在整合其旅游资源的同时，也为连州的生态修复和生物多样性保护工作贡献力量，积极响应粤北地区生态环境的保护和生态修复的整体要求。

3）古驿道类线性生态空间生物资源恢复措施

（1）保护引导，塑造和谐相处空间。在不同的生境内，鸟类群落多样性存在明显差异特征，根据不同鸟类种群的观赏需求，基于操作便捷和易于融入生境的原则，因地制宜进行合适的观鸟点设计（图1-6），既可减少对自然环境及鸟类的干扰，又可提高游人古道观鸟体验（表1-4，图1-7）。

表1-4　　　　　　　　不同鸟类集聚点的现状环境及观鸟设施类型建议

集聚点编号	现状环境	建议观鸟设施类型
集聚点1	果园，缓坡	观鸟台
集聚点2	乔木林地，缓坡	观鸟屋
集聚点3	果园，山腰	观鸟屋
集聚点4	乔木林地，缓坡	观鸟屋
集聚点5	乔木林地，山顶，临近水库	观鸟台
集聚点6	乔木林地，山腰	观鸟屋
集聚点7	乔木林地，地势平坦，临近河流	沿水观鸟廊
集聚点8	乔木林地，山腰	观鸟屋
集聚点9	竹林地，地势平坦，临近河流	沿水观鸟廊
集聚点10	乔木林地，山丘	观鸟屋
集聚点11	果园，地势平坦	观鸟台

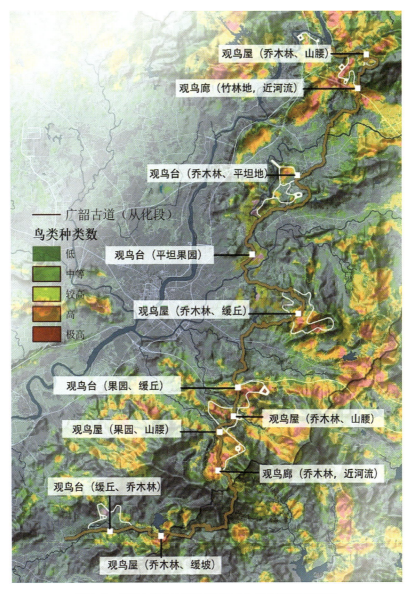

图1-6 广韶古道（从化段）观鸟点生境及设施布局示意

观鸟屋　　　　　观鸟台　　　　　观鸟廊

图1-7 观鸟设施示意图

（2）强化鸟类知识科普，引导公众保护生态环境。野生鸟类种类繁多，普通民众可能无法清晰辨明，在观鸟点处可以设置相应鸟类知识牌及电子信息二维码（图1-8），加强鸟类知识科普，提高公众保护动物和生态环境的意识。

图1-8　鸟类科普牌示意

（3）实施鸟类招引措施，塑造人鸟和谐空间。在野外调研中发现，鸟类集聚点处良好观鸟环境尚未形成，需要人为修复出更好的鸟类活动生境来吸引鸟类栖息。不同类型的鸟类所青睐的取食种类、筑巢植物和活动空间有明显差异，根据植物与鸟类之间的关系，合理选择、科学规划，提高植被垂直空间多样性，为不同鸟类的生存提供适宜的食物选择及营巢环境，加强同种鸟类不同种群之间的基因交流，促进人与自然和谐相处。

为招引植食性及杂食性鸟类，可适当种植开花结果植物，为周边鸟类提供食源。早春季节是鸟类食物资源相对匮乏的时期，可适当增加早春季节挂果的植物种类。建议在观鸟点周边种植如苦楝、桃、李、枇杷、小叶榕、黄葛树、构树、铁冬青、海南蒲桃、水蒲桃、柿、樟树、桂花、阳桃、番石榴、桑、柑橘等植物（表1-5）。

表1-5　　　　　　　　　　　　不同类型的招鸟植物特性

群落类型	招鸟功能	常见活动鸟类	常见招鸟植物
乔木类	为喜林冠层与林木中上层活动鸟类提供栖息空间和筑巢的安全场所	红嘴蓝鹊、大嘴乌鸦、发冠卷尾、栗耳短脚鹎等	小叶榕、黄葛榕、构树、木棉、台湾相思、香樟、柿等
小乔木、灌木类	为倾向于林下、灌丛活动的鸟类提供食物来源和隐蔽场所，同时也是乔木群落的重要补充	红头穗鹛、白喉红臀鹎、黑领噪鹛、红耳鹎、褐翅鸦鹃、灰眶雀鹛、棕颈钩嘴鹛等	八角金盘、含笑、南天竹、桂花、红果仔、九里香、构骨、朱槿、桃金娘等
地被植物类	是鸟类的临时驻足所也是部分鸟类的营巢地。花蜜、地上种实与昆虫保证了鸟类下层食物链的完整性	珠颈斑鸠、叉尾太阳鸟、灰胸竹鸡、小鸦鹃、画眉等	结缕草、红花酢浆草、狗尾草、白茅等

（4）恢复乔木改善林相，种植果树引鸟觅食。长南迳古道周边受到人为或自然干扰，林相不良，林地生态功能未得到充分发挥。调研发现，古道两旁春花（灌木）、黑莎草（草本）等低矮植物丛生；罗汉松（小型乔木）、台湾相思（乔木）等由于种植密度而导致躯干细矮，未得到足够的生长空间与养分供给。周边林地多为轻度退化的低效次生林。

改林相衰败、物种较少的低效林为结构复杂、生物物种多样的林地是生态修复的目标之一。生物多样性亦影响着林木生长发展，合理改造低效林有助于生态系统可持续发展。针对长南迳古道的环境现状，可主要采取"间伐改造"方式进行恢复，调整林木组成、密度或结构，扩大单株营养面积，间密留稀，留优去劣。同时辅助以"补植改造"的方式打造更有益于生物多样性的混交林环境，以"调整树种改造"的方式引入食源树种，丰富动物的食物来源。

本节以"调整树种改造"引入食源树种为例，尝试在古道周边构建了7个块状改造区（图1-9），并选取了14种常见鸟类，通过分析每类鸟类的取食物种、空间分布规律，对区域内林木改造作业提出了相关建议（表1-6）。

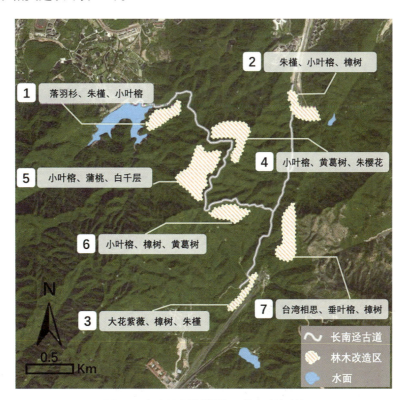

图1-9　长南迳古道待修复区林木种植建议

表1-6　　　　　　　　　长南迳古道示例物种与修复区的分布关系

选取示例物种	取食习性	主要取食物种	修复区1	修复区2	修复区3	修复区4	修复区5	修复区6	修复区7
长尾缝叶莺	食虫性	小叶榕、大花紫薇、垂叶榕	+	+	+	+	+	+	+
白喉红臀鹎	杂食性	小叶榕、樟树、白千层	+	+	+	+	+	+	+
珠颈斑鸠	杂食性	樟树、构树、柠檬桉	+	+	+	+	+	+	+
白鹡鸰	食虫性	台湾相思、垂叶榕	+	+	+	+	+	+	−
大山雀	食虫性	台湾相思、小叶榕、大花紫薇	+	+	+	+	+	+	+
红嘴蓝鹊	杂食性	长芒杜英、木棉、小叶榕、台湾相思	+	+	+	+	+	+	+
黄腹山鹪莺	食虫性	黄葛树、蒲桃、白千层	+	+	+	+	−	−	−

续表

选取示例物种	取食习性	主要取食物种	修复区1	修复区2	修复区3	修复区4	修复区5	修复区6	修复区7
白头鹎	杂食性	小叶榕、木棉、黄葛树、构树	+	+	+	−	−	−	−
暗绿绣眼鸟	杂食性	小叶榕、大花紫薇、垂叶榕	+	+	−	−	−	−	−
红耳鹎	杂食性	小叶榕、樟树、台湾相思	−	+	+	−	−	−	−
鹊鸲	食虫性	小叶榕、黄葛树、樟树、大花紫薇	+	+	−	−	−	−	−
叉尾太阳鸟	植食性	朱槿、朱樱花、红千层	−	−	−	−	−	−	−
乌鸫	杂食性	小叶榕、樟树、黄葛树、白千层、木棉	−	−	−	−	−	−	−
麻雀	杂食性	小叶榕、樟树、凤凰树	+	−	−	−	−	−	−

注：+表示"存在分布"，−表示"不存在分布"

（5）修复古道水文环境，提升水生生物多样性。水资源丰富是长南迳古道的重要特征，水系也是古道周边生态系统重要组成部分。在实地调研过程中，研究团队对古道周边的水系进行了重点观察，发现沿古道流淌的溪水和穿古道而过的小河都存在缺乏底栖生物（如螺类）和游泳生物（如鱼类）的问题（图1-10）。底栖生物是河流生态系统的重要组成类群，常常被用来指示或者评价河流生态健康状况。影响底栖动物生存的因素主要有栖息环境的复杂性、水量状况与河岸土地利用类型。底栖生物的缺失对古驿道周边生态系统的完整性和生物多样性具有一定影响，而且难以吸引以河流底栖生物为食的水鸟栖息。

图1-10　长南迳古道周边水环境

通过进一步的深入分析，研究团队认为造成长南迳古道周边水系水生生物缺失的主要原因有两个：一个是周边的人类活动对水质有一定的污染，如农田、果园内的化肥和农药污染水质，对水生生物的生存产生了影响；另一个原因是水系的水生生物种质库遭到了破坏，即使水环境改善也难以在短时间内恢复底栖生物的多样性。鉴于此，研究团队提出了对长南迳古驿道周边水环境的生态修复措施：通过对古驿道周边人类活动的管控，减少水质污染，保持古驿道周边土地利用类型和生境的复杂性；在古驿道周边寻找生境良好、底栖生物丰富的河流，挖采河流地泥置于长南迳古驿道周边河流溪水中，作为"种子"繁衍河流底栖生物。通过这两种水环境生态修复的方法，可提升水生生物多样性，保护周边生态系统完整性。

1.4.2 广东省近期建设碧道周边的动物资源

广东省属于热带、南亚热带季风气候区，水资源丰富，水系发达，江河密布、水网纵横，是著名的岭南水乡。随着经济的迅速发展，不合理的人类活动导致河流生态系统退化加速，水生生物多样性减少，水体生态系统质量和服务功能整体下降。主要表现在水生态空间遭受侵占和破坏、河流生态流量保障程度不高和水生生物种群面临威胁等方面。本节以碧道规划中近期建设线路为研究区域，分析这些碧道周边鸟类资源分布特征，并对水生态的修复和水生生物资源复壮提出建议。

1）广东省中近期建设碧道周边的动物资源分布特征

通过统计广东省中近期建设碧道1km范围内的动物资源发现，碧道周边共有动物128种，其中鸟类89种，两栖爬行动物32种，兽类7种。其中，两栖爬行动物种类数量占广东省两栖动物种类的76%。在空间分布方面，珠三角碧道周边的动物资源丰富度普遍偏低，北江流域和东江流域的碧道动植物资源丰富度较高，其中北江碧道是动物资源丰富度最高的干流，周边物种数量73种，占所有碧道周边动物种数的57%。

2）面向动物资源恢复的碧道生态修复措施建议

（1）两栖动物生境修复

广东省珍稀两栖动物主要包括鼋、大鲵等，这些两栖动物对生存环境要求高，喜在向阳的大片沙滩产卵，在有充足鱼虾的浅滩觅食。因此，其修复措施包括：确保保护区水质，定期清理核心区、缓冲区、放流点以及其他重要地方；因地制宜营造浅滩、深潭、软质生态护岸，构造形态异质性河道，以利于鱼虾繁殖，为两栖动物提供食物；加强野外巡护监测工作，加速保护区红线划定，提高保护区的整体保护和管理能力。

（2）打造代替生境

当流域内特定物种种群数量极低，或其生存环境被自然、人为因素破坏或不复存在，为保护生物多样性，应对该物种采取迁地保护措施。替代生境的选址应综合考虑物种生态学特征和生活习性、生境需求、人类活动情况等，必要时应开展人工适宜生境再造，对于迁入替代生境的物种应持续监测，明确物种生存与繁衍情况。

（3）河流自然形态修复

对于中小河流，应尽可能维护和保持河流的自然形态。禁止河道裁弯取直和渠道化，河道断面形式可在河道规划断面的基础上，根据生态要求和水流特性进行适度调整，增加深槽和浅滩，使河道具有不对称的几何特征，且减少河道两岸的不透水或硬化的面积。具体措施包括河道蜿蜒性恢复、深槽和浅滩恢复、透水河床修复和生态护岸等。

其中生态护岸是以传统的河道整治为基础，融生物、生态、环境、景观等为一体的综合型河道护岸。其优势在于通过可渗性界面，保证河岸与水体之间的水分交换和调节，使用多孔隙材料或自然材料灵活组合，增大表面糙度，形成水流的多流速变化，并形成许多鱼巢，为水生生物提供栖息、繁衍和避难的场所等。中小河流可根据不同河段的河岸坡度、水文条件、土壤特性及河段周围环境等生态特征，采用自然型护岸或植被与传统工程组合的复合型护岸。在平原流速较小的河段，除有通航要求的河段外，采用自然型护岸、土工材料复合种植基护岸等，在山区流速较大的河段，采用浆砌块石、叠石、生态石笼等护岸，生态护岸的植物选取尽量以本地植物为主，防止外来物种入侵。

1.4.3 广东省绿道周边的动物资源

历经两个多世纪的演变，绿道成为一个被国内外景观设计学者推崇的生态概念，已从注重单一的娱乐或生态廊道的建设，发展到如今的综合性绿道生态网络。本节以广东省绿道为研究区域，分析绿道周边动物资源的分布特征，并对绿道建设中的动物资源保护提出建议。

1）广东省绿道周边的动物资源分布特征

对广东省绿道线路1km范围内的动物资源统计分析发现，广东省绿道周边共有动物113种，其中鸟类92种，两栖爬行动物15种，兽类6种。从空间分布来看，除广州、深圳、珠海、佛山、东莞、湛江、茂名几个城市之外，其他城市的绿道周边动物资源丰富度均较高，其中韶关、清远和梅州绿道周边的动物资源丰富度最高。

2）提出绿道建设中对生物资源保护的措施

（1）建立基于生物资源保护为目的的绿道建设原则

坚持生态优先原则，只有在对原有城乡地区自然资源充分了解的基础上，绿道的规划建设才能立足于保护现状及恢复被破坏的自然生态系统，绿道建设才能以维持城乡地区生态系统稳定性和保护生物多样性为最终目标。坚持系统性原则，在进行建设时，需要进行整体考虑，并不仅仅满足于单一结构和功能的形成，还应该整体化、网络化和系统化。通过城乡绿道将城市和乡村进行有机联系，促进地区物种和基因交流，从而形成一体化的城乡绿地系统。

（2）确定动物资源保护分区

保护核心区对应最适宜生境，自然植被覆盖状况较好，植被类型丰富，具有作为栖息地、满足生物生存的良好生态系统。保护核心区主要以保护和恢复为主，保留原有的地形与地貌、自然植被与水系等自然资源，使其处于半封闭或者全封闭的状态，自我形成相对独立、完整的食物链体系。然而，对于一些原有生境质量较差的区域，可以适度通过人工手段进行生境的营造与提升，有助于其生态系统的恢复。保护缓冲区对应较适宜生境和基本适宜生境。该区域存在一定的人工植被，对于人类的干扰活动有一定的适应性，具有一定的生态功能，可以作为保护核心区的缓冲部分。对于此类区域，应适度干预，根据物种习性采取季节性等手段，适当为生物提供食物来源，稳定种群数量，进而实现对生物多样性的保护。

（3）确定动物资源保护范围

基于生物多样性保护的城乡绿道绿廊宽度的规划和功能的不同，主要分为两部分：以游憩功能为主的绿廊及以生态功能为主的绿廊。

以游憩功能为主的绿廊宽度规划，主要根据该地区绿廊控制宽度的相关规定，并结合不同类型绿廊的相关控制线进行宽度规划。该类型的绿廊主要服务于居民及游人的游憩休闲，兼具生态等其他功能，为人们提供休闲活动及亲近自然的空间。

以生态功能为主的绿廊宽度规划，除了要根据该地区绿廊控制的相关规定外，还要结合生物保护廊道宽度要求进行绿廊范围线的划定。该类型的绿廊主要以生物多样性保护为主要功能，其概念更偏向于生态廊道，对于游憩等其他功能体现较少，主要为该地区的生物提供迁徙空间，促进物种间的基因交流。在一定程度上减少生境破碎化对物种造成的影响，进一步对区域整体的生物多样性进行保护。

第二章

城市韧性发展评估

2018年，广东省常住人口城镇化率达70.7%，远高于全国平均水平59.6%（图2-1）。随着城市规模的迅速扩大以及人口的高度集聚，城市各系统之间联系密切且日益复杂化，面临的风险也日趋多元。一方面城市承载能力下降与系统的脆弱性加强，城市病频发，降低了对不确定性风险的承受能力；另一方面是工业化过程中全球气候变化急剧，自然灾害频发，城市社会经济系统的脆弱性与复杂性逐渐增强，安全性持续下降，各类灾害事故频发。21世纪以来，快速城镇化所带来的公共健康安全遭受到了前所未有的威胁和挑战，城市脆弱性和健康安全问题日益引起关注。尤其是2003年"非典"和2020年新型冠状病毒肺炎疫情的爆发和快速传播，暴露出现代城市发展过程中的公共健康风险。新冠肺炎疫情被世界卫生组织认定为"国际公共卫生紧急事件"，而人口稠密且流动性高的城市地区是新冠肺炎等疫情大流行的重灾区。因此在推进广东省新型城镇化过程中我们需要进一步反思，如何增强城市人口发展的韧性，如何积极应对广东省即将面临的人口老龄化、市民化和流动性趋势变化所带来的新情况（图2-1）。

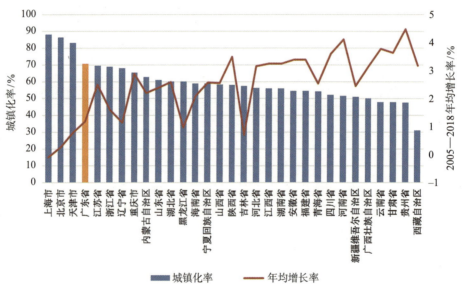

图2-1　2018年全国主要省级行政区城镇化率及年均增长率情况
（数据来源：国家统计局）

城市韧性作为城市本身面对内部的"城市病"以及外部的自然灾害时所体现的自我防范以及自我恢复能力，即城市系统在受到来自外界的各种干扰与冲击之后，仍能够保持原来的城市结构、基本特征以及关键环节的城市运行模式。韧性城市的建设是在人本规划的基础上，增强人类社会系统中各个子系统的韧性，以实现整体系统的韧性。随着人们对人口聚集和流动现象的深入了解，人口活动所呈现的现象既是社会经济运行的重要影响因素，也是其运行的结果和表现。人口发展的韧性与社会经济的稳定运行，乃至城市的健康发展有着密不可分的关系。结合2003年"非典"时期的北京、广州，2020年新冠病毒暴发的武汉，都反映了一个共同特点：首先，人口稠密且流动性高的特大城市，给疫情制造了迅速蔓延的媒介，城市面临公共卫生突发事件暴发的风险较高。其次，城市良好的对外交通条件，给疫情扩散提供了条件。再次，城市内核区域是疫情发生的热点区域。北京的"非典"最初在二环内暴发，随后在人口密集的二环和四环之间区域扩散。武汉的疫情最先暴发于武汉最繁华的江汉区。城市中心区之所以成为疫情暴发与传播的热点区域，与人口密度过高、人居环境拥挤等不无关系。最后，两次疫情暴发的城市虽然是医疗资源较好的城市，但疫情暴发时相关设施仍有巨大缺口。疫情暴发时医疗卫生设施的匮乏，既是一种设施能力和弹性预留不足的绝对匮乏，也是一种设施过度集中在老旧中心城区的分布不合理、利用效率低下导致的相对匮乏，这体现出我们规划设计中对突发需求量和需求弹性的考虑欠周全。

增强城市韧性实现人口健康发展，不仅是人口自身结构的优化，也涉及城市的经济、社会、文化等各个领域的配合。新冠肺炎疫情的防疫和应对表明，人群的健康不仅关乎医疗卫生资源的合理配置，更涉及城市空间的科学布局、全社会的健康共治，以及良好的经济韧性。2018年全国爱国卫生运动委员会委托中国健康教育中心、复旦大学、中国社会科学院制定的《全国健康城市评价指标体系（2018版）》中不仅关注到人群的健康，也涉及围绕人群发展的环境、社会、服务和文化的评估。因此本报告在分析城市韧性、增强人口韧性的基础上也提出人口韧性、经济韧性、社会韧性、文化韧性、环境韧性和管理韧性的六维评价模型（图2-2），系统评估以人口韧性为核心的广东省城市韧性发展状况，继而提出促进广东省城市健康发展和增进人民健康福祉的对策建议。

图2-2 六维城市韧性评价体系（自绘）

2.1 广东省城市韧性发展评估技术路径

本书所述城市韧性发展评估指标体系包括人口韧性、环境韧性、社会韧性、经济韧性、文化韧性和管理韧性等6个方面，涉及大量不同统计量纲的数据，为保证数据间的可比较性，报告中借鉴学界常用的无量纲化处理和逆指标的同趋化处理等归一化（normalization）方法处理原始统计数据，然后通过德尔菲法（Delphi Method）初步确定各指标的权重，再利用因子分析法进行检验和校正，最后得出城市韧性发展指数综合评价。

2.1.1 数据处理方法

针对选取的指标中正影响和负影响的特征，分别提出正指标的标准化处理方法和逆指标的归一化处理方法。

正指标的归一化：

$$I_p = \frac{i_p - \min(i_p)}{\max(i_p) - \min(i_p)}$$

逆指标的归一化：

$$I_n = \frac{\max(i_n) - i_n}{\max(i_n) - \min(i_n)}$$

公式中，I_p、I_n 分别为正向指标和逆向指标的归一化值；i_p、i_n 为某一城市正、负指标的原始值；$\max(i_p)$、$\max(i_n)$ 为正、负向指标的最大样本值，$\min(i_p)$、$\min(i_n)$ 为正、负指标中最小样本值。

2.1.2 评价权重确定方法

评估中为综合各单一指标形成各方面的综合指标，采用德尔菲法进行指标赋权。组织城市韧性发展领域的一线工作者和专家进行指标赋权，并用yaahp软件进行AHP分析，逐级确定各项指标的权重，对城市韧性发展进行评价和指数测算。

最后根据AHP分析模型和德尔菲法的测算结果，分别计算得出城市的人口韧性指数、经济韧性指数、社会韧性指数、文化韧性指数、环境韧性指数、管理韧性指数，并在此基础上，综合计算和形成城市韧性发展指数。

2.1.3 综合指数计算方法

（1）单项指数

$$I_r = \sum_{i=1}^{i=n} B_i S_i$$

（2）复合指数

$$RDI = \sum_{r=1}^{6} A_r I_r$$

其中：$I_{r(r=1、2、3、4、5、6)}$ 分别为人口韧性指数、经济韧性指数、社会韧性指数、文化韧性指数、环境韧性指数和管理韧性指数，B_i 为 i 项指标的权重，S_i 为 i 项指标的标准化值，n 为各评估方面所包含的指标数量，RDI 为城市韧性发展指数，$A_{r(r=1、2、3、4、5、6)}$ 为各方面指数的权重。

2.1.4 评估指标模型构建

评估中指标模型构建以城市韧性发展为目标，重点关注城市韧性系统构建构成中人口系统、经济系统、社会系统、文化系统、环境系统、管理系统的潜在问题，以数据客观、易获取、指标计算易操作的方式并能满足年度体检评估的需求进行编制（表2-1）。试图以韧性评估的方式反映城市建设过程中的问题，为各地城市建设主管部门、业界同行的城市韧性评估工作提供技术支撑，也为综合考评各城市韧性发展情况提供参考，确保该评估成果能用、管用、好用。

表2-1　　　　　　　　　　　　　　城市韧性发展评估指标表

序号	方面	指标	影响
1	人口韧性	常住人口	正向
2		户常比	正向
3		自然增长率	正向
4		机械增长率	正向
5	经济韧性	城镇居民人均可支配收入	正向
6		地均地区生产总值	正向
7		人均地区生产总值	正向
8		人均研究与测试发展经费	正向
9		人均发明专利授权数	正向
10		固定资产投资效率	正向
11	社会韧性	城乡消费支出比	逆向
12		城乡可支配收入比	逆向
13		城镇登记失业率	逆向
14		万人拥有执业（助理）医师数	正向
15		万人拥有医疗床位数	正向
16		城镇职工基本养老保险参保率	正向
17		城镇职工基本医疗保险参保率	正向
18	文化韧性	万人拥有公共图书馆数量	正向
19		万人拥有博物馆（含美术馆）数量	正向
20		单位图书馆工作人员数	正向
21		单位博物馆（含美术馆）工作人员数	正向
22	环境韧性	空气质量综合指数	逆向
23		城镇生活污水集中处理率	正向
24		人均公园绿地面积	正向
25		生活垃圾无害化处理率	正向
26	管理韧性	亿元生产总值安全事故死亡率	逆向
27		火灾事故死伤人数	逆向
28		交通事故死伤人数	逆向
29		刑事犯罪人数	逆向

2.2 广东省各地市韧性发展结构特征

2.2.1 人口韧性特征

人口聚集是城市经济发展的原因和结果。一定规模的人口基数是城市有效劳动力来源和保障，也是城市经济发展的必要前提，城市稳定的人口规模是城市集聚经济与不经济的权衡结果。城市最优人口规模是城市边际收益和边际拥挤成本相等时的最大规模值。对比广东省各地市常住人口规模，珠三角地区超大城市、特大城市人才、技术、资金、信息等多种要素高度集聚和高频流动，给城市安全运行和管理带来了巨大挑战，既包括城市交通、高层建筑、大规模城市更新改造增加的基础设施安全运行风险，也包括本地人口和外来人口"新二元结构"之间的社会冲突风险，以及新技术、新业态、新产业快速发展带来的不可预知的风险等，对城市韧性要求更高。但超大城市和特大城市有更好的经济基础，可以通过技术进步、管理优化等途径来增强城市系统韧性。

纵观广东省常住人口和户籍人口增长情况，经济实力较强的珠三角地区常住人口基数大，流动性强，户常比低，且具有较高的常住人口增长率和户籍人口增长率；其次是粤西、粤东、粤北。总体而言，近5年户籍人口年均增长率快于常住人口增长率（图2-3），人口流动性较大的城市，开始意识到人口流动对城市经济带来的不确定性，并通过户籍制度改革将优秀的居民留在当地，不断提高户常比（图2-4）。过快的人口市民化过程与过低的人口自然增长率叠加，必然导致城市老龄化趋势，给城市政府带来较大的抚养负担。从2019年各地市人口增长情况来看，经济发达地区人口机械增长率往往远大于人口自然增长的速度，如深圳、东莞、珠海、佛山等在趋势

图2-3　2019年广东省各地市人口总量及增长状况

（数据来源：广东统计年鉴）

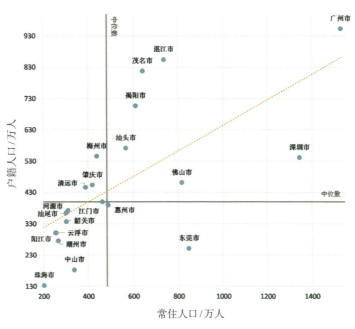

图 2-4　2019 年广东省各地市常住人口和户籍人口关系

（数据来源：广东统计年鉴）

线右下方的城市通过人口迁入迁出过程实现劳动力的更替，从而保持有较高城市活力，这是经济高速发展的原因之一（图 2-5）。当人口红利逐渐褪去，老龄化成为全国乃至全球趋势时，广东省各城市应该加快经济的新旧产能转换，将经济模式以劳动力数量带动转化为劳动力素质带动，以降低人口流动性丧失和人口老龄化趋势给城市发展带来的不确定性，增强人口系统的韧性，保持城市经济可持续发展。

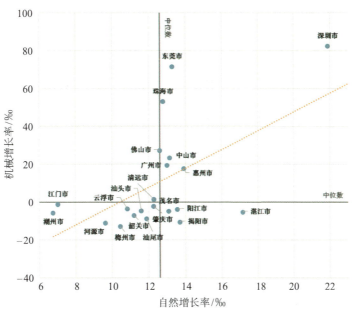

图 2-5　2019 年广东省各地市人口增长情况

（数据来源：广东统计年鉴）

2.2.2 经济韧性特征

低资源消耗、低环境负荷、高产出的经济运转方式是城市韧性发展的基本前提。城市的韧性发展需要具有较高的人均经济发展水平和就业水平，以及高效的投资效率和生产效率，即通过较低的土地、资源、人力和能源投入获得较高的经济发展成果，以降低经济系统对资源的依赖，降低经济系统以外的因素扰动造成的影响，以保障经济系统健康、高效运转。

2019年，广东省经济韧性发展指数前10位的城市分别为深圳、佛山、广州、珠海、东莞、中山、惠州、肇庆、湛江、茂名、江门。除了湛江、茂名外其余8市均是珠三角地区城市（本章末附表1）。珠三角地区凭借其良好的产业基础、高水平的对外开放和活跃的创新氛围，在广东经济高质量发展中发挥着引领和带动作用。

根据集聚经济学理论，珠三角地区大城市存在显著的集聚经济效应，经济产出效率高，人口吸纳能力强，土地集约利用水平高。首先，从经济体量上看，目前广东省21个城市已经形成较为明显的三个梯队，即地区生产总值15 000亿元以上的深圳、广州为第一梯队，地区生产总值5000亿～15 000亿元间的佛山、东莞为第二梯队，5000亿元及以下的惠州、珠海、茂名等17个城市为第三梯队。其次，经济体量较大的城市具有更强的经济增长率，如2019年地区生产总值排名前8名城市近5年的地区生产总值年均增长率在8%左右，而后续城市增长率则在6%左右（图2-6）。

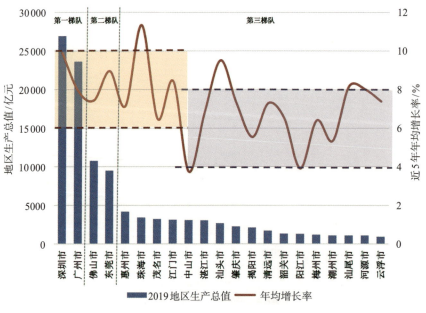

图2-6　2019年广东省各地市地区生产总值及年均增长率

（数据来源：广东统计年鉴）

再次，进一步来看，各地市经济发展驱动力，随着城市经济体量的增加，固定资产投入的边际效应递减，通过固定资产投资拉动城市经济产出效应逐渐减弱（图2-7）。其中珠三角广州、深圳、佛山、东莞、惠州、珠海、江门等表现出高固定资产投资、高地区生产总值的特点；佛山、惠州、汕头、揭阳等8市固定资产投资总额占地区生产总值比值略高，更加注重固定资产投资的经济带动作用；而东莞、中山、清远、韶关等城市固定资产投资略低于比例均值。除东莞固定资产投资与经济增长不匹配外，2018年固定资产投资效率〔(本年度GDP–上年度GDP)/上年度固定资产投资总额〕与固定资产投资总额呈现微笑曲线（两头高中间低）的趋势（图2-8）。

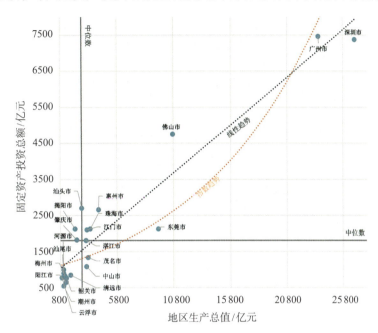

图2-7　2019年广东省各地市地区生产总值与固定资产总额情况

（数据来源：广东统计年鉴）

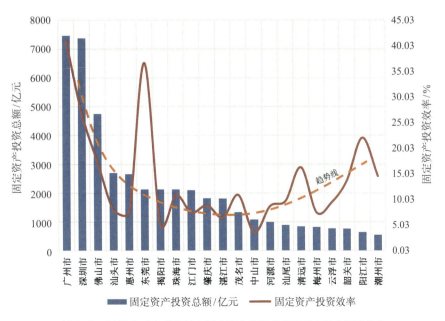

图2-8　2018年广东省各地市固定资产投资总额及固定资产投资效率

（数据来源：广东统计年鉴）

蓬勃成长的创新活力是城市经济健康、高质量、高韧性发展的显著特征和主要驱动力。珠三角高经济产出的城市，如深圳、广州、东莞、佛山、惠州更加注重研究与试验发展经费的投入（图2-9）；中山、珠海、深圳、东莞等城市均具有较高的人均研发经费和人均专利授权数，创新投入和创新产出正相关关系明显，创新带动经济发展效应更为明显（图2-10）。

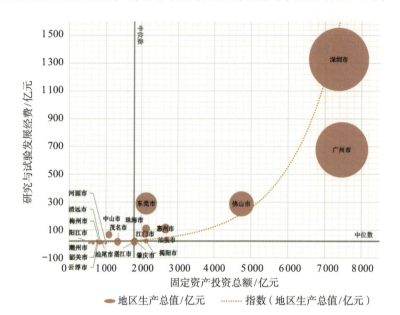

图2-9　2019年广东省各地市研发投入、固定资产投入与地区生产总值关系
（数据来源：广东统计年鉴）

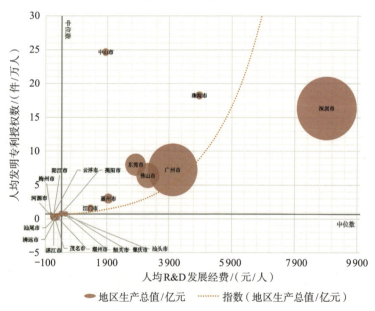

图2-10　2018年广东省各地市人均研究与开发（R&D）发展经费和人均发明专利授权数
（数据来源：广东统计年鉴）

可见，广东省经济规模较大城市无论是经济发展质量还是创新发展活力均具有绝对优势。对于步入经济高质量发展攻坚期的广东城市而言，无论规模大小，均面临着国际贸易摩擦的外部冲

击和国内经济下行的压力，既要积极培育新兴经济和新兴业态，也要重视新技术、新理念改造提升传统产业，通过构建多元、高质量产业体系提升经济发展韧性。

低资源依赖和绿色发展是经济系统韧性的表现，从单位资源要素产出效率来看，深圳、珠海、广州、佛山、中山、湛江的经济均表现出高人均产出和高地均产出的特点，其中相比人均GDP产出，佛山、广州、中山、湛江等城市具有更高的地均产出，对土地资源的供给情况具有较高的韧性。而深圳、珠海、惠州、东莞等城市具有相对更高的人均产出，劳动力资源利用率较高，更加强调通过劳动力素质的提升带动经济发展（图2-11）。

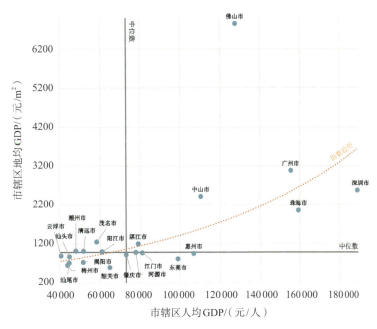

图2-11　2019年广东省各地市人均GDP和地均GDP分布

（数据来源：广东统计年鉴）

经济发展的最终目的是藏富于民，人均GDP产出能更好转换成当地居民人均可支配的收入，是经济健康发展的一个重要标志。深圳、广州、珠海、佛山、东莞、中山、惠州、江门等高人均产出城市，全民人均可支配收入较高。但广州、佛山、东莞、中山、梅州等城市全民人均可支配收入占人均经济产出的比例相对较高，经济效益更好地转化为人们实实在在的收入，能更好地将经济发展效益普惠到市民大众（图2-12）。

2.2.3 社会韧性特征

社会健康发展是城市健康韧性发展的重要保障，城市的韧性发展要以共享社会建设成果为重点，全面提升医疗卫生、文化教育、就业、社会保障能力和服务水平，不断完善城乡居民社会保障体系，实现全体国民共享发展成果。随着广东经济进入高质量发展阶段，与之相伴随的是城市竞争模式的变化，因此，提供优质公共服务成为人才吸引和创新集聚的重要抓手。无论城市规模，各城市逐渐从GDP导向的"经济增长性"向公共服务导向的"民生福祉型"转型。与此

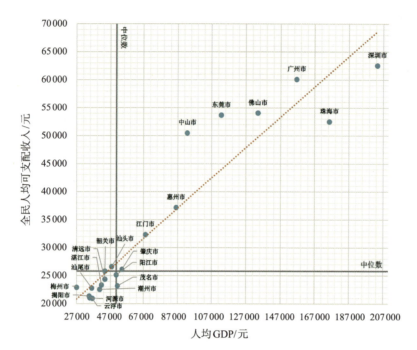

图2-12 广东省各地市人均GDP与全民人均可支配收入分布
（数据来源：广东统计年鉴）

同时，广东省通过实施"一核一带一区"空间发展战略来消除广东省各区域发展不平衡不充分问题，不断完善横向生态补偿和区际利益补偿机制，推进基本公共服务均等化。

广东省城市社会结构的韧性体现在全民收入和支出的平衡、城乡发展的均衡、基础公共服务均等化以及就业环境与社会保障能力等方面。从全民收支平衡来看，广东省地区圈层式差异明显，形成了明显四个梯队：深圳、广州等珠三角中心城市为第一梯队，珠海、佛山、东莞、中山等珠三角内圈层城市为第二梯队，惠州、江门等珠三角外围城市为第三梯队，其余城市为人均可支配收入3万元以下、人均消费水平2万元以下的城市。随着城市规模的增大，全面收支比（全体居民人均可支配收入/全体居民人均消费支出）比例有下降趋势，其中珠海、惠州、汕头收支比率高于其他城市，居民生活成本相对较高（图2-13）。

从城乡均衡发展来看，除广州、深圳（深圳市消费支出和可支配收入数据未区分城乡）外，可支配收入的城乡差距不大，城乡可支配收入比（城镇居民人均可支配收入/农村居民人均可支配收入）在1.5～2.0之间。消费支出的城乡差距呈现明显的梯队关系，江门、珠海、佛山等11城市城乡消费支出比（城镇居民人均消费支出/农村居民人均消费支出）在1.5～1.9之间（高城乡差距），中山、东莞、梅州、茂名等8市城乡消费支出比在1.3～1.4之间（比较缓和的城乡差距），广州市城乡收入比为2.25、城乡消费支出比为2.0（高城乡经济差距）。位于趋势线左上的城市如肇庆、佛山、珠海、江门等消费支出的城乡差异大于可支配收入的城乡差距，城镇居民的生活负担相对较大，给城镇化健康发展带来阻碍；位于趋势线右下方的城市如揭阳、梅州、清远、韶关等城市则更有利推进城镇化进程（图2-14）。

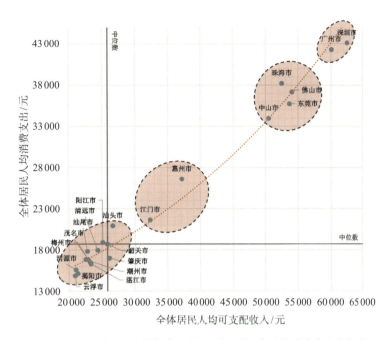

图2-13 2019广东省各地市全民人均可支配收入与人均消费支出分布情况

（数据来源：广东统计年鉴）

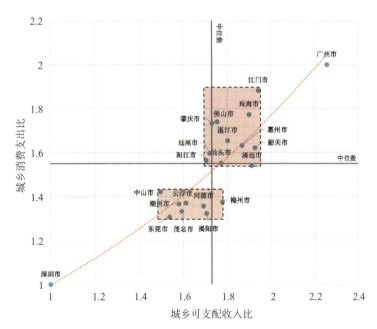

图2-14 2019年广东省各地市居民可支配收入、居民消费支出城乡差异分布

（数据来源：广东统计年鉴）

就业环境及就业保障方面，除东莞市外，各城市失业人口随劳动力规模变化而变化，城镇登记失业率维持在2.3%上下，城市间差异较小，全省就业环境无明显地区性差异（图2-15）。但在就业保障方面，城镇劳动力规模较大的城市城镇职工基本养老保险和基本医疗保险比例均较高（图2-16）。

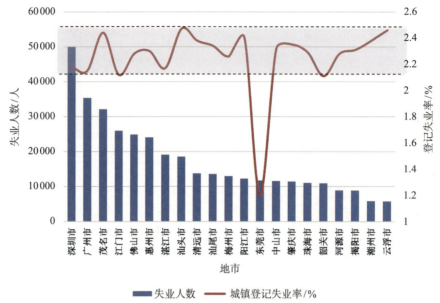

图2-15　2019年广东省各地市失业情况

（数据来源：广东统计年鉴）

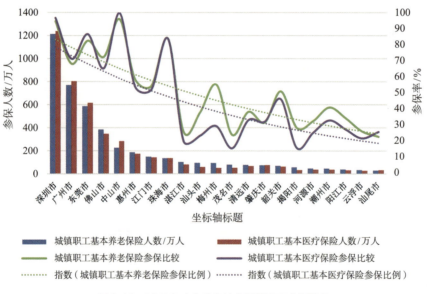

图2-16　2019年广东省各地市城镇职工参保情况

（数据来源：广东统计年鉴）

基本公共服务是由政府主导且与社会发展水平相适应的服务。2017年国务院发布的《"十三五"推进基本公共服务均等化规划》提出到2020年"基本公共服务均等化总体实现"的目标；党的十九大报告则进一步提出到2035年"基本公共服务均等化基本实现"的目标。战略目标的调整也充分说明实现基本公共服务均等化的难度之大。由于广东省不同等级城市的经济发展和财政能力差异，广东省基本公共服务不均等化现象仍然普遍存在。2019年广东省珠三角地区、粤西地区、粤北地区、粤东地区的韧性发展指数分别为61.07、51.01、50.21和48.21，珠三角地区与外围地区的公共服务水平差距仍较大。

当前广东省乃至全国社会建设的重要短板之一是基本公共卫生服务均等化不足。从万人拥有病床数和万人拥有执业（助理）医师数来看，珠三角地区万人拥有病床数仅为47张，仅高于粤东地区35张，远低于粤西地区56张和粤北地区52张，人口大规模聚集和公共卫生服务资源紧缺的矛盾在深圳市表现尤为突出。而经济较好的珠三角地区人均执业（助理）医师数量远高于其他地区（图2-17）。这种医疗服务体系不平衡与应急服务提供能力供给不充分的问题也体现在此次新冠肺炎疫情的暴发和蔓延中。因此，既要加快推进基本公共卫生服务设施均等化、不断提升公共服务质量，实现包括城乡之间、区域之间以及不同群体之间的均等化；也要提升医疗机构应急服务提供能力，以防范和应对各种潜在的、严重危害民众健康的公共卫生威胁给社会系统带来的扰动和破坏。

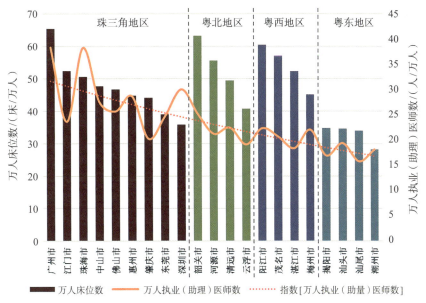

图2-17　广东省各地市医疗设施及服务能力情况

（数据来源：广东统计年鉴）

2.2.4　文化韧性特征

文化是城市韧性发展的重要支撑，深厚的文化底蕴和良好的人文环境是城市健康韧性的核心品质。城市的健康韧性发展需要具备承载各类健康文化活动的文化设施，以传播健康文化、安全防范理念。与其他韧性指数相比，广东省各地区文化韧性指标差距更为显著，珠三角地区文化韧性指数34.15，远高于粤北地区18.20、粤西地区15.17、粤东地区10.59，是各地区的两倍及以上（本章附图1）。在城市间的差异方面，深圳市文化韧性得分58.40与揭阳市8.86存在近7倍的差距。以上表明广东省公共文化服务的不均等存在不同区域、不同规模等级城市之间，且后者表现更为突出。《文化部"十三五"时期文化发展改革规划》提出全面推进基本公共文化服务标准化和均等化。从广东省各地市公共图书馆和博物馆建设模式来看，经济发达地区多以大型场馆为主，人均拥有文化设施较低，单位文化设施服务人员数多，提供综合性文化服务功能（图2-18、图2-19），而欠发达地区则反之。未来"十四五"期间，既要加快推进公共文化服务资源向规模小方向发展、向偏远城市布局，推动公共服务均衡发展，也要注重通过创新公共文化管理体制和运行机制，满足部分群体的优质化文化服务需求。

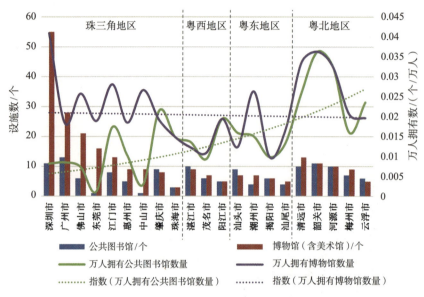

图2-18　2019年广东省各地市文化设施情况

（数据来源：广东统计年鉴）

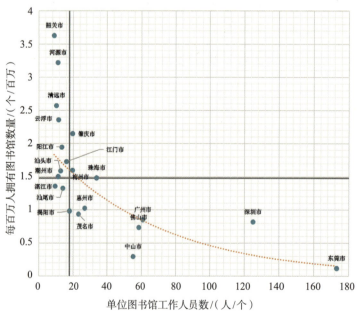

图2-19　2019年广东省各地市公共图书馆情况

（数据来源：广东统计年鉴）

2.2.5 环境韧性特征

良好的生态环境质量和高效的资源利用是城市健康韧性发展的重要基础，也是实现韧性城市的重要途径之一。提高水、土地等资源能源利用效率，加强生活污水、生活垃圾等的集中处理和回收利用，减少各种污染物的排放并提高空气、水等环境质量，有助于增加城市的环境容量，提高城市环境韧性。本节从空气质量、人均公园绿地面积、城镇生活污水集中处理、生活垃圾无害化处理等方面测度城市环境韧性水平。

地区所处的地理位置和经济发展状况影响城市环境系统的韧性。广东省地处中国内地最南部，北部多丘陵、山脉，南部以珠江冲刷的河谷平原为主，气候以东亚季风气候为主，春夏多雨湿润，秋冬干燥少雨。在该自然气候和地理条件影响下，广东省各地区春夏季节空气湿润，空气中可吸入颗粒 $PM_{2.5}$ 浓度较低，空气质量达标率在90%以上。秋冬季节空气干燥，空气中悬浮颗粒较多，空气质量达标比例较低。分地区来看，季风季节受季风影响较强的珠三角和粤西地区 $PM_{2.5}$ 浓度要远低于其他地区，其他季节则反之（图2-20）。总体上，人口高度集聚、空气流通性较差的珠三角和粤北地区空气综合质量指数较高，空气质量较差；受海陆风影响的粤东和粤西地区空气综合质量指数相对较低（图2-21）。

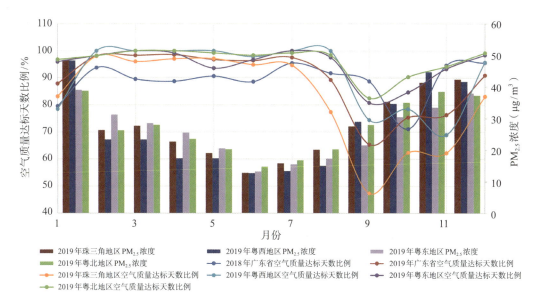

图2-20 2019年广东省及各次区域空气指标月度变化
（数据来源：开放广东 https://gddata.gd.gov.cn/）

在环境韧性综合评估方面，珠三角地区环境韧性指数最高（75.18），其次是粤西地区（74.48）、粤北地区（72.93）和粤东地区（70.20）。珠三角地区较高的环境韧性，得益于其经济、资源综合利用率高，环境保护意识强，也具备更成熟的环境改善能力，城市中人均公园绿地面积（图2-22）、城镇生活污水处理率、生活垃圾无害化处理率较高（图2-23）。粤西地区经济基础

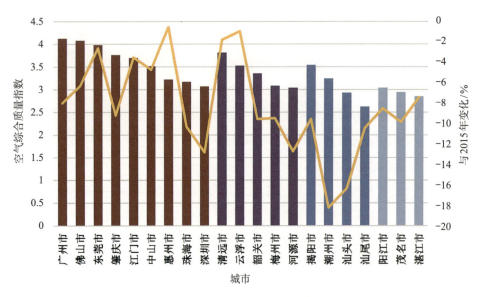

图2-21 2019年广东省各地市环境空气综合指数情况
（数据来源：开放广东 https://gddata.gd.gov.cn/）

图2-22 2019年广东省各地市人均公园绿地面积
（数据来源：广东统计年鉴）

较好，人均公园绿地面积较高，强对流的海陆风，空气自净能力强，空气质量达到和优于二级天数均值达到200天，远高于其他地区。粤北地区的良好的环境韧性水平得益于优良的生态环境质量，但资源环境利用率较低，急需采取高效、环保的先进技术对生产和消费过程中的再生资源进行综合利用，以平衡经济发展和环境保护的需要。

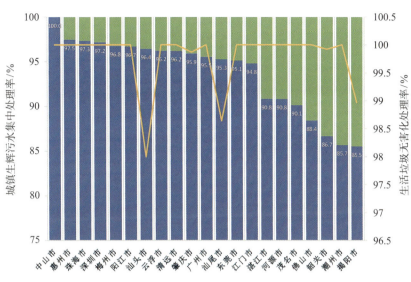

图2-23 2019年广东省各地市城镇污水和生活垃圾处理情况

（数据来源：广东统计年鉴）

2.2.6 管理韧性特征

管理韧性又称城市应灾韧性，指城市管理系统应对城市安全事故（火灾、交通事故、刑事犯罪等）的防范和处理能力。良好的生活环境和公共安全是城市韧性发展的重要条件之一。城市韧性发展，需要高效的城市管理及确保城市居民生命财产安全的能力。从韧性管理角度来看（图2-24），中小城市安全事故（火灾、交通事故、刑事犯罪等）发生起数和概率均小于大城市和超大城市，在广东省地区差异上表现为粤东地区管理韧性指数（52.94），优于粤北地区（51.03）、

图2-24 2019年广东省各地市亿元生产总值安全事故死亡率情况

（数据来源：广东统计年鉴）

粤西地区（50.91）、珠三角地区（45.56）。但相对于发达地区经济体量，其亿元生产总值安全事故死亡率远低于欠发达地区城市。中央领导人在疫情防控过程中强调，"城市是生命体、有机体，要敬畏城市、善待城市，树立'全周期管理'意识，努力探索超大城市现代化治理新路子"，这一重要精神为城市治理现代化提供了方向指引。

2.3 广东省韧性发展空间特征

2019年，广东省城市韧性发展的不均衡态势依然存在，除管理韧性指数外，珠三角地区的各分项指数均优于其他地区（表2-2、图2-25）。粤西地区以其良好的自然地理环境和重化工经济结构，除管理韧性指数和文化韧性指数外，其他分项指数均位于第二梯队；粤北地区虽然拥有较多的自然和文化资源，但面临严峻的经济结构转型和经济下行压力，也面临着改善民生水平、提升人口吸引力以及污染防治和环境保护的严峻挑战。须借助岭南国家公园、长征公园等国家公园建设，充分挖掘文化资源要素，以更好地带动当地经济，提高城市韧性；粤东地区人口密度较大，应提升资源环境的利用效率，在发展经济的同时，加强社会管理，提升社会保障能力，让经济发展、民生福祉和社会建设齐头并进。

表2-2　　　　　　　　　　2019年广东省四大区域城市韧性发展水平比较

地区	人口韧性指数	经济韧性指数	文化韧性指数	社会韧性指数	环境韧性指数	管理韧性指数
珠三角地区	41.50	38.98	34.15	61.07	75.18	45.56
粤东地区	18.74	20.03	10.59	48.21	70.20	52.94
粤西地区	26.69	27.57	15.17	51.01	74.48	50.91
粤北地区	15.29	22.34	18.20	50.21	72.93	51.03

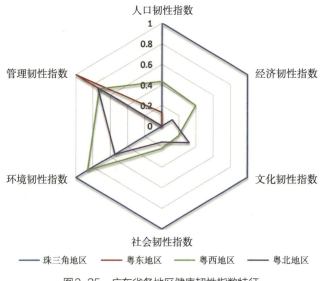

图2-25　广东省各地区健康韧性指数特征

2.4 广东省城市韧性发展的思路与对策

韧性城市是世界各国应对城镇化过程中城市系统不稳定性、不确定性的重要途径，城市系统韧性是人类系统韧性的核心载体，实现快速的城镇化进程与居民健康福祉提升并行不悖。城市韧性发展需要从构建公共安全导向的韧性空间格局、构建多元的韧性共治机制、完善区域协同治理机制和推动韧性城市的跨界合作等方面着手，着力改善潜在影响城市健康发展的各种经济社会环境要素，全面强化城市的韧性。

2.4.1 构建安全导向的空间格局，提升人居环境韧性

城乡规划是各类开发建设活动和空间管理的基本依据。前瞻性地考虑公共安全防控需求，合理布局城乡生产、生活和生态空间，构建安全、健康、韧性的空间格局是城市韧性发展的重要基础，也是新时期空间规划与建设"以人为本"的必然要求。一是加快建立以公共安全为导向的城市空间防控体系，将韧性设计要素融入不同空间尺度的城市规划与设计，重点关注与公共安全紧密相关的城市空间布局。土地利用规划、空间形态塑造、服务设施布局、交通网络构建、公共空间优化等均需要统筹考虑公共安全因素，对城市应急空间、绿色生命通道、城市通风廊道、城市冷岛等进行超前和长远谋划，强化重大自然灾害、突发社会安全事件、生产安全事件的空间预警和防控布局，全面构建城市安全的空间防控体系；二是加强城市土地的战略留白和复合利用。为应对城市快速发展过程中的不确定性和风险性，需要为城市健康安全运行预留战略空间，既为未来经济社会发展预留高质量发展空间，又为包括公共健康在内的重大公共突发事件提供应急应对空间。因此，应以"平灾结合""弹性相济"的理念在城市不同区域，预留多种形式、不同规模和用途的战略留白空间资源，并明确对战略留白空间的规划引导和时序安排。

2.4.2 构建多元的韧性共治机制，提升治理能力现代化水平

城市韧性发展体现的是城市的治理能力。党的十九大明确了治理的重要性，提出建立共建共治共享的社会治理格局。而强大的社会凝聚力和广泛的公众参与正是新冠肺炎疫情在中国得到有效防控的重要保障，也是中国特色社会主义制度优势的重要体现。城市发展面临的健康风险是综合风险的反映，涉及医疗卫生系统、交通运输系统、公共服务系统以及应急保障系统，应该加快由"政府—市场—社会"构成的多元主体、多系统协同治理体系。尤其是对于自然灾害和突发公共卫生事件，需要省级主管部门，各地市政府、非政府组织、企业以及居民采取共同的健康治理行动，这种多元主体参与的治理行动应贯穿于城市规划、建设、管理和运营的各个环节，通过"全生命周期"的韧性治理提升全体居民的健康福祉，全面促进健康公平。

2.4.3 完善区域间协同治理机制，全面促进全域韧性

城市韧性发展与城市的经济社会发展水平密切相关，广东省各地区自然要素禀赋、交通区位条件等因素各异，加剧了城市韧性发展的空间不均衡性。从前文中的评价可以看出，经济条件较好的城市在各项韧性评分中都能得到较好的分数，经济系统强化了其他各个系统的韧性，基础好的城市会进一步强化其区域优势。因此在产业分工、环境治理和公共服务供给方面完善区域协同机制，增强全省公共政策联动性、强化分类分区施策是破解区域发展不平衡不充分、全面促进全省韧性发展的关键所在。

其中，珠三角地区城市的韧性发展水平整体较高，但人口和产业过度集聚带来的环境负荷压力和城市安全运行压力较大，应通过绿色技术改进降低能源消耗水平，积极推进新一代信息技术在公共安全、公共卫生、安全教育、文化氛围塑造、城市运行和环境治理等领域的应用，加大韧性城市试点和智能规划决策试点的数据共享、政策协同和联动机制。粤西地区经济结构中工业基础较好，应将激发市场活力、转变经济结构、提升经济发展质量作为强化文化韧性和管理韧性的基础。粤东地区城市主要短板是缺乏优质的医疗、教育资源不足，除了省内财政支持，更重要的是强化城市吸引力，积极引进医疗卫生领域的人才和技术，形成地区经济与服务能力的良性循环。粤北地区主要短板是生态脆弱性和经济脆弱性叠加，人均耕地不足，林业和资源采掘业是多数城市的经济支柱，存在生态文明建设和脱贫攻坚的双重任务压力，如何改变地区经济结构中过度依赖资源的现状，不仅要建立全省生态补偿、转移支付机制，还需强化文化、旅游、服务等业态培育，真正实现"绿水青山就是金山银山"的美好图景。与此同时，在广东全省应积极建立区域协同治理机制，一方面打破行政区划壁垒，推动教育、文化、医疗卫生等优质公共服务在都市圈、城市群等更广泛地域空间内进行优化配置；另一方面引导粤东西北小城市立足资源禀赋条件提升经济发展活力和经济效益，促进民生持续改善，逐步缩小不同区域、级别城市之间的公共服务差距，推进全域韧性。

2.4.4 推动韧性城市的全国合作，融入全国治理体系

2020年初，新冠疫情在武汉集中爆发时，全国号召各地优质医疗工作者驰援，各类物资从全国各地源源不断地支援疫情地区，体现的是全国一盘棋的联动网络。随着全国经济一体化发展的深入推进，全国治理体系已迈入相互合作的共生阶段，高度联通的高铁、飞机、公路等交通网络使得跨区域、跨行政区的安全风险日益凸显，尤其是重大公共事件的突发性、传播性和危害性会导致一个省份或地区无法独立应对，而必须动用全国力量进行全域治理，共同应对危机，加快构建重大突发公共事件的联合治理机制，积极推进区域自然灾害治理、疾病防控、刑事侦破等领域的合作，共同推进全域韧性城市的建设。

附表1　　广东省城市韧性发展评价

地区	城市	排名	城市韧性发展指数	人口韧性指数	经济韧性指数	文化韧性指数	社会韧性指数	环境韧性指数	管理韧性指数
珠三角	深圳市	1	65.16	86.73	63.60	58.40	69.80	79.79	43.96
	广州市	2	57.65	71.62	47.77	43.09	64.61	75.65	49.36
	珠海市	3	56.73	25.98	43.43	42.87	67.13	81.30	42.90
	佛山市	4	56.52	43.23	50.74	42.01	61.53	70.11	51.24
	东莞市	5	52.31	57.12	35.91	24.29	63.49	79.40	47.60
	中山市	6	52.30	21.89	30.97	25.51	60.17	69.22	44.59
	惠州市	7	50.01	28.42	30.87	19.16	57.39	78.18	55.95
	肇庆市	8	48.00	20.17	21.49	35.35	52.06	69.74	63.20
	江门市	20	39.72	18.31	26.08	16.68	53.48	73.26	11.23
粤西	湛江市	10	46.48	35.65	29.15	22.48	50.84	72.93	49.46
	茂名市	11	46.22	30.40	28.28	9.98	49.09	75.58	59.59
	阳江市	13	44.18	14.02	25.27	13.05	53.11	74.93	43.67
粤东	汕头市	14	44.00	24.87	22.83	14.52	49.61	75.87	48.16
	潮州市	17	42.16	9.48	22.45	11.06	45.68	71.27	52.92
粤东	揭阳市	19	41.28	26.88	21.11	8.86	47.58	62.76	63.10
	汕尾市	21	39.48	13.72	13.73	7.93	49.98	70.88	47.58
粤北	韶关市	9	47.27	13.39	24.87	24.26	52.00	72.24	59.69
	河源市	12	45.46	12.20	18.95	21.87	52.37	74.88	54.99
	梅州市	15	43.96	17.73	21.72	15.09	52.52	79.71	38.91
	云浮市	16	42.68	12.67	24.49	16.46	45.71	69.25	50.88
	清远市	18	41.84	20.45	21.67	13.30	48.46	68.55	50.67

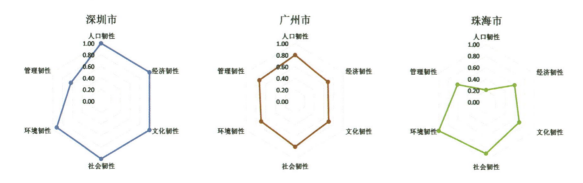

附图1　2019年广东省各城市韧性评估分项指标雷达图

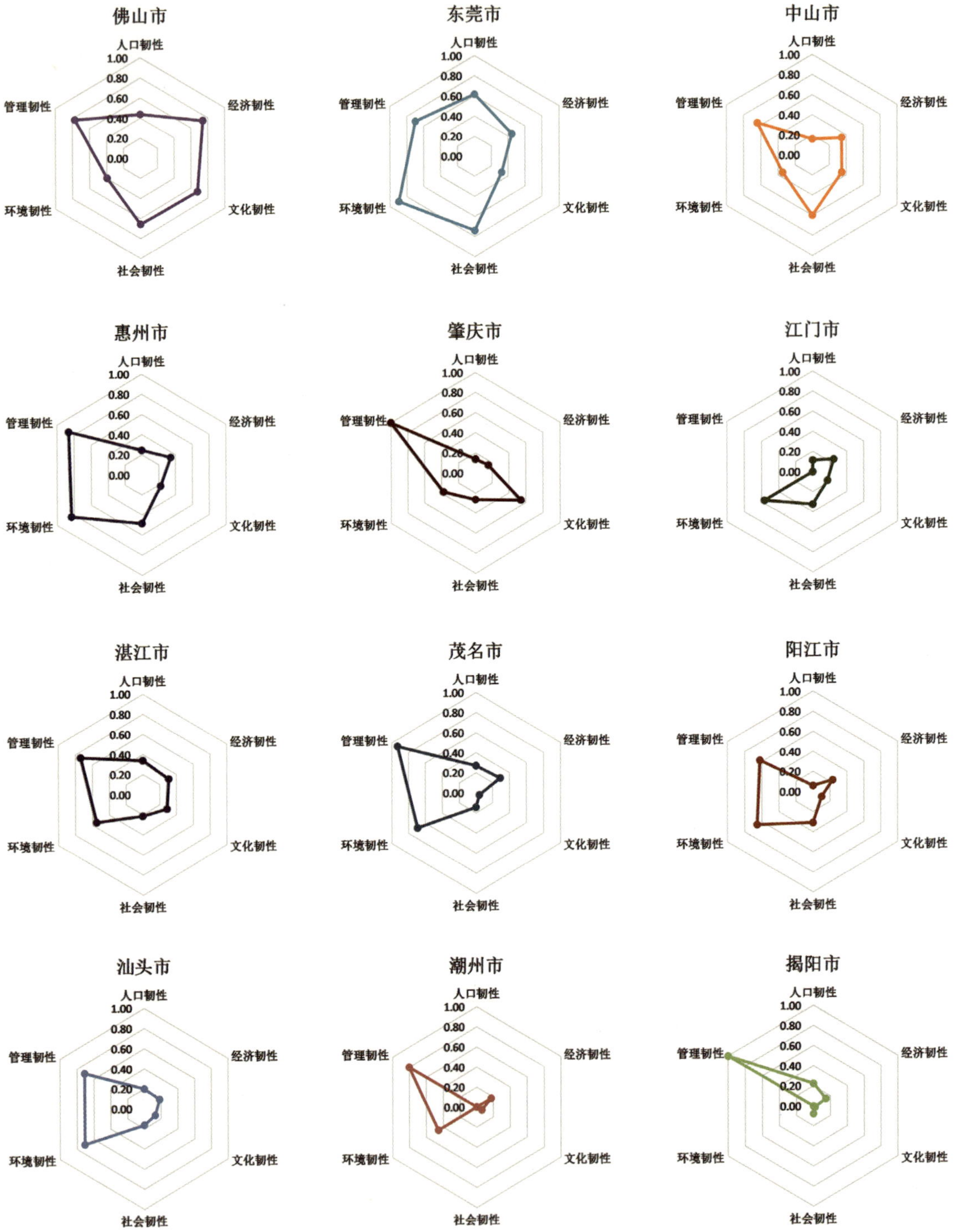

附图1　2019年广东省各城市韧性评估分项指标雷达图（续1）

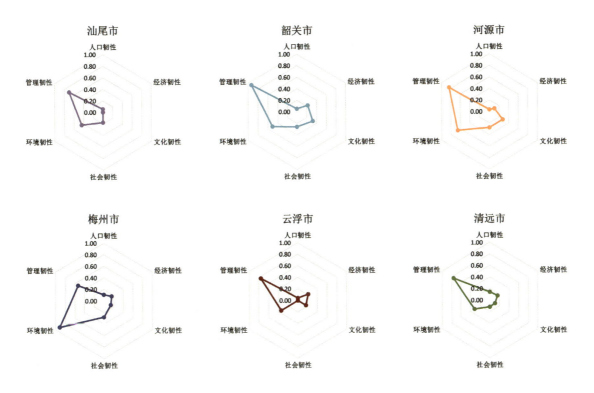

附图1　2019年广东省各城市韧性评估分项指标雷达图（续2）

第三章

社区韧性

城乡社区是社会治理的基本单元。城乡社区治理事关党和国家大政方针的贯彻落实，事关居民群众的切身利益及城乡基层的和谐稳定。党的十九届四中全会提出"推动社会治理和服务重心向基层下移，把更多资源下沉到基层，更好提供精准化、精细化服务"。在2020年的新冠肺炎疫情阻击战中，基层社区群防群治工作发挥了不可替代的作用，但仍存在信息错滞、资源不足、管理无序和服务缺位等一系列问题。令人痛心的是：疫情首先在人口密集区的海鲜市场暴发；全国文明社区百步亭在疫情暴发后仍照常举行万家宴；部分社区在抗疫责任下沉后显得不堪重负；春节后返工人员入住小区受阻等，这都体现出社区治理在遭遇重大灾害时缺乏足够的稳定、恢复以及适应能力。因此，需要进一步优化和完善社区在物质空间、公共服务配套、民生保障等方面的韧性，推进社区治理现代化建设，提高社区应对灾害的韧性。

本章从社区韧性的内涵出发，在参考国内外研究现状的基础上结合广东省实际情况构建一套社区韧性评价体系，分别从社区物质空间环境、社区配套设施与城市居民自有资源等三个维度对广东省社区韧性水平进行评价，并提出社区韧性提升思路及策略。

3.1 社区韧性内涵及其评价体系

3.1.1 社区韧性内涵

社区作为一个社会学的基本概念，由费孝通先生于20世纪30年代初在翻译德国社会学家滕尼斯的著作《社区与社会》(*Community and Society*)时，从英文单词"Community"翻译并流传下来。英国社会学家安布罗斯·金分别从物质、社会、心理三个尺度上对其做了更具可操作性的定义：

①物质尺度：明确边界的地理区域；

②社会尺度：居民沟通和互动；

③心理尺度：共存感、从属感与认同感。

民政部在《关于在全国推进城市社区建设的意见（2000）》中将社区界定为"聚居在一定地域范围内的人民所组成的社会生活共同体"。其中，地域范围通常指"经过社区体制改革后做了规模调整的居民委员会辖区"。

社区韧性是韧性的概念应用于社区的产物，并受到多学科的关注。现有文献对社区韧性的概念不完全统一（表3-1）。经总结，社区韧性的内涵主要集中在三个方面：一是稳定力（resistance），即社区吸收外界扰动的能力，社区能够抵制外界干扰并进行调整以减轻干扰所带来的影响；二是恢复力（recovery），主要关注从压力中恢复的速度和能力，一个有韧性的社区比韧性较弱的社区能更快速地回到灾前水平；三是适应性（adaptive），指社区因逆境而转变，适应或发展出新的运作模式，使其进入良性发展阶段的能力。

表3-1　　　　　　　　　　　　　不同学者对社区韧性概念的定义

学者	年份	定义	核心
布朗	1996	社区从不幸或持续生活压力中恢复、调整并从中学习的能力,是一种能随情形变化而变化的过程	恢复、适应
Ahme	2004	社区缓解灾害冲击并保障居民安全的物理、社会政治、文化和心理资源	稳定
诺里斯	2008	社区韧性包括一系列适应能力以及有效促进灾害准备响应和维持社区可持续性的策略	稳定、适应
彭翀	2017	社区韧性是稳定能力、恢复能力和适应能力等一系列能力的集合,它既是一种成长过程,也是社区发展的目标	稳定、恢复、适应
李德智	2018	社区能够利用现有的资源及自组织能力抗击灾害影响的能力,具有鲁棒性、谋略性、及时性和冗余性	稳定、恢复

3.1.2 评价对象界定

根据广东省民政厅数据,截至2020年,广东省21地市共设立67个市辖区,下辖1597个镇街、社区(村)10 292个。2019年市辖区人口达到7692万人,占广东省总人口比重为69.1%。本章以广东省67个市辖区为评估范围,以市辖区内社区(村)为评估对象。

3.1.3 评价体系构建

1)评价维度及评价因子

《国务院办公厅关于印发国家综合防灾减灾规划(2016—2020年)的通知》(国办发〔2016〕104号)提出加强区域和城乡基层防灾减灾救灾能力建设,开展社区灾害风险识别与评估。社区韧性评估有助于认识社区目前的韧性状况,是社区营造与社区更新以及进一步提升社区防灾减灾能力的依据。在危机情境下,富有韧性的社区及其成员能够通过自组织、自治理、自发展及利用现有资源等方式,抵御并主动适应外部冲击及新环境条件。从社区构成的角度出发,社区韧性的资源要素包括社区物质空间环境、社区配套设施及居民自有资源等方面:

①物质空间环境:支撑社区成员日常生活、工作的物质空间载体,包含城市孕灾环境,交通、医疗、应急救援等城市生命线系统,以及住区建筑空间等。

②社区配套设施:即社区所拥有的社区配套公共服务供给水平,包括各类教育、医疗、养老、文化体育、商超等。良好的公共服务质量和可得性,能够帮助社区及时得到外界援助,为社区快速恢复和适应提供有力支持。

③居民自有资源:社区成员能够为应对危机提供的劳动力、经济收入、社会保障及其所依凭社会组织等。劳动力水平高、民生保障投入高以及经济实力好的社区拥有更多资源,适应新环境的能力更强;社区党组织、居民自治组织、营利或非营利组织能够有效供给公共物品,满足社区需求,优化社区秩序。

综上,在参考国内外相关学者研究现状的同时,结合广东省自身发展情况考虑,基于社区物质空间环境、社区配套设施与城市居民自有资源三个维度，分别选取不同评价类型及评价因子对广东省各地市的社区进行韧性评价（表3-2）。其中，物质空间环境主要考虑社区的自然禀赋、空间承载能力与应急能力等；社区配套设施主要考虑社区居民生产生活相关的公共服务水平；城市居民自有资源则侧重考虑居民及社区环境的风险灾害抵抗能力。

表3-2　　　　　　　　　　社区韧性评价指标体系

评价维度	评价类型	评价要素
社区物质空间环境	城市孕灾环境	海拔、坡度、降雨、建成区空间等
	城市生命线系统	医疗系统、交通系统、应急救援系统等
	住区空间	土地供应、社区规模、人均居住用地面积、建筑密度、公共空间人均指标等
社区配套设施	公共设施	幼儿园、中小学、医院、诊所、文体设施、养老机构等
	社区服务设施	各类社区服务设施
	商业服务业设施	超市、农贸市场等
城市居民自有资源	劳动力水平	人口年龄结构
	经济发展	居民可支配收入、平均工资、住户存款、失业率等
	民生保障	养老、医疗保险、民政事业投入等
	社会参与	社会组织数量、志愿服务团队的人数等

2）评价方法和计算步骤

基于国内外相关研究概况与社区韧性的内涵，结合广东省内各社区的实际情况及相关指标的可获取性及评价尺度，构建广东省城市社区韧性综合评价体系。

（1）确定评价指标集。基于社区韧性视角确定社区韧性评价指标集（式3-1）：

$$R = \{R_1, R_2, R_3, \cdots, R_m\} \qquad \text{（式3-1）}$$

式中，R为评价指标集合，R_1为第1个指标，m代表指标的个数。

（2）确定评价指标权重设置。基于灾害影响下的社区韧性视角，从物质空间环境、配套设施与居民自有资源三个维度采用层次分析法构建一级指标，之后结合专家经验对每个指标的适用性进行核定、细化、分析、整理等，最终提取28个二级指标并设置相应权重占比（表3-3）。

层次分析法是将与决策有关的元素分解成目标、准则、方案等层次，并进行定性和定量分析的决策方法，适用于对决策结果难于直接准确计量，需要层层分解建立相互关系的场景（式3-2）。

$$W = \{w_1, w_2, w_3, \cdots, w_m\} \text{ 且 } \sum_{i=1}^{m} w_i = 1 \qquad \text{（式3-2）}$$

式中，W_i为第i个指标的权重值，m代表指标的个数。

（3）社区韧性综合评分计算。结合各指标因子的权重值进行多因子叠加法计算，评价广东省内各地市的社区韧性综合得分，计算公式最终得到评价得分结果集（式3-3）。

表3-3　　广东省社区韧性评价指标选取及因子的权重设置

维度	一级指标	二级指标	维度	一级指标	二级指标
物质空间环境（0.4）	城市孕灾环境（0.225）	海拔高程	社区配套设施（0.4）	医疗养老设施（0.325）	每万人拥有医院诊所数
		坡度			至医院距离
		降水量			每千名老年人养老床位数
		建成区密度		文体设施（0.5）	至文化设施距离
	城市生命线系统（0.675）	医疗卫生机构千人床位数			至运动场距离
		三甲医院通勤时间		商业配套设施（0.025）	至商业设施距离
		消防机关通勤时间	居民自有资源（0.2）	劳动力水平（0.15）	劳动人口抚养比
		每万人拥有开敞空间数		居民经济水平（0.4）	居民人均可支配收入
		开敞空间步行可达时间			就业人员平均工资
	城市住区空间（0.1）	土地供应面积占比			人均住户存款
		人均居住用地面积		民生保障（0.2）	医疗保险参保人数比例
社区配套设施（0.4）	教育设施（0.15）	至幼儿园距离			每万人民政事业费支出
		至小学距离		社会参与（0.25）	每万人拥有社会组织数量
		至中学距离			志愿者服务人数比

$$V = \{w_1R_1, w_2R_2, w_3R_3, \cdots, w_mR_m\} \quad （式3-3）$$

式中，V为评价得分结果集合。

基于上述评价方法与计算步骤对广东省评价范围内的各个社区进行评价，最终得到广东省21个地市市辖区内10 292个社区（村）的最终评价得分。

3）评价结果等级划分

基于所选指标及评价结果集，在综合参考相关研究的基础上将各社区的综合得分（满分为100分）划分为优秀、良好、中等、一定潜在风险、潜在风险较大等五个等级（表3-4），最终获得广东省各地市共10 292个社区（村）的社区韧性评价等级。

表3-4　　社区韧性视角下的灾害应对能力评分等级表

等级	优秀	良好	中等	一定潜在风险	潜在风险较大
得分	≥80	[70,80)	[50,70)	[30,50)	<30

本章数据说明：行政区划数据来自自然资源部门；各项孕灾因子数据来自地理空间数据云平台（http://www.gscloud.cn/）；社区配套设施，医疗、消防救援等设施数据来自高德地图、好大夫在线等网络开源数据；用地相关数据来自住建部门城市建设统计年鉴；劳动力水平、居民经济水平、民生保障、社会参与等数据来自广东省统计年鉴。

3.2 广东省社区物质空间环境

3.2.1 城市孕灾环境

灾害是致灾因子、孕灾环境与承载体综合作用的结果。城市灾害包括暴雨内涝、山体滑坡、泥石流等，是城市地区上述三大要素在人口增长、城市建设、环境污染、资源匮乏等问题的合力作用下产生的质变。本节从海拔高程、坡度、降雨量、建成区面积等方面描述城市社区环境面临的潜在风险。

1）海拔高程多位于100m以下，地形低平

海拔高程可通过温度、空气湿度、空气饱和度等方面对土壤、林草等环境造成影响，进而影响城市气候环境。基于30mDEM对评价范围内的海拔高程进行分级评价。从地区上看，评价范围内的珠三角地区、粤西地区与粤东沿海多位于海拔100m下，海拔大于100m区域主要分布在韶关、云浮、梅州的大部及广州、清远、肇庆、潮州的北部。湛江市的平均海拔为18m，为全省最低；韶关市平均海拔为287m，最高海拔为1590m，均为全省最高。

研究区高海拔地区多分布于汕尾市、揭阳市、潮州市、梅州市等粤东地区交界处、茂名东北部、清远市与韶关市等粤北地区。整体上看，评价范围内的海拔介于-95m至1590m之间，平均海拔为108m。除韶关市南部、清远市北部、广州市北部与潮州市北部等个别区域存在海拔500m以上地区，评价范围内的其他地区大多位于海拔100m以下的平原地区，符合人口生产与集聚的一般规律（图3-1）。

图3-1 广东省各地市评价范围内海拔信息

从社区尺度上看，评价范围内各地市的平均海拔高程多位于0～300m之间。其中，广州市、韶关市、深圳市、珠海市与汕头市的社区均位于100～300m区域；江门市、湛江市、茂名市、惠州市、汕尾市、阳江市、东莞市、中山市、潮州市、揭阳市80%以上的社区位于0～100m区域；而梅州市、清远市、云浮市等地的社区海拔分布位于0～500m之间（图3-2）。

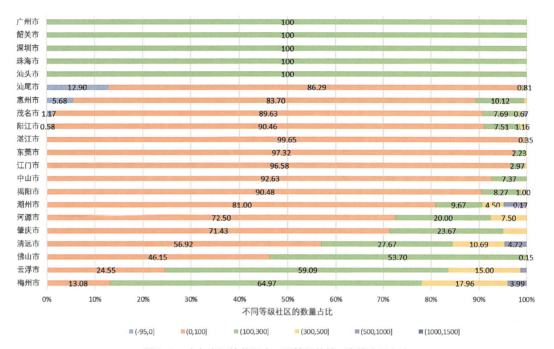

图3-2 广东省评价范围内不同等级的社区海拔高程占比

2）平均坡度小于15°，地势起伏缓和

城市灾害中，山体滑坡、泥石流、内涝等常见的地质灾害均与地面坡度有关。小于15°的斜坡，地层稳定，地质灾害发育弱；随着坡度增大，斜坡失稳滑动的概率增大。其中，滑坡灾害主要发生于25°～50°的斜坡地带，且在一定水源条件下，可能进一步发展成泥石流；崩塌等地质灾害多发生于大于50°的斜坡地带。结合评价范围内实际情况，对研究区范围内各地市与社区的坡度情况进行分级评价可知，全省范围内的坡度多位于25°以下，平均坡度为9.73°。其中，珠三角、粤东、粤西的多数地区坡度为0°～8°；坡度为8°～25°间的区域多分布在梅州、肇庆、云浮及清远等地；云浮市的平均坡度为全省最高，为17.14°；湛江市最低，为3.89°（图3-3）。

从社区尺度上看，广州市、深圳市、珠海市等16个地市中80%社区的平均坡度位于0°～15°之间，且坡度为3°～8°的社区占比较大。而韶关市、肇庆市、梅州市、清远市、云浮市存在超过20%的社区分布于坡度大于25°的区域。其中，云浮市超过60%；清远市与韶关市存在一定数量的社区平均坡度位于25°～50°之间（图3-4）。

图3-3　广东省各地市评价范围内坡度信息

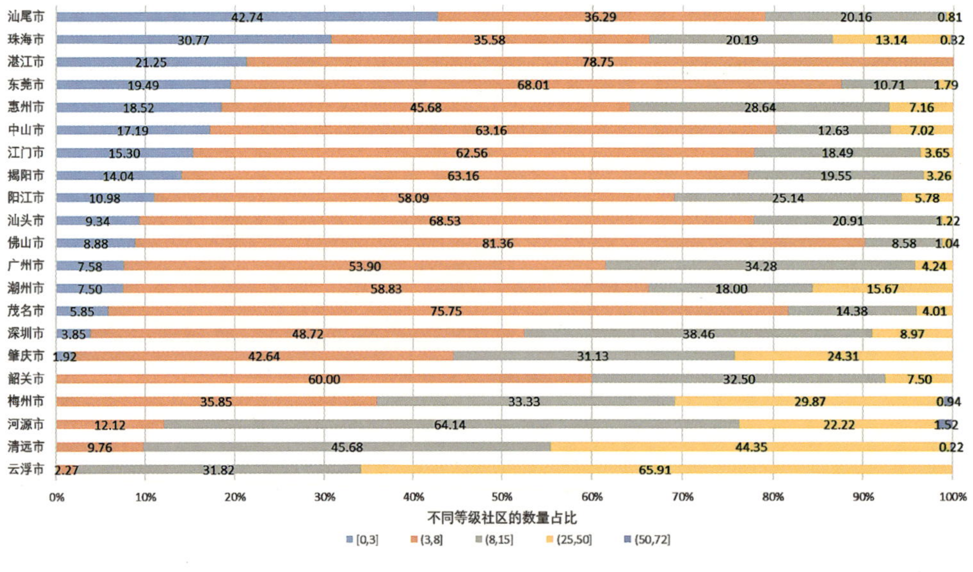

图3-4　广东省评价范围内不同等级的社区坡度占比

3）总降雨量丰沛，存在地区空间差异

广东省属热带和亚热带季风气候区，年降雨量丰富，雨季集中在6～8月，降水量占全年70%以上，容易受到洪涝灾害影响。降雨可诱发城市内涝、山体滑坡、泥石流等自然灾害。采用2019年广东省86个监测站点的年平均降水量进行空间插值，对评价范围内的降水量进行分类评价可知，2019年全年评价范围内的平均降雨量为19 579mm，降雨量高值区域主要分布在阳江、珠海市大部及广州市东部，湛江市、茂名市及粤东三市的降雨量相对较少。其中，珠海市的平均降雨量最高，达到24 593mm。汕头市的降雨量最低，为13 823mm；最高降雨量出现在阳江

市,达到了30 542mm。整体上看,存在一定程度上的降雨量分布不均衡现象,珠三角地区及阳江地区的降雨量整体偏高(图3-5)。

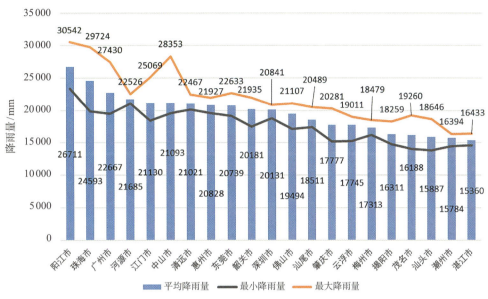

图3-5 2019年广东省各地市评价范围内年降雨量信息

从社区尺度上看,省内各社区范围内的降雨存在分布不均的情况。其中,汕头市、湛江市、茂名市、梅州市、潮州市、揭阳市、云浮市等地社区的平均降雨量多位于13 823～19 000mm之间;广州市、韶关市、深圳市、珠海市、江门市、惠州市、清远市、东莞市、中山市等地的社区平均降雨量多位于19 000～27 000mm之间;而阳江市、珠海市等地社区的平均降雨量则多位于24 000～30 542mm之间(图3-6)。

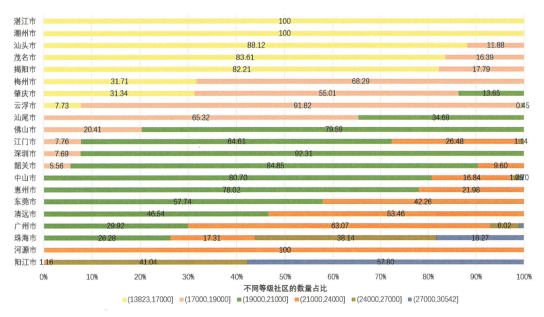

图3-6 广东省评价范围内不同等级的社区降雨量占比

4）建成区面积占比差异较大，平均占比低于20%

城市建成区可直观反映该地区的建设规模与水平，建成区的面积占比（即建筑密度）与城市暴雨内涝程度的关系密切。基于广东省矢量电子地图及服务对各地市的居民地面数据进行统计分析。其中，东莞市建成区面积占各地市行政区面积的比例为19.56%，居全省首位；其次为汕头市、佛山市与深圳市，分别为15.41%、15.04%与14.12%；建成区面积占比较低的为云浮市、梅州市与韶关市，分别为2.55%、2.16%与1.92%（图3-7）。

图3-7 广东省评价范围内建成区面积及其占比

基于城市建成区占社区面积的比例分析各社区的建成区面积占比。从社区尺度上看，韶关市、珠海市、茂名市、肇庆市、惠州市、梅州市、清远市、云浮市的建成区占比小于或等于20%的社区比例超过90%，河源市、阳江市也超过了80%；广州市、深圳市、汕头市、佛山市、东莞市、中山市、潮州市的建成区占比位于20%～40%之间的社区比例超过20%，其中东莞市超过了40%。此外，广州市、潮州市、阳江市、汕头市仍存在一定比例的建成区占比大于80%的社区（图3-8）。

3.2.2 城市生命线系统

城市生命线的韧性，体现在面对外部扰动和内部异变时，能够保持原有的框架结构和体系功能的能力，即在保障城市医疗、应急救援、交通、市政等系统安全稳定有序的基础上，城市生命线系统所具有的抗风险和抗干扰的能力。本节分别从医疗系统、应急救援系统与交通系统等三方面对城市生命线系统进行评价。

1）医疗系统

（1）广东省历时两个多月遏制新冠疫情蔓延势头

2019年12月8日，湖北武汉出现了首例不明原因肺炎病例。

2020年1月23日，武汉封城，广东省24小时之内新增新冠肺炎确诊病例21例。省疫情防控工作领导小组遂决定启动广东省重大突发公共卫生事件一级响应。广东省卫健委随即公布新冠肺

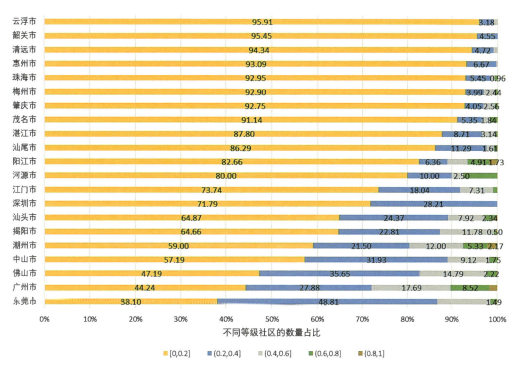

图3-8 广东省评价范围内不同等级的社区建成区面积占比

炎定点救治医院与开设发热门诊医院的清单。

新冠肺炎新增确诊病例于1月31日达到峰值,当日新增确诊病例数达到127例。2月3日新增确诊病例114例,之后每日新增病例逐渐减少,并于2月16日降至个位数(图3-9)。2月24日,广东省决定将疫情防控应急响应级别由一级响应调整为二级响应;并于5月8日再次将二级响应调整为三级响应。

图3-9 广东省新型冠状病毒肺炎疫情走势图

从疫情暴发到响应,再到遏制疫情蔓延势头逐渐趋于稳定,广东省仅用两个多月的时间就控制住了疫情,并将本土确诊病例控制在个位数以内。这体现出广东各级政府在应对重大公共卫生挑战时具备充足的稳定、恢复以及适应能力。广东省卫健委的数据显示，广东省新冠肺炎定点救治医院共计104家，其中省级医院31家，市级医院16家；开设发热门诊的医院共计723家（图3-10）。

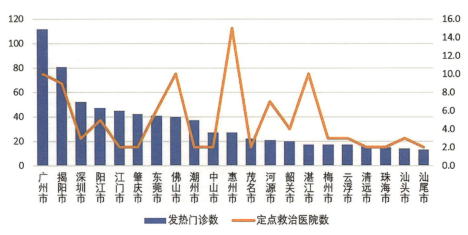

图3-10　广东省各地市新冠肺炎定点救治医院和开设发热门诊医院数

在疫情较为严重的广州、深圳两市，截至2020年11月1日累计确诊病例分别为816例和471例，合计占全省确诊病例的67%。其中，广州新冠肺炎定点救治医院10家，开设发热门诊的医院数112家。深圳新冠肺炎定点救治医院3家，发热门诊52家。两地市定点救治医院数占全省比重为13%，发热门诊数占比为23%。

另一方面，疫情期间全省口罩产量逐步攀升。广东省工信厅的数据显示，2月底全省口罩日产量超2000万只；至4月中旬口罩日产量已达到6000多万只，"广东制造"展现出强大的动员能力和应急能力。

（2）广州集中全省优质医疗资源，深莞、粤东地区医疗资源相对紧缺

①优质医疗资源分布

根据"好大夫在线"网站统计，广东省各级各类医疗设施644家，三级以上各类医院数达到225家，其中三甲级医院数达到133家。广州市作为华南医疗中心，有多达62家三级以上医院；其中三甲级医院44家，占全省三甲医院比重接近1/3；珠三角9市的三甲医院达到98家，占全省比重为73.7%；粤东、粤西、粤北优质医疗资源相对稀缺，三甲医院数分别为10家、12家和13家，且主要集中于城镇中心城区内（图3-11）。

②床位资源配比

统计年鉴显示，广东省2019年总床位数54.5万张，千人床位指标为4.7张。其中广州市总床位数高达10万张，千人床位指标为6.5张，床位规模与人均指标均居全省前列。《全国医疗卫生服务体系规划纲要（2015—2020年）》要求，至2020年每千常住人口医疗卫生机构床位数须达到6张。全省现阶段仅广州、韶关和阳江三市达标，其中韶关市千人床位指标为6.3张，阳江为6.0张。珠三角地区的深圳、东莞两市尽管床位规模不小，但千人床位指标偏低，分别为3.6张和

图3-11 广东省各地市三甲医院数量对比

3.9张。粤东地区床位资源最为紧张，汕头、汕尾、揭阳、潮州四市床位总数仅5.9万张，平均千人床位指标仅3.4张（图3-12）。

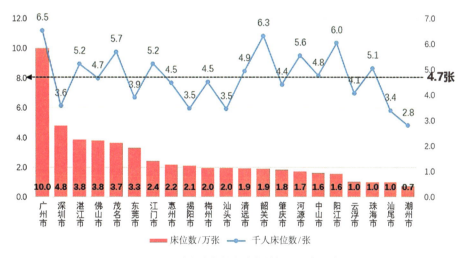

图3-12 广东省各地市床位数与千人床位数

③ 人均医师拥有量

广东省2019年共有卫生工作人员96.5万人，执业医师人数29.2万人。其中广州市卫生工作人员20.3万人，执业医师人数5.9万人，分别占全省的21%和20%。从人均指标上看，全省每万人拥有执业医师人数为25.4人。广州市每万人拥有执业医师人数38.3人，珠海每万人拥有执业医师人数38.2人，两市在全省处于较高水平。粤东四市执业医师人均指标有待提升，每万人拥有执业医师人数不足20人，其中汕尾市仅15.8人（图3-13）。

④ 三甲医院空间可达性水平

基于高德地图出行导航数据测算从社区中心点出发驾车前往三甲医院的出行时间，评估社区

图3-13 广东省各地市执业医师人数情况

居民至优质医疗资源的可达性水平。据统计，广东省市辖区内居民驾车前往三甲医院的平均出行时间为19分钟。其中，三甲医院15分钟驾车可达的社区为2839个，占市辖区社区数量的比例为27%；三甲医院30分钟驾车可达的社区为6386个，占市辖区社区数量比例为61%。按照覆盖人口计算，广东省市辖区内居民三甲医院15分钟驾车可达覆盖率为46.4%；三甲医院30分钟驾车可达覆盖率为82.1%。社区居民前往三甲医院可达性水平总体较高。

从各地市来看，广东省多数地市市辖区居民驾车前往三甲医院的平均时间在30分钟以内。清远市辖区的三甲医院平均驾车出行时长为38.7分钟，未来有必要在现有医疗设施布局基础上，结合人口分布开设分院，提高医疗设施布局的均衡性；汕尾市、深圳市辖区三甲医院可达性较高，平均驾车出行时长低于15分钟。按照覆盖人口计算，深圳、珠海、广州、佛山等珠三角地市市辖区三甲医院空间布局更加均衡，四市三甲医院30分钟驾车出行可达覆盖率均超过了90%，其中深圳市高达97%（图3-14、图3-15）。

2）应急救援系统

（1）深圳、珠海等珠三角地市消防救援水平较高，粤西北地区有待提升

①消防救援设施分布

基于高德地图POI中"消防机关"设施点个数测算全省消防救援设施点数为2534个，每万人拥有消防机关设施数0.22个。其中位于市辖区内的消防救援设施为2127个，占比达到83.9%。从各地市情况来看，珠三角各地市消防机关设施点数总体高于粤东、粤西、粤北地区。其中深圳、广州、东莞三市消防机关设施点数量超过300个，在全省排名前列。在人均指标方面，珠海市每万人拥有消防机关设施数为0.49个，深圳市每万人拥有消防机关设施数为0.43个，两者在全省处于较高水平。粤西、粤北部分地市如湛江、茂名、梅州、云浮等，每万人拥有消防机关设施数不足0.1个，消防救援设施规模有待提升（图3-16）。

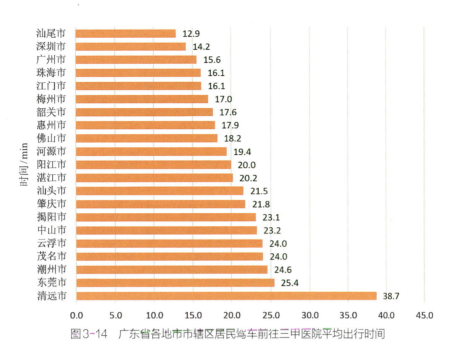

图3-14 广东省各地市市辖区居民驾车前往三甲医院平均出行时间

图3-15 广东省各地市市辖区三甲医院15分钟、30分钟驾车可达覆盖率

图3-16 广东省各地市消防机关数量

② 消防救援设施空间可达性水平

据统计，广东省市辖区内各消防机关驾车到达社区居民点的平均时间为9.6分钟。根据《城市消防站建设标准》（建标152—2017）（下简称《消防站标准》），消防站布局需满足接到出动指令后5分钟内消防队可到达辖区边缘为原则确定。广东省市辖区消防机关5分钟驾车可达的社区为1415个，占市辖区社区数量的比例为13.4%；消防机关15分钟驾车可达的社区为6927个，占市辖区社区数量的比例为65.7%。按照覆盖人口计算，市辖区内消防机关5分钟驾车可达覆盖率为23.6%；消防机关15分钟驾车可达覆盖率为88%。由此可见，广东省市辖区内消防机关基本满足可在15分钟内驾车到达社区居民点，但与《消防站标准》要求仍有一定差距。

从各地市来看，东莞、揭阳、深圳、珠海等地市消防机关可达性较高，平均驾车出行时长低于8分钟。云浮、茂名市辖区的消防机关平均驾车出行时长为21.6分钟，高于全省平均水平，消防救援设施均衡性有待提升。按照覆盖人口计算，东莞、深圳、佛山、珠海等9个地市市辖区消防机关15分钟驾车出行可达覆盖率超过了90%，其中东莞市高达97.3%，深圳市高达94.6%（图3-17、图3-18）。

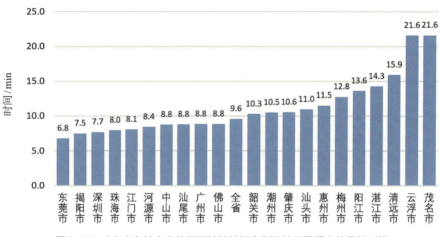

图3-17　广东省各地市市辖区消防机关驾车到达社区居民点的平均时间

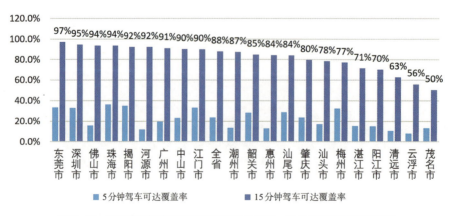

图3-18　广东省各地市市辖区消防机关5分钟、15分钟驾车可达覆盖率

（2）城市开敞空间可达性水平有待提升，深圳开敞空间步行可达性覆盖率领跑全省

①开敞空间分布

《城市社区应急避难场所建设标准》（建标180—2017）提出，城市社区应充分利用社区周边的公园、绿地、广场、学校、体育场等作为应急避难场所。基于高德地图POI中"公园""城市广场""综合体育馆"设施点个数测算得到全省公园绿地、广场、体育场等开敞空间设施点数共8950个，平均每万人拥有开敞空间设施数0.78个。其中位于市辖区内的开敞空间设施为7291个，占比达到81.5%。从各地市情况来看，珠三角各地市开敞空间设施点数与开敞空间人均指标总体高于粤东西北地区，其中广州、深圳、佛山三市开敞空间设施点数量超过1000个，排名全省前列。在人均指标方面，珠海市每万人拥有开敞空间设施数1.37个，佛山市每万人拥有开敞空间设施数为1.35个，处于全省较高水平。如汕尾、湛江等粤东、粤西地市的每万人拥有开敞空间数偏低，须在城市内部积极布设各类应急避难场所（图3-19）。

图3-19 广东省各地市开敞空间（公园、城市广场、综合体育场）数量

②城市开敞空间可达性水平

据统计，广东省市辖区内社区居民步行前往公园、广场、体育场等开敞空间的平均时间为21.3分钟。根据《城市社区应急避难场所建设标准》（建标180—2017），城市社区应急避难场所的服务半径不宜大于500m（步行约10分钟）。广东省市辖区内居民步行10分钟可到达开敞空间的社区数为2571个，占市辖区社区数量的比例为24.4%。步行30分钟可到达开敞空间的社区数为5739个，占市辖区社区数量的比例为54.4%。按照覆盖人口计算，市辖区内开敞空间10分钟步行可达覆盖率为39.4%；30分钟步行可达覆盖率为83.1%。由此可见，广东省市辖区开敞空间步行可达性水平仍有待提升。

从各地市来看，深圳、广州、东莞等地是开敞空间步行可达性水平相对较高，平均步行时间在15分钟以内。清远、云浮、肇庆等地市开敞空间步行可达性水平则有待提升，平均步行时间超过30分钟。按照覆盖人口计算，深圳市辖区开敞空间30分钟步行可达覆盖率为95%，在

全省处于领先水平(图3-20、图3-21)。

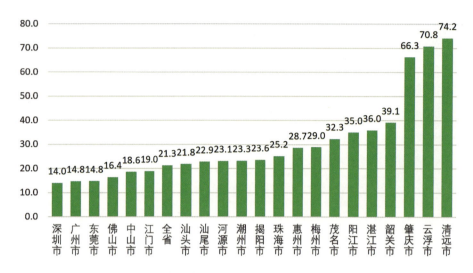

图3-20　广东省各地市市辖区居民步行到达开敞空间平均时间/min

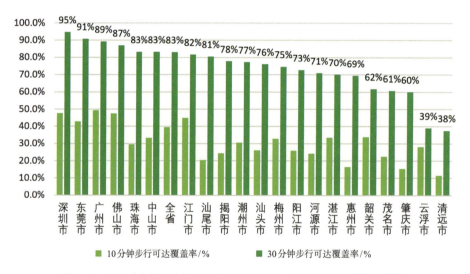

图3-21　广东省各地市市辖区开敞空间10分钟、30分钟步行可达覆盖率

3）交通系统

（1）城市人均道路面积与城市规模呈负相关

《城市道路交通规划设计规范》GB 50220—95规定，规划城市人口人均占有道路用地面积宜为7～15m²。根据《2018年城市建设统计年鉴》，广东省城市人均道路面积为12.86m²，总体符合规范要求，但低于全国平均水平（16.7m²）。从各地市情况来看，城市人均道路面积与城市规模呈一定程度负相关。广州、深圳作为特大超大城市，城市人均道路面积分别为9.7m²和11.0m²，处于全省较低水平；中小城市的人均道路面积平均值为15.3m²，其中阳江市为21.4m²，中山市为21.0m²；大城市人均道路面积平均值为14.4m²，其中东莞市为19.6m²（图3-22）。

注：根据《2018年城市建设统计年鉴》各地市城区人口，以及《国务院关于调整城市规模划分标准的通知》(国发〔2014〕51号)划分各地市城市规模等级。

图3-22　广东省各地市城市人均道路面积

（2）粤港澳大湾区交通基础设施建设需进一步加大

《中共中央国务院关于进一步加强城市规划建设管理工作的若干意见》指出至2020年，城市建成区平均路网密度提高到8km/km^2，道路面积率达到15%。根据2020年度《中国主要城市道路网密度监测报告》，深圳、广州建成区路网密度水平在全国排名靠前：其中深圳市建成区路网密度为9.5km/km^2，达到国家提出的8km/km^{2}的目标要求；广州市为7.0km/km^2，在报告选取的36个全国重点城市中排名第五。

根据《2018年城市建设统计年鉴》，广东省道路交通设施用地占城市建设用地面积比重为16%。《城市用地分类与规划建设用地标准》GB 50137—2011提出道路交通设施用地占城市建设用地比例为10%～25%。从各地市情况来看，深圳市道路交通设施用地面积占比达25%，高于省内其他地市。云浮市道路交通设施用地占比仅8%，低于国家标准。此外，中山、佛山、广州等珠三角地市道路交通设施用地占比在10%左右，需加强城市交通基础设施建设（图3-23）。

图3-23　广东省各地市道路交通设施用地占城市建设用地比重

3.2.3 城市住区空间

作为居民生产、生活与休憩的物质载体，城市住区的建设供需总量及内部空间质量对社区抵御风险灾害具有重要参考意义。本节从城市土地供应、住区空间品质等方面对广东省城市住区空间进行评价。

1）广州市土地供应面积领先全省，河源市占比超过50%

城市的土地供应能力可在城市应急突发事件来临时迅速腾挪空间，保障应急事件用地的供应。广州市与佛山市的土地供应面积分别超过了3500hm^{2}与2000hm^2，分居一、二位。从土地供应面积占行政区比例上看，广东省19个城市位于10‰以内，中山市以1.97‰的占比暂居末位，而河源市、汕尾市则分别达到了59.74‰与22.61‰，分居全省前两位（图3-24）。

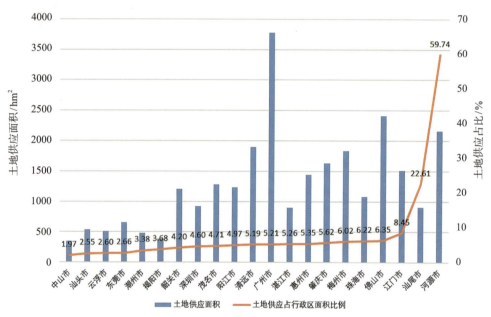

图3-24 广东省各地市2018年土地供应规模及其占比

2）深圳、广州城区人均居住用地面积有待提升

《城市用地分类与规划建设用地标准》GB 50137—2011规定"Ⅳ气候区"内城市人均居住用地面积为23～36m^2/人，居住用地占城市建设用地比重为25%～40%。根据2018年城市建设统计年鉴，广东省城区居民人均居住用地面积为27.6m^2/人，居住用地占城市建设用地比重为30.5%。从各地市来看，深圳、广州等珠三角地市城区居住用地人均指标低于国家标准，其中，深圳、广州城区居民人均居住用地面积分别为16.3m^2/人和16.8m^2/人。阳江、韶关、清远等粤西、粤北地区居住用地人均指标则较高（图3-25）。

图3-25 广东省各地市城区居住用地规模

3.3 广东省社区配套设施

社区配套公共服务设施作为重要的"民生"公共产品，其配置和运营情况很大程度上决定了社区居民的基本公共服务水平。良好的社区配套能够维持社区居民日常生活运转，为社区快速恢复和适应提供有力支持。本节基于高德地图POI数据，评估广东省市辖区社区（村）教育、医疗养老、文化体育、商业配套设施供给和可达性。

3.3.1 教育设施

1）广佛、深圳都市圈基础教育设施规模有待提升

据统计，广东省幼儿园、小学、中学数分别为19 250个、12 340个和5 379个，每万人拥有幼儿园数1.67个、每万人拥有小学数1.07个，每万人拥有中学数0.47个。市辖区内幼儿园数占比为73.7%，小学占比49.9%，中学占比61.0%。从各地市人均指标来看，粤东西北地市中心城区基础教育设施人均指标总体高于珠三角各地市。揭阳市幼儿园、小学、中学人均指标分别为4.3个/万人，1.8个/万人和1.1个/万人，在全省排名首位。珠三角地区城区人口密集，基础教育设施资源相对不足，除惠州城区外，其他地市幼儿园、小学、中学人均指标均有待提升。其中，广佛都市圈、深圳都市圈城区基础教育设施人均指标均低于全省平均水平，深圳市小学人均指标仅0.3个/万人，中学人均指标仅0.3个/万人，未来需重点加强湾区核心都市圈的教育设施供给水平（图3-26）。

2）城、郊基础教育设施空间可达性水平存在差异

《城市居住区规划设计标准》GB 50180—2018（下简称《居住区标准》）提出幼儿园需满足居民步行5分钟可达（300m）、小学步行可达时间为10分钟（500m）、中学步行可达时间为

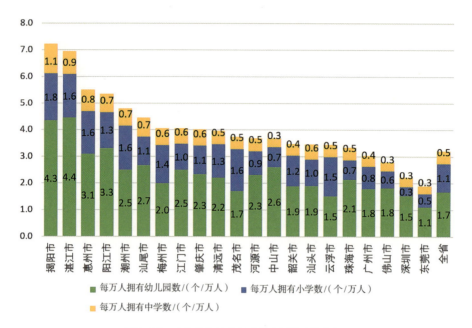

图 3-26　广东省各地市基础教育设施人均指标

15 分钟（800～1000m）。据统计，广东省市辖区社区居委会（村委会）至幼儿园步行 5 分钟可达覆盖率为 51.3%，小学步行 10 分钟可达覆盖率为 52.9%，中学步行 15 分钟可达覆盖率为 55.9%（图 3-27）。

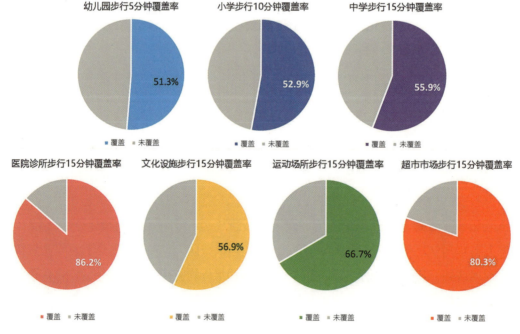

图 3-27　广东省市辖区社区配套设施覆盖率水平

从地市层面来看，云浮、梅州、清远、阳江等粤北、粤西地市城区基础教育设施可达性较低。例如，梅州、清远城区幼儿园步行 5 分钟覆盖率不足 30%；云浮城区小学步行 10 分钟覆盖率仅35.6%，中学步行15分钟覆盖率仅32.9%。深圳、广州等珠三角地市基础教育设施步行可达覆盖率相对较高，但与居住区标准要求仍有较大的提升空间。从各区县层面来看，广州越秀、天河，深圳福田、南山，湛江赤坎、霞山等城市中心区基础教育设施可达性总体处于较高水平，而距市中心较远的市辖区，如佛山三水、茂名电白等教育设施可达性则有待提升（图3-28～图3-30）。

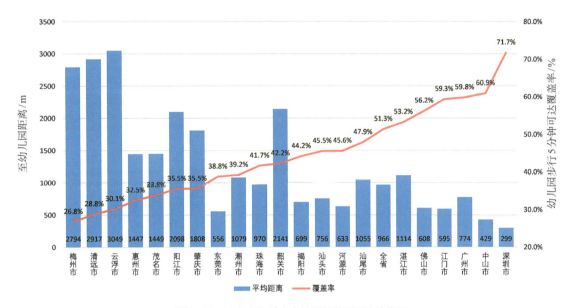

图3-28　广东省各地市市辖区幼儿园可达性分析

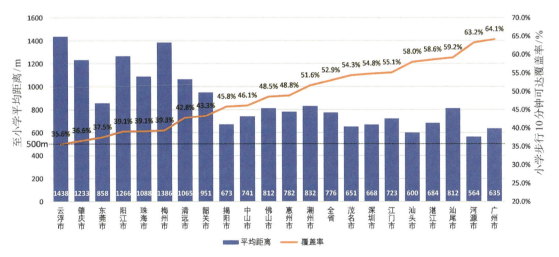

图3-29　广东省各地市市辖区小学可达性分析

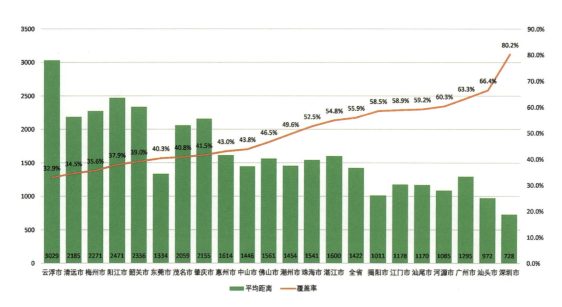

图3-30 广东省各地市市辖区中学可达性分析

3.3.2 社区医疗养老设施

1）惠州市城区医疗设施人均指标在全省处于前列

据统计，广东省各类综合医院、专科医院、社区诊所数共计5.07万个，每万人拥有社区医疗设施数为4.4个/万人。市辖区社区医疗设施数为3.57万个，占全省比重为70.3%。从各地市人均指标来看，惠州惠城、惠阳，韶关武江，揭阳榕城，河源源城等地医院诊所人均指标较高，其中惠州城区医院诊所人均指标达到11.2个/万人，在全省排名首位。佛山、东莞、汕头等人口密集地区医院诊所人均指标则有待提升（图3-31）。

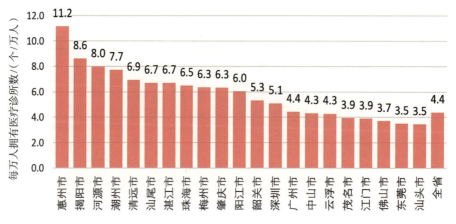

图3-31 广东省各地市市辖区医院诊所人均指标

2）社区医疗设施可达性水平总体较高

《居住区标准》提出社区卫生服务中心需满足居民步行15分钟可达（800～1000m）。据统计，广东省市辖区社区居委会（村委会）至医院诊所步行15分钟可达覆盖率为86.2%，医院诊所空间分布较为均衡，步行可达性水平总体较高。

从地市层面来看，广东省半数以上地市社区距离医院诊所平均距离在1000m以内，步行15分钟覆盖率在80%以上。其中，深圳市社区与医院诊所平均距离不足200m，步行15分钟覆盖率高达98.5%。粤西、粤北部分地市医院诊所可达性水平有待提升，其中云浮、梅州、阳江等地市医院诊所与社区间的平均距离超过1000m，步行15分钟覆盖率低于70%（图3-32）。

图3-32　广东省各地市市辖区医院诊所步行15分钟覆盖率水平

3）养老设施千名老人拥有床位数低于国家标准

《城镇老年人设施规划规范》GB 50437—2007提出老年人设施应按所在地城市规划常住人口规模配置，每千名老人不应少于40床。根据民政厅数据，广东省各类养老服务机构1 744个，养老总床位为21.1万个。2019年广东省常住人口共11 520万人，64岁以上老人占比达到9%，估算得广东省每千名老年人拥有床位数为20.4床，与国家标准仍有较大差距。从养老机构空间分布来看，广州白云、越秀，惠州惠城，梅州梅县以及茂名城区养老机构数较多，粤东地区深圳、珠海等地市养老机构则偏少。从养老设施人均指标来看，广东省67个市辖区中仅16区千名老年人床位数达到国家要求的40床/千人，主要为广州、肇庆以及粤西、粤北地市中心区。而粤东、珠三角各地市养老机构相对短缺，其中深圳市千名老年人床位数仅7.9床/千人，东莞市千名老年人床位数仅6.9床/千人，汕头市千名老年人床位数仅3.5床/千人。考虑到深圳、东莞、汕头等地市人地关系较为紧张，未来有必要以社区为依托，将居家社区养老服务设施纳入城乡社区配套用房建设范围，弥补机构养老设施床位的不足（图3-33）。

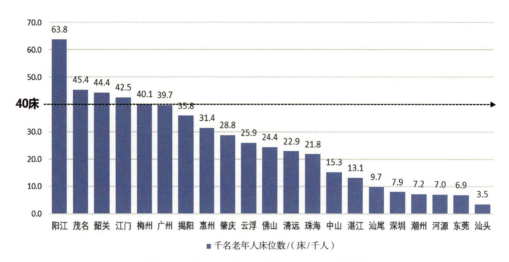

图3-33 广东省各地市市辖区千名老年人床位数

3.3.3 社区文体设施

1)珠三角各地市文体设施丰富,粤东地区文体设施规模有待提升

据统计,广东省各类文化设施数达0.74万个,各类运动场地2.22万个,每万人拥有社区文化设施数0.64个,每万人拥有运动场地数1.93个。市辖区文化设施数为0.61万个,占全省比重为82.6%;市辖区运动场地数为1.95万个,占全省比重为87.9%。从各地市人均指标来看,珠三角各地市城区文体设施相对丰富,其中珠海、广州文化设施人均指标为1.2个/万人,惠州市运动场地人均指标为4.3个/万人。粤东地区城区文体设施规模则有待提升,汕头、汕尾、潮州等地市城区文体设施人均指标均低于全省平均水平(图3-34、图3-35)。

图3-34 广东省各地市市辖区文化设施人均指标

2)社区文体设施可达性水平呈现从城区中心到边缘递减的规律

《居住区标准》提出社区文化活动中心需满足居民步行15分钟可达(800~1000m),运动场地步行可达时间不超过15分钟(800~1000m)。据统计,广东省市辖区社区居委会(村委会)至文化设施步行15分钟可达覆盖率为56.9%,运动场地步行15分钟可达覆盖率为66.7%(图3-36、图3-37)。

图3-35 广东省各地市市辖区体育设施人均指标

图3-36 广东省各地市市辖区文化设施步行15分钟覆盖率水平

图3-37 广东省各地市市辖区运动场地步行15分钟覆盖率水平

从地市层面来看，珠三角地区城区文体设施可达性水平相对较高，粤东、粤西城区文体设施可达性水平则偏低。其中深圳市文化设施步行15分钟可达性覆盖率为84.4%，运动场地步行15分钟覆盖率高达97.2%，在全省处于较高水平。另外，社区文体设施可达性水平呈现从城区中心到边缘递减的规律：以广佛、深圳都市圈为例，广州越秀、荔湾、天河，佛山禅城，深圳福田、南山等区域处于都市圈内圈层，文化设施步行15分钟覆盖率在85%以上，运动场地步行15分钟覆盖率超过95%；而广州南沙、佛山三水、惠州惠阳等区域处于都市圈外圈层，文体设施可达性水平有待加强（图3-36、图3-37）。

3.3.4 社区商业配套设施

1）惠州、河源、珠海社区商业配套设施人均指标较高

据统计，广东省超市、各类市场共计3.68万个，每万人拥有社区商业设施数为3.2个/万人，市辖区社区商业设施数为2.83万个，占全省比重为77.0%。从各地市人均指标来看，惠州、河源、珠海等地商业设施人均指标相对较高，其中惠州市城区商业设施人均指标为9.9个/万人。东莞、茂名、云浮等地城区商业设施人均指标则较低（图3-38）。

图3-38　广东省各地市市辖区社区商业设施人均指标

2）社区商业设施步行可达性水平总体较高

《居住区标准》提出商场、菜市场或生鲜超市需满足居民步行10～15分钟可达（500～1000m）。据统计，广东省市辖区社区居委会（村委会）至商业设施步行15分钟可达覆盖率为80.3%，与商业设施的平均距离约750m。由此可见，市辖区社区商业设施空间分布较为均衡，步行可达性水平总体较高（图3-39）。

从地市层面来看，珠三角、粤东地区城区商业设施空间可达性水平较高。其中深圳，广州越秀、天河等区域，佛山禅城、顺德等都市圈核心区社区商业设施步行15分钟覆盖率在95%以上。粤西、粤北地区城区商业设施空间可达性水平则需提升，其中梅州、云浮、阳江等地市商业设施步行15分钟覆盖率不足60%，特别是梅州梅县、茂名电白、云浮云安等城市近郊区商业设施空间布局均衡性有待提升。

图3-39　广东省各地市市辖区商业设施步行15分钟覆盖率水平

3.4 广东省城市居民自有资源

居民自有资源可表现为城市居民在应对各类风险灾害不确定性时的既有软实力。本节从居民劳动力水平、经济水平与地方部门的民生保障、社会参与等方面表征居民自有资源，评估城市居民的灾害承受能力。

3.4.1 劳动力水平

劳动力人口是该地区全部人口中具有劳动能力的人口总和。劳动力水平同人的年龄具有密切关系。因此，本节采用人口年龄结构，即人口抚养比对广东省各地市的劳动力水平进行分析评价。

人口抚养比与经济发展关系密切，珠三角地区普遍偏低

抚养比又称抚养系数，是指在人口当中，非劳动年龄人口与劳动年龄人口数之比。抚养比越大，表明劳动力人均承担的抚养人数就越多，即意味着劳动力的抚养负担就越严重。基于2015年广东省1%人口抽样调查资料，采用地区0~14岁与65岁及以上人口占15~64岁人口的比例计算人口抚养比。广东省各地市中，茂名市与云浮市的抚养比分别达到了0.47与0.46，居全省一、二位；深圳市、东莞市的抚养比低于0.2，分别为0.19与0.16，暂居末位（图3-40）。人口抚养比是反映当地劳动力水平的重要指标，不同的劳动力水平及人口年龄结构对社会生产与经济发展有着极大的影响，对应的社区治理方式应有所不同。

3.4.2 居民经济水平

居民经济水平可在一定程度上表征居民的灾害风险承受与修复能力，凸显居民的经济韧性。

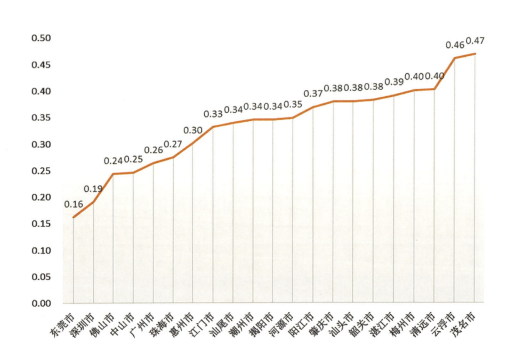

图3-40　2015年评价范围内各地市人口抚养比

本节采用居民可支配收入与支出、就业人员平均工资、地区住户存款等指标分析各地市的居民经济水平。

1）人均可支配收入及消费支出水平与各地的经济发展呈显著正相关

居民人均可支配收入是指反映居民家庭全部现金收入中能用于安排家庭日常生活的那部分收入。居民人均消费支出是城镇居民家庭人均用于日常生活的全部支出，包括购买实物支出和各种服务性支出。在城镇常住居民人均可支配收入方面，广州市、深圳市分别为42 181元与40 535元，领先于其他地市；而云浮市、揭阳市与河源市的城镇常住居民人均可支配收入分别为16 398元、16 907元及17 343元，居全省末三位。在城镇常住居民人均消费支出方面，广州市、深圳市、佛山市、东莞市与珠海市均超过了50 000元，分别为59 982元、57 544元、50 737元及50 713元；而潮州市、云浮市、揭阳市的城镇常住居民人均消费支出分别为24 170元、24 947元与25 425元，居全省末三位。城镇常住居民人均可支配收入与消费支出一定程度上反映了当地居民的生活水平与消费能力，是灾害风险抵御韧性的重要体现（图3-41）。

2）深、广两市城镇单位就业人员平均工资领跑全省

城镇单位就业人员工资是指包括国有单位、城镇集体单位与其他单位等在内的城镇地区具有固定工作单位的就业人员平均工资，是反映当地就业人员薪酬待遇的主要指标。广东省全省城镇单位就业人员平均工资为88 636元。其中，国有单位111 464元，城镇集体单位58 514元，其他单位84 057元。从各地市的平均水平上看，深圳市与广州市领先于其他地市，分别为110 304元与109 879元；珠海市、佛山市与惠州市分别居3~5位；而揭阳市、汕尾市与潮州市的城镇单位就业人员平均工资分别为54 599元、63 048元及65 301元，居全省末三位。从不同类型单位上

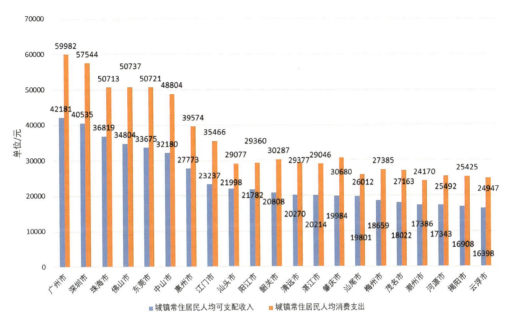

图3-41　广东省各地市2018年城镇常住居民人均可支配收入及消费支出

看，深圳市与广州市的国有单位就业人员平均工资分别为170 676元与146 502元，遥遥领先于其他地市，东莞市、中山市、珠海市分居三～五位；而城镇集体单位中，珠海市以107 302元居全省首位，东莞市居第二，为88 963元；其他单位中，深圳市与广州市均突破10万元大关，分别为105 089元及101 333元（图3-42）。

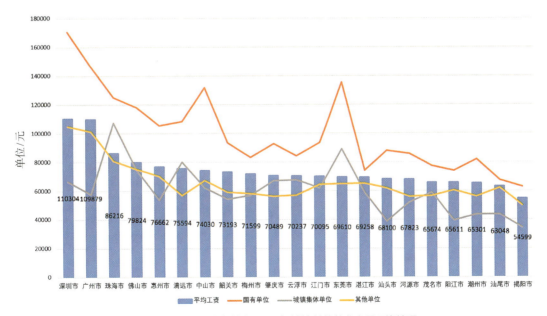

图3-42　广东省各地市2018年城镇单位就业人员工资情况

3）省内各地市人均住户存款差异明显，广州市暂居首位

金融机构住户存款是指银行业金融机构通过信用方式吸收的居民储蓄存款。该存款是银行的一种信用方式,是居民储蓄存款的重要组成部分。人均住户存款可反映各地市家庭的风险承受能力。广州市、深圳市的金融机构住户存款分别为16 456.56亿与13 810.06亿元,居全省前两位;而佛山市与东莞市的金融机构住户存款分别超过了7 000亿与5 000亿元,居三、四位。从人均住户存款上看,广州市、深圳市、佛山市、珠海市、中山市居前五位,分别为11.04万、10.60万、9.58万、9.37万与7.98万元;而汕尾市、河源市、揭阳市的人均住户存款分别为1.67万、2.54万与2.64万元,居全省末三位(图3-43)。

图3-43　广东省各地市2018年金融机构及人均住户存款

3.4.3 民生保障

民生保障是指包括教育、就业、社会保障、医疗卫生、计划生育、住房保障、文化体育等领域的公共服务。本节中,主要采用养老、医疗、失业等保险的参保人数、地方政府的财政收入支出与人均民政事业费支出等指标来衡量本区的民生保障。

1)城乡居民基本医疗保险基本实现全覆盖,养老保险覆盖范围仍待提升

我国城乡居民基本养老保险与医疗保险制度作为社会民生保障的重要组成部分,对于各地社区居民的兜底作用意义极大。因此采用基本养老保险、失业保险、医疗保险、工伤保险、生育保险的参保人数及其占常住人口的比例作为表征广东省各地市的民生保障的指标之一。基于2019年社会保险参保人数数据,分别归并城乡、城镇职工两类参保群体,最终得到养老保险与医疗保险两类参保人数。

深圳市的失业保险、工伤保险与生育保险的参保人数占比分别为86.81%、88.26%及92.77%,领先于全省其他城市;同期揭阳市的失业保险参保人数仅为4.34%、3.86%与3.70%,暂居全省末位。在养老保险方面,深圳市以90.39%的比例居全省首位;珠海市与东莞市分别居二、三位,为71.43%与70.07%;而湛江市、揭阳市及汕尾市则分别以51.39%、48.70%及42.09%的比例居全省末三位。在医疗保险方面,由于务工人员跨地市就业形成的"一人多保"

情况，造成了部分地市的医保参保人数占比大于100%。其中，深圳市、云浮市、阳江市分别居前三位，同时梅州市、清远市、茂名市与河源市也超过了100%，分居四至七位。而中山市、东莞市、佛山市则分别以83.94%、72.72%及70.62%的比例居末三位（图3-44）。

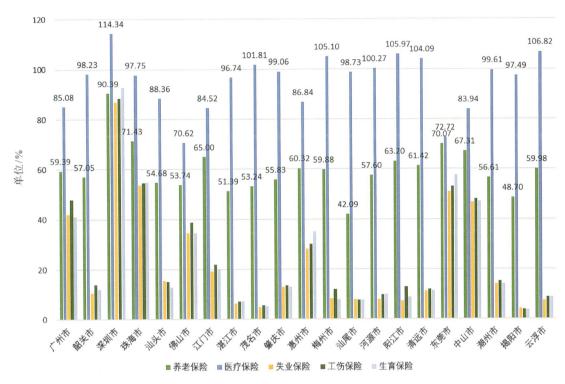

图3-44 2019年广东省各地市社会保险参保人数占比

2）广、深两市公共预算收入及支出领跑全省，广州市每万人民政事业费支出居首位

在居民公共服务设施中，政府政策兜底扮演着重要角色，而地方一般公共预算收入及支出是衡量地方政府财政能力的重要指标之一。民政事业费为各级政府预算安排中用于优抚安置、抗震救灾和社会福利等方面工作的专项支出，可用于衡量当地的社会民生保障。深圳市与广州市的地方一般公共收入预算及支出遥遥领先于其他城市。其中，深圳市的地方一般公共预算收入与支出分别达到了3538.44亿与4282.56亿元，广州市分别为1634.22亿与2506.18亿元。其他地市的地方一般公共预算收入及支出均未超过千亿元。其中，汕尾市的地方一般公共预算收入为41.83亿元，潮州市的地方一般公共预算支出为184.89亿元，均居全省末位。从每万人民政事业费支出上看，广州市、阳江市与河源市居全省前三位，分别为356.17元/人、325.59元/人与299.48元/人；而东莞市、潮州市与佛山市居全省末三位（图3-45）。

3.4.4 社会参与

当自然及社会灾害发生时，群众自发的社会参与往往是应对受灾应急与灾后恢复的一种高效的组织方式。本节分别从社区服务与志愿者服务两个维度，采用社会组织数量、每万人拥有社会

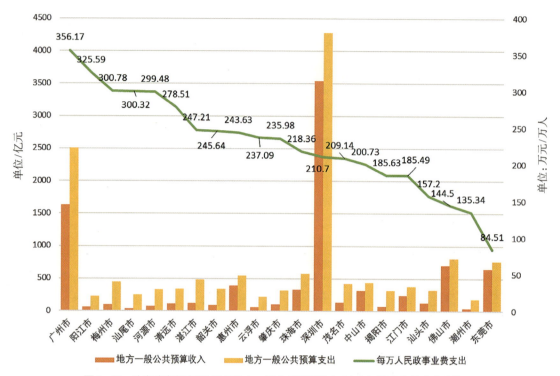

图3-45　广东省各地市2018年地方一般公共预算收入/支出及民政事业费支出情况

组织数量与志愿者服务人数等指标评价各地市的社会参与程度。

1）珠海市每万人拥有社会组织数量居首位

社会组织是一种为了有效达到特定目标，按照一定宗旨、制度、系统建立起来的共同活动集体。在社会组织内部的各个成员有明确关系结构与分工，以确保灾情来临时可快速反应并采取相应的应对措施。而社区服务是指政府、社区居委会及数字社区等方面力量，其在灾情来临时可为社区成员提供公共服务和其他物质、文化、生活等方面服务。本节采用每万人拥有社会组织数量、社区服务站数、社区服务中心数、其他社区服务机构和设施数等指标来反映广东省各地市2018年每万人拥有社会组织数量及社区服务组织情况。

从社区服务相关指标上看，梅州市、广州市与揭阳市的社区服务站数，深圳市、广州市、揭阳市的社区服务中心数，深圳市、佛山市与惠州市的其他社区服务机构和设施数分别居全省前三位。从每万人拥有社会组织数量上看，珠海市每万人拥有社会组织12.82个，领先于全省其他地市；江门市、深圳市分别居第二、三位；而茂名市、汕尾市与揭阳市的每万人拥有社区组织数量则分别为3.52个、3.61个与3.67个，暂居全省末三位（表3-5）。

2）广州市志愿者人数及珠海市志愿者服务人数比分居全省首位

志愿服务是指为改善社会环境、促进社会进步而自愿付出个人时间及精力所做出的服务工作，是社会文明进步的重要标志。在社区服务及灾后恢复中，志愿服务组织与团体的参与可达到形成社会共识、凝聚社会力量的目的。志愿者人数则是地区参与社会志愿服务积极性的重要体现。本节分别采用志愿服务组织数、志愿服务团体数、志愿者数量及志愿者服务人数比等指标评价各

表3-5　广东省各地市2018年每万人拥有社会组织数量及社区服务组织情况统计

城市	每万人拥有社会组织数量/（个/万人）	社区服务站数/个	社区服务中心数/个	其他社区服务机构和设施数/个
珠海市	12.82	303	25	769
江门市	7.97	1324	101	944
深圳市	7.91	659	683	7535
中山市	6.98	286	2	219
韶关市	6.37	1114	61	1908
佛山市	6.31	779	130	6650
惠州市	6.25	1278	73	4698
阳江市	5.88	977	48	1402
河源市	5.8	1421	4	7
潮州市	5.6	137	45	934
清远市	5.58	1096	83	1719
东莞市	5.55	982	51	2540
广州市	5.27	2028	184	1117
梅州市	5.1	2162	73	109
肇庆市	4.98	1554	104	3323
汕头市	4.58	1088	66	632
湛江市	4.21	1911	17	2216
云浮市	3.97	965	1	1089
揭阳市	3.67	1925	144	2006
汕尾市	3.61	807	91	162
茂名市	3.52	54	85	101

地市的社区志愿服务水平。其中，志愿者服务人数比用于衡量每名志愿者所服务的居民数量。

广州市以488个志愿服务组织数领先于其他地市，东莞市、汕头市分别以220个与156个志愿服务组织数居二、三位；而深圳市的志愿服务团体数达到了12 582个，居全省首位，东莞市、广州市分别为6838个与6599个，居第二、三位。从志愿者人数上看，广州市、深圳市、东莞市分别以237.65万、165.18万及102.10万人排在全省前三位；潮州市、河源市、惠州市的志愿者人数暂居全省末三位。但从志愿者服务人数比上看，珠海市由于其人口基数较小，以18.11%的比例居全省首位；广州市与汕头市分别以15.95%与15.43%的志愿者服务人数比居二、三位；而惠州市、河源市及潮州市则以3.21%、4.68%与4.99%的志愿者服务人数比暂居末三位（表3-6、图3-46）。

3.5 广东省城市社区韧性综合评估

3.5.1 社区韧性评价结果与分析

1）各地社区韧性综合水平差异显著，以广深为核心的珠三角地区整体较高

广东全省优秀、良好、中等、一定潜在风险及潜在风险较大等级社区的比例分别为6.03%、10.70%、32.47%、42.05%及8.74%。从各地市上看，仅有广州、深圳、珠海三市存在韧性评价

表3-6　　　　广东省各地市2018年志愿服务人数、组织及团体数量统计

城市	志愿服务组织数/个	志愿服务团体数/个	志愿者人数/万人
广州市	488	6599	237.65
深圳市	27	12 582	165.18
东莞市	220	6838	102.10
汕头市	158	4466	86.98
佛山市	139	1477	69.88
肇庆市	97	2089	60.45
揭阳市	91	2423	51.83
清远市	83	1737	41.41
湛江市	116	3616	40.21
韶关市	142	2217	36.14
茂名市	112	2121	34.67
珠海市	119	1958	34.24
江门市	10	5055	33.90
汕尾市	44	2445	24.56
梅州市	88	917	24.04
中山市	70	578	18.61
阳江市	67	504	18.22
云浮市	44	1421	15.79
惠州市	96	857	15.52
河源市	72	1605	14.47
潮州市	57	692	13.26

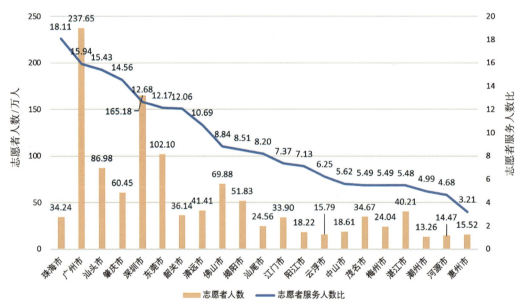

图3-46　广东省各地市2018年志愿者人数及服务人数比

等级为优秀的社区，占比分别为23.09%、13.51%与0.94%。广深两市等级为良好的社区韧性占比远高于其余地市，而其余地市的社区韧性评价等级则以中等及一定潜在风险两类居多。整体上看，广州市与深圳市社区韧性评价结果的优良率处于全省领先水平，评价结果也反映了上述两地市的物质空间、居民资源及城市发展水平（图3-47）。

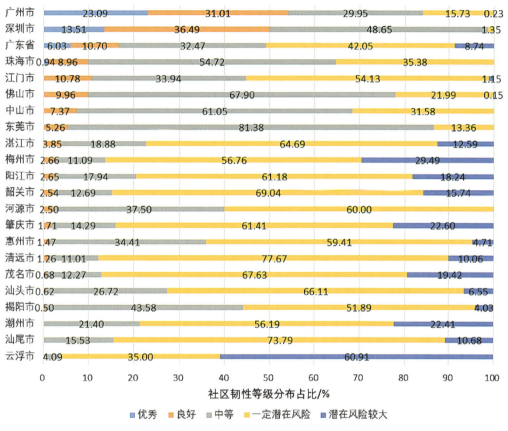

图3-47 广东省各地市社区韧性等级分布占比

各地区社区韧性评价等级的地区差异显著。从数量上看，珠三角地区的各类社区韧性评价等级比例呈现相对正态分布的特征。所有等级为优秀的社区均位于珠三角地区，比例达到10.72%，同时潜在风险较大社区的比例仅为2.31%。而粤东、粤西、粤北地区则以中等、存在一定潜在风险与潜在风险较大等级的社区为主。从空间分布上看，韧性评价等级优良地区主要集中在以广州市与深圳市为主的珠三角核心地区，珠海市、佛山市、中山市及其他地市的中心城区也存在一定数量评价等级为良好与中等的社区。而具有一定潜在风险或潜在风险较大的社区主要分布于云浮市中西部、阳江市中北部、茂名市东南部、肇庆市北部、梅州市东南部与潮州市北部等地区。从广东全省尺度上看，由于自然与社会条件、社区发展水平、居民禀赋等因素的差异，围绕广州市与深圳市为核心的珠三角地区社区韧性整体水平显著较高，粤东西北地区则相对较低（图3-48）。

2）珠三角各维度的社区韧性评价得分高于其他地区，广深两市领跑全省

广东全省的物质空间环境、社区配套设施及居民自有资源评价平均得分分别为20.7分、19.2

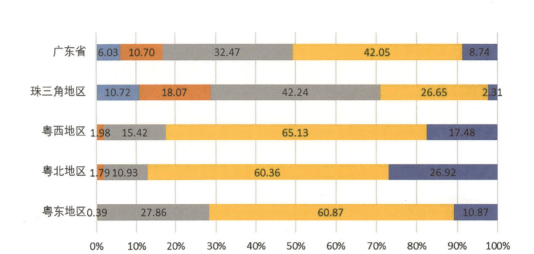

图3-48 广东省各地区社区韧性等级分布占比

分与11.5分，综合得分为51.45分。其中，物质空间环境、社区配套设施与居民自有资源三个维度得分最高的地市分别为广州市、深圳市与深圳市。广州、深圳两市的各项得分及综合得分明显高于其他地市。同时也存在部分在单一维度中表现优秀的城市，如汕尾市、湛江市、中山市的物质空间环境得分与茂名市、潮州市、揭阳市的社区配套设施均领先于同级别其他城市。在空间分布方面，社区物质空间环境、社区配套设施与城市居民自有资源等三个维度的社区韧性评价得分高值社区均呈现出珠三角地区高密度聚集、粤东西北各地市点状分布的特征（图3-49）。

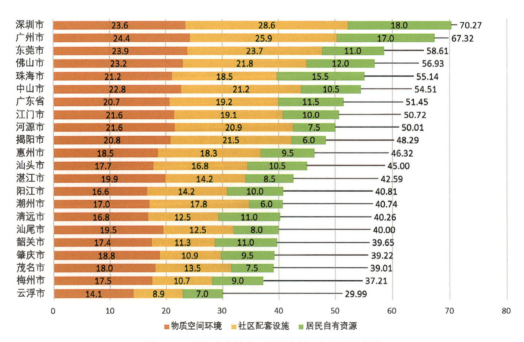

图3-49 广东省各地市不同维度社区韧性平均得分

3.5.2 社区韧性提升思路及策略

1）优化完善城市建成区基础设施建设，提升社区物质空间营造的韧性

至2019年，广东省常住人口城镇化率已达到71.4%，城镇建成区已成为广东省居民生产生活的主要集聚区域。营造安全、宜居、富有韧性的城市物质空间能够保障城市在遇到灾害与风险时的稳定性，对保障居民正常生活至关重要。从以上广东省的社区韧性评估分析来看，城市物质空间环境较好的区域集中于广佛、深圳都市圈，以及各市辖区的中心城区，与人口空间分布高度耦合。但相比之下，粤东西北地区城市建成区空间韧性仍有待提升，需要加强其在城市住区空间、生命线系统等方面的基础设施建设以及应急治理水平。

2）基于15分钟生活圈打造社区健康安全单元，完善公共设施配置的韧性

社区作为城市治理的基层组织，是城市从宏观到微观的整体空间韧性体系的构成基础。缺乏韧性的社区，将因难以抵御灾害、损耗而导致局部崩溃，最终对城市的整体健康带来冲击。从2020年初抗击新冠疫情事件可看出，医疗设备与日常生活物资的缺乏使社区在应对重大突发公共卫生事件的情况下难以快速有效地适应与恢复。通过对市辖区内各类社区配套设施分析来看，广东省社区在公共设施规模与空间布局等方面仍需进一步提升，从社区配套设施供需水平上看，全省养老设施供应水平不足，广州、深圳都市圈的人口较为密集，基础教育设施规模有待提升；从设施空间布局上看，需结合人口实际分布，兼顾城市边缘地带居民点配套设施规模与服务半径，对设施服务覆盖不到的社区居民点，完善居民点交通基础设施。建议社区营造可结合15分钟生活圈打造社区健康安全单元，在既有公共服务设施分级配置的基础上，梳理并完善应急服务支持系统，综合医院、门诊、消防站、开敞空间等设施布局，应以确保社区居民能就近到达为原则。另外，还应确保平时一般性的文体设施、公园广场等能在灾害发生时期快速改造为救急、救助场所，完善社区公共设施配置的韧性。

3）健全完善城乡社区治理体系，强化社区应急状态下的管理韧性

除了社区物质空间营造与硬件设施保障以外，仍需健全完善城乡社区治理体系，提升社区自组织能力与基层治理水平。一方面充分发挥基层党组织的核心领导作用，在应对突发灾难时能够广泛动员、组织和凝聚群众，全面落实联防联控措施，构建群防群治的严密防线。另一方面，基层社区既是居住邻里和日常生活的共同体，又是个体和家庭行动起来保障自我安全的最后一道防线。各地应以此次新冠疫情应急防控为契机，构建党建引领下的基层共建、共治、共享格局，激活物业公司、业主委员会、居民代表等各种形式的居民自治组织的自主性，强化社区居民的权利意识、主体意识和责任意识，提升社区应急状态下的管理韧性。

第四章

农业韧性

"农业是国民经济的基础",这是在人类社会发展中得到验证并适用于各种社会形态的普遍规律。近年来,随着气候变化、全球性疫情暴发、经济全球化浪潮等对农业的冲击,农业系统的韧性研究成为新的热点。

2020年两会期间,习近平总书记指出:"对我们这样一个有着14亿人口的大国来说,农业基础地位任何时候都不能忽视和削弱,手中有粮、心中不慌在任何时候都是真理。"党的十八大以来,以习近平同志为核心的党中央把粮食安全作为治国理政的头等大事,提出"确保谷物基本自给、口粮绝对安全"的新粮食安全观,确立以我为主、立足国内、确保产能、适度进口、科技支撑的国家粮食安全战略,始终坚持走中国特色粮食安全之路。在经济下行压力加大、外部环境发生深刻变化的复杂形势下,发挥好"三农"的压舱石作用,依靠自身力量端牢自己的饭碗,就能为应对各种风险挑战赢得主动,为保持经济持续复苏、社会大局稳定奠定基础。

农业是安天下、稳民心的战略产业,是国民经济和社会发展的基础,农业系统的韧性也是其他系统韧性的基础,增强农业韧性的关键在于发展农业现代化。农业现代化是国家现代化的基础和支撑。但当前农业现代化仍是"新四化"的突出"短板",加快推进农业现代化是一个复杂而又迫在眉睫的问题。基于上述背景,本章首先从广东省农业发展现状分析出发,分析耕地利用特征、农业生产区域化特征及农业经济发展特征。在此基础上,从农业资源、结构、经济、社会和生态五个维度构建农业韧性评估模型,评价农业韧性综合水平,发现农业系统的薄弱环节。最后,基于广东省农业现代化发展现状,借鉴国内外农业现代化发展案例,针对广东省农业韧性和农业现代化发展问题提出对策建议。

4.1 广东省农业发展时空特征

耕地的数量、质量、结构、破碎化等特征反映了耕地的开发利用现状,与农业生产密切相关。广东省立足资源禀赋、地理环境与区位优势,积极发展优势特色农业产业,茶叶、水果、粮食等农业产业都已经形成了丰富的品种资源和区域化、专业化生产格局。与此同时,近年来广东省高度重视农业现代化,通过推进农业机械化等途径,提高农业综合生产能力和资源利用效率,推动了农业经济发展。本节选取了耕地利用、农业生产和农业经济三个维度,分析耕地利用变化特征、农业生产区域化特征以及农业经济发展特征,旨在为加强耕地的合理保护利用、因地制宜发挥农业生产区域特色、增强农业经济实力提供参考,并为增强农业韧性、推动农业现代化发展分析奠定基础。

4.1.1 耕地利用时空变化特征

1)耕地数量呈波动变化,以水田为主,结构分布具有空间聚集特征

通过2012—2018年广东省年末实有耕地面积反映耕地数量变化。同时,借助土地利用动态度衡量耕地利用变化快慢，能定量客观地反映区域耕地的数量变化速度，公式如4-1所示。动态度指数越大，表明土地利用变化越快。

$$K = \frac{U_b - U_a}{U_a \times T} \times 100\% \tag{4-1}$$

式中，K为研究时段内某一土地利用类型动态度；U_a、U_b分别为研究期初及研究期末耕地数量；T为研究时段长。

结果显示（图4-1），2012—2014年，广东省实有耕地面积增加了0.36%。2014年后耕地面积逐年下降，到2018年，广东省实有耕地面积为25 941.40 km²，相较2014年减少了1.19%。可以看出2015—2017年，耕地利用动态度指数最高，这期间耕地变化速度较快，之后变化度减弱。

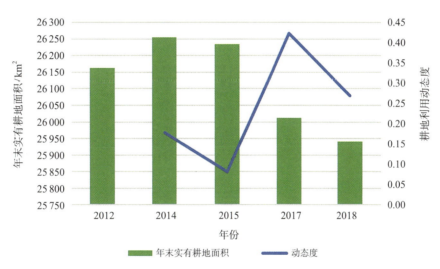

图4-1　2012—2018年广东省实有耕地面积变化

（数据来源：2020年广东农村统计年鉴）

从耕地构成情况来看（图4-2），广东省超过60%的耕地为水田，30%左右的耕地为旱地，水浇地占比不超过5%。2012—2018年，水田和水浇地面积整体呈减少的趋势，旱地在2014年时面积略有增加，之后逐年减少。

分析各地市的耕地面积占比，粤西地区湛江、茂名、阳江和粤东的汕尾，耕地面积占市域土地面积的16%以上。珠三角地区佛山、中山、东莞和深圳，以及粤东地区的河源，耕地占比较少，低于9.5%。大多数地区都以耕种水田为主，珠三角地区的深圳、东莞主要耕种水浇地，仅湛江地区主要耕种旱地。

分析广东省耕地的空间分布特征，水田分布最为广泛，其次是旱地，旱地具有较为明显的聚集特征，主要聚集在粤西地区和粤北地区，水浇地主要集中在珠三角地区。

2）耕地质量普遍中等，粤东、粤西地区耕地质量相对较高

基于2018年耕地质量等别数据，采用耕地国家利用等别指标反映耕地质量。国家利用等别数值越低，耕地质量越高。广东省耕地国家利用等整体处于1～11等，1等表示耕地质量最好，

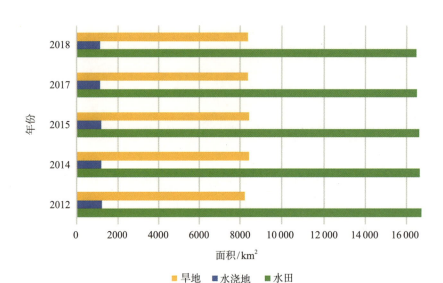

图4-2 2012—2018年广东省年末实有耕地面积
（数据来源：2020年广东农村统计年鉴）

11等表示耕地质量最差。6等和5等的中等质量耕地分布最为广泛。高质量耕地主要分布于粤西及粤东地区，如茂名、汕头、潮州、梅州等。低质量耕地（等级>9等）主要分布于清远及韶关北部、江门和珠海的南部地区。

3）粤东、粤西地区耕地破碎化程度低，珠三角地区耕地破碎相对明显

耕地破碎化与粮食生产密切相关，耕地越破碎，其生产服务功能越差。基于景观生态学的相关理论，采用景观指数来定量测度2017年耕地的空间分布格局，衡量耕地破碎化程度。

本部分选取最大斑块指数（Largest Patch Index，LPI）、景观形状指数（Landscape Shape Index，LSI）和斑块聚合度（Aggregation Index，AI）三个景观指数，指标计算公式及含义如表4-1所示。

表4-1 耕地破碎化指标及其含义

指标	计算公式	含义
LPI	$LPI = \dfrac{\max(a_{ij})}{A}(100)$ a_{ij}为斑块ij的面积，A为斑块总面积	为最大斑块的面积占整个类型面积的比例，反映最大斑块对整个景观或者类型的影响程度。其值越大，表征斑块连续集中，斑块在其周边土地类型中占主导优势
LSI	$LSI = \dfrac{0.25\sum_{i=1}^{n}\sum_{i=1}^{n}e_{ij}}{\sqrt{A}}$ $\sum_{i=1}^{n}\sum_{i=1}^{n}e_{ij}$为景观边界长度，$A$为景观总面积	为斑块周长与等面积的圆周长比，反映斑块形状的规则程度和复杂程度。景观形状指数接近1，表明斑块形状越规则，数值越大，斑块形状越复杂
AI	$AI = \left[\sum_{i=1}^{N}\left(\dfrac{g_{ii}}{\max \to g_{ii}}\right)P_{i}\right](100)$ g_{ii}为第i类景观斑块相似邻接斑块数量，$\max \to g_{ii}$为第i类景观斑块相似邻接的最大可能数量，P_{i}为第i类景观斑块占整个景观的比例	反映景观格局中景观斑块的聚合程度。其值越大，聚合程度越高，斑块集聚密集，破碎化程度越低

湛江、韶关、汕尾、汕头耕地最大斑块指数最高，这些地区耕地破碎化程度相对低。而珠三角地区的广州、佛山、深圳、珠海等地区最大斑块指数最低，耕地破碎化程度较高。

珠三角地区的深圳、东莞、中山、珠海以及粤东地区的汕头，耕地景观形状指数最小，耕地斑块形状较为规则。而粤西地区的湛江、茂名，以及粤东地区的梅州、河源，耕地景观形状指数最大，耕地形状复杂。

珠三角地区的中山、珠海、东莞和深圳地区，以及粤北的河源、梅州，耕地斑块聚合度较低，耕地被破碎分割的程度较高。其他地区耕地斑块聚合度相对高，特别是湛江、江门、汕头、汕尾、清远、韶关、惠州等地市，耕地分布都较为连片集中。

总体来看，粤西、粤东、粤北地区耕地的空间分布较为均质和连续，且聚集程度高、空间结构紧凑，但耕地斑块形状较为复杂和不规则。珠三角中心地区耕地空间结构较为分散，破碎度较高。随着城市化进程的不断推进，城市中耕地景观空间形态不断改变，破碎化日益严重，应着力保护耕地资源，提高耕地利用效率，保障农业可持续发展。

4) 耕地利用转化为城镇用地居多，园地和林地为补充耕地主要来源

2012—2017年，除深圳、韶关、河源、湛江外，广东省大多数地市的耕地数量有所减少。深圳市实有耕地面积增加了23.97%，河源、湛江市耕地面积增加了约1.3%。珠三角地区广州、东莞、中山市耕地面积减少最多，减少率超过5%。其他地市耕地面积减少率约在2.3%～5.4%。

2012—2017年，在三种耕地类型中，水田整体变化情况不大，水浇地和旱地增减变化较大。各地市中，深圳市耕地面积变化最多，其次是东莞。深圳市水田面积减少了18.6%，水浇地增加了27.4%，旱地减少了33.3%。东莞市水田面积减少了8.87%，水浇地减少了10.27%，旱地减少了2.13%。

2012—2017年，全省减少的耕地中（耕地转变为非耕地）（图4-3），有超过60%的耕地转变为城镇村及工矿用地，超27%的耕地转变为交通运输用地，2.7%左右的耕地转变为水域及水利设施用地，转变为其他土地和园地的耕地分别占1%左右。

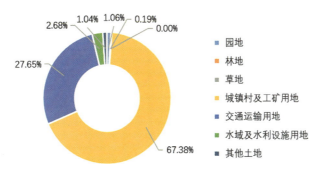

图4-3 2012—2017年广东省耕地转变为非耕地情况
（数据来源：2012年、2017年广东省土地利用变更调查成果）

2012—2017年，全省新增耕地（非耕地转变为耕地）大部分来自园地、林地和草地（图4-4）。其中，有41.51%来自园地，39.45%来自林地，9.42%来自草地，4%来自交通运输用地，2.51%来自于水域及水利设施用地，2.99%来自其他土地。由城镇村及工矿用地转变为耕地的用地占比最少，约为0.12%。

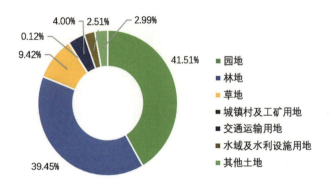

图 4-4　2012—2017 广东省非耕地转变为耕地情况

（数据来源：2012 年、2017 年广东省土地利用变更调查成果）

4.1.2 农业生产区域化特征

1）保持一定粮食自给前提下，积极调粮改经，优化农业生产结构

分析各市粮食生产情况，2019 年，湛江、茂名、肇庆、梅州市粮食总产量在 100 万 t 以上。特别是，粤西地区茂名市粮食总产量超过 150 万 t，稻谷总产量达 132 万 t，湛江粮食总产量也超过 140 万 t，稻谷总产量为 126 万 t。按照广东省农业现代化"十三五"规划中的"四区两带"区域农业发展格局，这一地区要重点建设成为南亚热带农业带全省现代粮食供给保障基地。江门、揭阳、河源、韶关、清远、云浮、阳江、惠州等粮食大市粮食总产量也超过 50 万 t。

为推进稳粮保供，广东省大力扶持粤东西北地区建设现代粮食产业园，发展现代生态农业，保障粮食安全。至 2020 年，全省已创建省级粮食产业园 20 个（表 4-2），以优质丝苗米为主导产业的有 19 个。其中，有 4 个粮食产业园位于梅州，清远和惠州分别建立了 3 个粮食产业园。这些现代粮食产业园，不仅深入种养结合、科技研究，还大力推广农机装备升级，实现机械化耕作。例如，惠州市惠城区丝苗米产业园推广稻鸭渔共生立体种养、稻薯菜等种植模式，提高稻田产出的同时实现了生态友好、产业融合。汕头市潮阳区丝苗米产业园，从耕、种，到治、收，几乎都已实现机械化生产，成为现代水稻科技试验示范基地。

表 4-2　广东省现代粮食产业园

地市	序号	名称
梅州	1	梅州市蕉岭县丝苗米产业园
	2	梅州市丝苗米产业园
	3	梅州市五华县丝苗米产业园
	4	梅州市兴宁市丝苗米产业园
清远	5	清远市连南瑶族自治县稻鱼茶产业园
	6	清远市连山壮族瑶族自治县丝苗米产业园
	7	清远市阳山县丝苗米产业园

续表

地市	序号	名称
惠州	8	惠州市惠城区丝苗米产业园(纳入国家现代农业产业园创建管理体系)
	9	惠州市惠东县马铃薯产业园
	10	惠州市龙门县丝苗米产业园
广州	11	碧桂园华农大丝苗米产业园
	12	广州市增城区丝苗米产业园
江门	13	江门市恩平市丝苗米产业园
	14	江门市台山市丝苗米产业园
云浮	15	云浮市新兴县丝苗米产业园
	16	罗定市丝苗米产业园
汕头	17	汕头市潮阳区丝苗米产业园
汕尾	18	汕尾市海丰县油占米产业园
韶关	19	韶关市南雄市丝苗米产业园
肇庆	20	省供销社怀集丝苗米产业园

(数据来源：2020年广东省农业农村厅广东省20个粮食产业园名单)

在保持一定粮食自给前提下，广东省积极调粮改经，优化农业生产结构。广东省农业现代化"十三五"规划提出，在稳定粮食产业的基础上，优化蔬菜、水果、花卉等优势种植业，提升茶叶、南药、蚕桑、油茶等地方特色产业，促进农业产业结构优化升级。

从2019年各地市粮食作物、经济作物及其他作物的种植结构来看，粤西、粤东，以及珠三角的肇庆、江门和惠州等地区主要种植粮食作物，粮食作物播种面积占三种类型作物总播种面积的比重超过50%。珠三角中心地区主要种植蔬菜等其他作物，东莞、深圳、广州、佛山、中山、珠海市其他作物播种面积占比在50%以上，特别是东莞和深圳市，蔬菜种植面积占比在70%以上。对于经济作物，除汕头、深圳、揭阳、潮州、惠州、东莞经济作物种植面积较低（占比低于10%），其他地市经济作物种植面积约在10%～35%。

具体分析各地区的主要农作物播种情况（图4-5），粤北地区主要种植蔬菜、花生、油料、旱粮，播种面积分别占粤北地区农作物播种总面积的43%、16%、17%、5%左右。粤东地区农作物种植品种以蔬菜、薯类、油料、花生为主，播种面积分别占粤东地区农作物播种总面积的47%、15%、11%、10%左右。粤西地区主要种植蔬菜、油料、糖蔗、甘蔗、花生，播种面积分别占粤西地区农作物播种总面积的30%、13%、12%、13%、13%。珠三角地区主要种植蔬菜、其他经济作物、花生、油料，种植面积分别占珠三角地区农作物种植总面积的58.7%、8.5%、7.3%、7.3%。

2）创建特色农业优势产区，突出地域特色，打造高质量地域品牌

为发挥地域特色，加强特色品种保护，做大做强地域品牌，2018年广东省开展特色农产品优势区创建工作。在广东省名特优新农产品区域公用品牌基础上，创建一批具有广东农业产业特

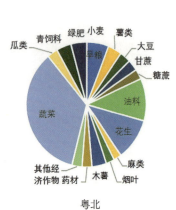
粤北

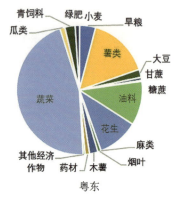
粤东

粤西

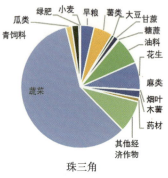
珠三角

图4-5 2019年广东省各地区主要农作物播种面积

（数据来源：2020年广东农村统计年鉴）

色、优势明显、产业基础好、发展潜力大、带动能力强的特优区，强化"粤字号"品牌引领作用。

目前广东省认定了46个特色农产品优势区，广泛分布于粤东西北地区。茂名、江门、韶关市各有6个特色农产品优势产区，特色优势农产品种类丰富多样。在17个水果优势产区中，梅州认定了3个水果优势产区，主要产出柚子和脐橙。7个茶叶产区分布在韶关、河源、江门、清远和云浮，茶叶品种包括韶关沿溪山白毛尖和罗坑茶、江门新会柑茶和鹤山红茶、清远英德红茶、河源紫金绿茶、云浮象窝茶。广州、韶关、湛江、清远分别建立了蔬菜特优区，主导生产增城迟菜心、新丰佛手瓜、徐闻良姜和连州菜心。广东省3个特色药材优势产区位于江门、阳江和茂名，主导产品分别为新会陈皮、阳春春砂仁和化州橘红。全省花卉特优区位于韶关市，特色种植兰花。

3）逐步形成区域化、专业化农业生产格局

广东地处北回归线横穿的亚热带地区，山地资源丰富，雨水充足，得天独厚的自然条件造就了适宜种植岭南特色农作物且品质优良、产量高的特点。水果、茶叶、蔗糖和烟叶，作为广东省老牌优势种植产业，具有悠久的栽培历史，已经形成丰富的品种资源、区域化专业化生产格局和较强的核心竞争力，在广东省农业总产值和出口额中占据较大比重。

（1）水果产业地域特征——湛江、茂名、肇庆水果产业规模最大

广东优质热带、亚热带水果具有悠久的栽培历史和丰富的品种资源，形成了以荔枝、龙眼、

香蕉、菠萝、柑桔橙柚等为主的岭南特色优势产业，正在逐步打造以梅县金柚、信宜三华李、德庆贡柑、高州荔枝、平远脐橙等为代表的"粤字号"特色水果品牌，水果产业已成为全省农业增效的重要支柱。

全省各类水果中，香蕉、柑桔橙的产量居首位，合计约占全省水果总产量的50%（图4-6）。菠萝、荔枝、柚子年产量分别超过100万t，龙眼、李子等岭南特色优势水果年产量也分别在5万t左右。

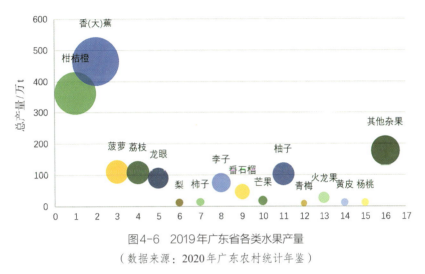

图4-6　2019年广东省各类水果产量

（数据来源：2020年广东农村统计年鉴）

从各地市水果生产情况来看，粤西地区的湛江和茂名、中部的肇庆，水果总产量分别在100万t以上，云浮、阳江的水果总产量在35万t以上。特别的，湛江、茂名、肇庆三市的水果总产量占全省比重高达41.28%，充分发挥了粤西热带农业区和南亚热带农业带种植岭南特色水果的优势。清远、韶关、梅州、广州和惠州的水果产量均在50万t以上，形成了较为集中的区域生产特色。

（2）茶叶产业地域特征——粤北山区为全省茶叶主产区

广东素有"饮早茶"和潮州"功夫茶"的茶文化，是我国岭南茶文化的发源地，也是中国四大茶文化系列之一。广东地处北回归线横穿的亚热带地区，山地资源丰富，雨水充足，造就了适宜种茶且茶叶单产高的特点。广东产出了很多优质茶叶，尤其是凤凰单丛、英德红茶等，享誉国内外。针对优质茶叶品种，广东省在适宜种植茶叶地区，积极鼓励开垦茶园，不断提高茶叶种植的山地利用率，稳步推进有广东特色茶叶的扩大再生产。

广东省茶叶产品品类多元，三大茶类平衡发展。全省茶叶产业结构类型中，2019年，广东省以生产青茶（乌龙茶）和绿茶为主，产量占比分别为44.1%和40.4%，红茶产量占8.8%，位居广东省茶叶生产第三位（图4-7）。

广东的粤北山区是茶叶的主产区，茶叶大县基本分布在山区。清远、揭阳、潮州、梅州4个城市的年产茶叶都在10 000t以上，总合计占全省产茶量的60%以上。8个地市茶叶总产量超过1 000t，分别是茂名、惠州、云浮、汕尾、湛江、肇庆、河源、韶关。汕头、江门茶叶总产量也

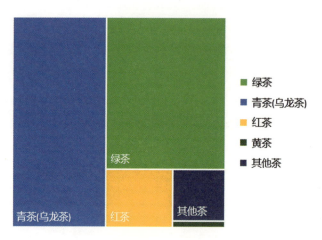

图4-7 2019年广东省茶叶产量结构
（数据来源：2020年广东农村统计年鉴）

在500t以上。

（3）蔗糖产业地域特征——湛江为甘蔗产业集中地

广东省是我国三大甘蔗主产区和国家甘蔗优势生产基地之一。广东省栽培甘蔗具有得天独厚的气候条件，甘蔗种植历史悠久，甘蔗生产技术水平较高。广东目前基本形成粤西蔗区、粤北蔗区和珠江三角洲蔗区三大蔗区。

湛江为全省蔗糖第一大产区，年产甘蔗总量和糖蔗总量分别占全省的81%和90%。广州为全省甘蔗生产的第二大产区，甘蔗总产量占全省产量的5%。茂名为全省糖蔗生产的第二大产区，总产量占全省产量的3.8%。

（4）烟叶产业地域特征——韶关、梅州产量最高

广东属于华南烤烟晒烟区，特有的气候和土壤条件非常适宜烟草种植，有利于形成独特的烟叶香气，是我国典型浓香型烟叶的主要产区之一。广东烟叶生产经历了较长时间的发展，积累了丰富的生产经验，已经形成了较为成熟的生产机制。黄（烤）烟为全省烟叶主导品种，2019年，黄（烤）烟产量是红（土）烟的6.3倍（图4-8）。

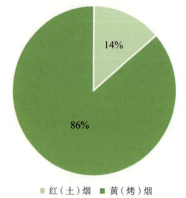

图4-8 2019年广东省烟叶产量结构
（数据来源：2020年广东农村统计年鉴）

梅州、韶关为全省烟叶主产区,梅州烟叶年产量在10 000t以上,韶关超过20 000t,合计占全省烟叶产出的76.94%。湛江、清远、茂名、肇庆年产烟叶约占全省产量的23%。

4.1.3 农业经济发展时空变化

1）农业经济增速放缓

本节通过2010—2018年各市农业生产总值变化反映农业经济发展情况。2010—2018年,全省农业经济呈"中增长—低增长"的发展态势,增速放缓。图中由蓝到黄表示增长率越高,深蓝色表示负增长。2010—2012年,全省大多数地市农业生产总值呈中增长态势(增长率＞20%),其中湛江、云浮、江门、佛山、韶关、汕尾增长率超过30%。2012—2014年,大多数地市农业生产总值呈低增长特征,增长率在20%以下,潮州农业产值增长率最高,超过30%。2014—2016年,农业产值呈中增长特征(增长率＞20%)的地区增多,包括茂名、江门、惠州,以及粤北和粤东部分地市,深圳、东莞农业产值增长率超过30%。2016—2018年,全省约半数城市的农业产值降低,其他地市农业产值基本维持低增长(增长率＜15%)。特别的,深圳农业经济呈高增长,增长率超过50%。

2）农业经济发展与农民人均收入倒挂

广东省农业经济发展与农民收入呈较为明显的倒挂关系,粤东西北地区农业产值水平高,农民人均收入却相对低。2019年,珠三角地区如东莞、中山、珠海、佛山等农业产值相对低,但其农村居民人均可支配收入却处于中高水平。特别是东莞和中山,第一产业总产值分别为28.48亿元和62.6亿元,但其农民人均收入水平为全省最高,超过3.5万元/人。粤西地区的湛江和茂名,农业生产总值最高,超过580亿元,农民收入水平仅为1.8万左右。

3）农业经济增长,农业水资源利用效率持续提高

农业经济发展与水资源利用之间的"脱钩"分析可以用于评价农业经济增长与农业用水消耗的关系。农业经济发展的同时,水资源消耗降低的现象就是"资源利用脱钩",反映出水资源利用效率较高。本部分采用Vehmas脱钩指数法来定量分析农业用水量与农业产值之间的关系,计算公式如下所示。

$$D_t = \frac{\Delta W}{\Delta G} = \frac{(W_e - W_s)/W_s}{(G_e - G_s)/G_s} \quad (4\text{-}2)$$

式中,D_t为t时期的脱钩指数;ΔW和ΔG分别为农业用水量和农业产值的变化速率;W_s和W_e分别为起始年和末年的农业用水量;G_s和G_e分别为起始年和末年的农业产值。

根据已有研究对脱钩指数的等级划分,结合本部分研究结果,农业用水量与农业经济发展的关系可以分为2个等级,即强脱钩和弱脱钩。各等级含义如表4-3所示。

2010—2019年,大多数地市农业用水量与农业产值处于较为理想的强脱钩状况,农业产值增长,农业用水量减少,水资源利用效率持续提高。少数地市如肇庆、深圳、河源、东莞,农业用水量与农业产值呈弱脱钩关系,农业产值与农业用水量都在增加,农业产值增长速率大于农业

表4-3　　　　　　　　　　　　农业用水量与农业产值的关系

ΔW	ΔG	D	状态	含义
<0	>0	<0	强脱钩	农业产值增长，农业用水量减少
>0	>0	[0,0.8)	弱脱钩	农业产值与农业用水量都在增加，农业产值增长速率大于农业用水量增长速率

用水量增长速率，这些区域应重视提高农业用水效率，促进水资源利用与农业经济的和谐可持续发展。

4）农业经济与农业机械化水平协调程度逐渐提升

农业机械化对于提高农业生产效率、推动农业现代化、促进农村经济发展具有重要意义。农业生产总值与农业机械总动力耦合分析可以反映农业经济与农业机械化水平的协调匹配程度，计算公式如公式4-3所示，耦合度高，表明二者具有正向的相互作用和影响。

$$C = \left(\frac{U_1 \times U_2}{U_1 + U_2} \right)^{\frac{1}{2}} \tag{4-3}$$

式中，C为耦合度值，U_1、U_2分别为该年农业生产总值与农业机械总动力。

2010年，粤西的湛江、茂名，以及珠三角地区的肇庆、广州，粤东地区的梅州耦合度最高（耦合度＞0.4），农业经济发展水平与农业生产机械化水平高度协调。全省大多数城市的农业经济发展与机械化水平处于中度协调状态。潮州、汕头、东莞的农业经济与农业生产机械化水平处于低度协调（耦合度＜0.2）。2018年，湛江、茂名、肇庆、广州、梅州农业经济与机械化耦合度最高，韶关市由2010年的中度协调提升至高度协调，其他地区基本无变动。表明加快推进耕作机械化发展，对农业经济的提高具有积极作用。同时，农业经济与农业机械化低协调的地区，应积极推动农业机械化向全程全面高质高效转型升级，加快优化农机装备结构，提高农业设备的利用率和经济效益，稳步提高农业生产效率。

4.2　广东省各地市农业韧性评估

4.2.1　农业韧性综合评价模型构建

1）农业韧性的内涵

韧性（resilience）一词指的是"恢复到最初的状态"，最初应用于机械学中，用来描述物质在外力作用下恢复的能力，即"工程韧性"。一直以来，"韧性"被广泛地运用在机械、经济、心理、城市、生态等多个领域，但鲜少有人将韧性理论运用到农业领域。农业是国民经济的基础，农业稳则社会稳，稳住农业是国民经济发展面临的重大问题，丝毫不能松懈。因此提高农业韧性对于保障农业稳定具有重要价值。

根据福尔克和韧性联盟（Resilience Alliance）的相关定义，农业韧性可以认为是外力作用（即干扰）能导致农业系统从一个平衡状态转向另一个新的平衡状态，具有农业韧性特征的系统在遭受干扰时能够消化和吸收外部干扰并将其作为系统的新元素，对旧系统进行恢复或自我转化升级并达到内部元素新的平衡状态。农业韧性代表农业系统具有弹性、自我恢复力和升级进化能力，是农业现代化水平的重要体现。

提高农业韧性即提高农业系统弹性、不受外界干扰力、自我恢复和升级能力，保障农业系统稳定可持续发展。农业作为社会再生产活动中最基础的产业，是一个投入产出的生产系统，农业系统受到包括自然生态和社会经济两个方面的影响，有着自下而上的层次，在不同的层次上，受生态、经济和社会因素的影响也各不相同。第一层是最底层次，最直接接受自然因素的制约，资源禀赋和生产要素是其存在和发展的基础。第二层次是中间层次，受生态因素、社会因素和经济因素制约，必须通过经济政策和社会措施来协调好因素间的相互制约关系。第三层次是决策层次，起决定性作用的因素是经济和社会因素，受国家政策、法规和市场影响。因此农业韧性的本质包括五个方面：①农业资源子系统韧性，即农业的资源禀赋；②农业结构子系统的韧性；③农业经济子系统韧性，包括农业投入产出、经济价值等；④农业社会子系统韧性，包括农业社会投入、劳动力和基础设施建设等；⑤农业生态子系统韧性，即农业与自然环境状况、环境污染、生态修复的关系。

2）农业韧性影响因素分析

广义农业和狭义农业的涵盖范围不同，本章节主要针对种植农业开展农业韧性影响因素分析和评价。在农业相关研究文献综述的基础上，总结实际影响农业韧性发展的因素主要有两个方面：一是劳动力、经济、技术、投入和产出等影响农业变化的驱动因素；二是农业发展的自然资源、环境、生态等基础条件因素。结合农业韧性的本质和相关研究总结，确定从五个子系统综合评估农业韧性，包括农业资源子系统韧性、农业结构子系统韧性、农业经济子系统韧性、农业社会子系统韧性和农业生态子系统韧性。

（1）农业资源子系统韧性

农业资源韧性反映了农业自然资源在破坏性事件和灾害中的复原能力，以及资源禀赋稳固农业系统的能力，是农业韧性的自然物质基础，这与土地资源和水资源保护与利用密切相关。耕地数量的多少、质量的好坏、布局的优劣反映了一个地区可用于农业生产的土地资源的丰裕程度；而水资源量的多少能够反映地区可用于农业生产的水资源潜力，这些构成了农业生产的自然禀赋，是农业生产的基础性要素，在同样的生产效率下，资源基础直接决定了农业产量与经济效益。

（2）农业结构子系统韧性

农业结构韧性反映了农业种植和产业结构对外界干扰的吸收消化能力。随着城乡居民的收入增长，农产品消费结构趋于多样化和优质化，为农业向多功能、高附加值方向转型升级带来新的机遇和空间。消费需求结构的变化引导农业由以粮食生产为主逐渐向经济效益较高的菜果肉鱼生产和休闲农业等多元发展转变。如何在有限的耕地面积上，既能确保粮食安全，又能发展经济作物，从而产生更大的经济效益，将是未来种植业调整的关键所在。从农业产业结构与种植结构、农村劳动力结构两个方面分析农业结构韧性，农业产业结构多元化、地域特色明显、形成了竞争力强的支柱产业，说明农业的结构韧性更强。

（3）农业经济子系统韧性

农业经济韧性是指农户和农村等多层次主体能够妥善灵活应对经济冲击导致的损失风险。这与农业经济基础、生产效益、财政支持等密切相关。宽裕的农业经济基础和农业财政支持能够扩大农户在面临不确定经济事件时的选择空间，较高的生产效益也有助于形成农户应对风险的弹性能力。经济发展是农业韧性发展的重要条件，其一，经济增长能够使农业生产能力在较长的时间内维持在一个较高的产出水平；其二，农业经济上的获利可以反馈农业，进一步促进农业的稳定可持续发展，增强农业发展的韧性；其三，经济发展影响农民利用农业资源的行为，也必然带来农业资源利用结构的不断调整和土地利用方式的变化；其四，农业财政支出的投入，能有效保障农业生产经济基础，提高农民生产积极性，进而推动农业系统稳定可持续发展。

（4）农业社会子系统韧性

推动农业的稳定可持续发展需要良好的农村社会环境和必要的社会投入，农业社会韧性反映的是农业生产社会环境和农业投入对于农业系统自我修复和自我提升能力的影响，这与农民生活水平、城乡贫富差距、农业机械化与基础设施建设密切相关。人力是农业发展的一个重要驱动力，农业的丰收离不开农民的辛苦耕耘，而农民生活水平状况的好坏能直观地反映农民生产劳动回报的高低，在一定程度上也影响了农民农业生产的积极性；城乡居民收入差异较大，带来城乡贫富差距，社会矛盾激化，不利于农村环境的良性发展，同样也会对农业的生产带来一定冲击；机械化水平反映了农业规模化、现代化水平的高低，基础设施投入有助于抵御环境不确定因素对农业生产的冲击，克服极端事件在农业系统内部的消极连带传递。农业技术投入一方面能够降低农户劳动强度，改善农业生产效率，在传统要素驱动作用减弱背景下更需要依靠技术进步实现增产增收；另一方面技术投入也有利于提升农业防灾减灾的柔性能力，协助农户妥善应对生产过程中面临的挑战，降低破坏性事件造成的损失。此外，农业的有效灌溉率可以用来衡量农用土地资源的开发程度和利用水平，有效灌溉率越高，说明耕地资源的开发和利用水平就越高，农业系统的韧性水平也就越高。

（5）农业生态子系统韧性

农业生态韧性重在刻画农业生产与环境系统的协调发展，是指农业生产系统能够化解和应对生态环境变化的程度，农业生态韧性对增加农业内部循环和农业环境自组织能力有重要价值。长期以来我国农业生产是粗放式经营，生产过程中过度依赖农药、化肥和塑料薄膜等化学投入物外部补给，这固然改善了农业生产条件和产出效率，但也加剧了农业面源污染并导致农产品质量安全问题，谋求低碳农业和减少农业增产对化学投入物的依赖亦成为现代农业政策的重要内容。

3）农业韧性综合评估模型构建

由于农业韧性影响因素较多，包含经济、社会、生态等多个方面，因此采用多因素多因子综合评价法对农业韧性进行评价。多因素多因子综合评价法主要包括评价指标体系和评价模型的构建，评价的主要步骤为：①评价指标选定；②评价指标标准化；③评价指标权重确定；④综合指数计算。

（1）评价指标选定

农业韧性评价指标体系是描述区域农业系统抗灾、维稳、可持续发展的主要依据，建立区域农业韧性综合评估指标体系是为农业系统综合优化提升服务的。通过上文对农业韧性影响因素的分析，立足资源禀赋、生产结构、经济发展、社会影响和生态环境这5个方面，遵循科学性、系统性、全面性、可比性、可操作性等原则，构建了包括农业资源韧性、农业结构韧性、农业经济韧性、农业社会韧性和农业生态韧性5个方面、20个具体指标的农业韧性综合评价指标体系（图4-9）。

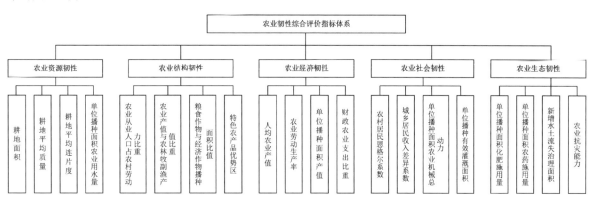

图4-9 农业韧性综合评价指标体系

（2）评价指标标准化方法

为消除指标的不同数量级和量纲，采用极差标准化方法对原始数据进行标准化处理。

正向指标标准化采用下式计算：

$$x' = 100 \times \frac{x - x_{\min}}{x_{\max} - x_{\min}} \tag{4-4}$$

负向指标标准化采用下式计算：

$$x' = 100 \times \frac{x_{\max} - x}{x_{\max} - x_{\min}} \tag{4-5}$$

式中，x'为经过标准化处理后的指标值，$x_{\min}$和$x_{\max}$为指标x的最大值和最小值。

（3）评价指标权重确定

为提高权重计算的准确性，采用层次分析法和熵权法相结合的方法确定评价指标权重，一方面将决策者的主观判断用定量形式表达和处理；另一方面保留了指标的内在性质，尊重客观规律，具有较强的数学理论依据，一定程度上弱化了研究过程中的主观随意性。计算过程中，分别用层次分析法和熵权法计算各指标的权重，取综合权重作为评价的最终权重，综合权重采用下式计算：

$$W_i = \frac{W_{i1} \times W_{i2}}{\sum_{i=1}^{n} W_{i1} \times W_{i2}} \tag{4-6}$$

式中，W_i 为第 i 个评价指标的综合权重，W_{i1} 为采用层次分析法计算得到的权重，W_{i2} 为采用熵权法计算得到的权重。

（4）综合指数计算

综合指数计算是采用的是加权综合评价法，计算公式为：

$$K_i = \sum_{i=1}^{n} \sum_{j=1}^{m} P_{ij} \times W_{ij} \quad (i=1,2,\cdots,n \quad j=1,2,\cdots,m) \tag{4-7}$$

式中，K_i 为第 i 城市的综合指标数值，P_{ij} 为第 i 城市 j 项指标数值，W_{ij} 为第 j 项指标的权重值，n 为城市数，m 为指标数。

4.2.2 农业韧性评价指标因子量化

为避免数据时间不一致造成评价误差，综合各项指标数据来源和数据时点情况，统一指标数据时点为2018年。

1）农业资源韧性评价指标因子量化

（1）耕地面积

耕地面积反映了一个城市拥有耕地的数量，即支撑农业生产的基础土地资源的多少，是刻画农业资源韧性的基础性指标。数据来源于2020年广东农村统计年鉴中的各城市2018年末耕地保有量面积，耕地面积越大，农业资源韧性越强。结果显示，湛江的耕地面积最高，为5072.13km²；其次是清远市和茂名市，分别为2960.41km²、2512.16km²。总体来看粤西和粤北城市的耕地保有量相对较高，珠三角城市和粤东城市的耕地保有量普遍较低，尤其是深圳市，作为经济特区，城市建设迅速，耕地面积已不足100km²。

（2）耕地平均质量

粮食安全的根本在耕地，关键在耕地质量。耕地质量即"耕地的状况与条件"，涉及农业生产本身的自然条件和所处的环境状况，是多重因素共同作用的结果。耕地质量越好，则农业生产效益越高，能有效保障农业稳定发展和农业系统的自我提升。耕地质量指标因子基于2018年耕地质量等别成果库统计各地市耕地国家利用等平均值，国家利用等数值越小，说明耕地质量越高，农业系统韧性水平越高。结果显示，茂名市的平均耕地质量等别最高，为4.09；其次，深圳、汕头、潮州、梅州的平均耕地质量等别也相对较高，耕地质量整体水平较高。相比之下，清远、珠海、江门、中山等城市的平均耕地质量等别较低，尤其清远市的平均耕地质量等别在7以下，耕地质量整体水平不高。

（3）耕地平均连片度

推动耕地"集中连片"发展，不仅能够克服耕地斑块破碎零散、生产效益低下的问题，还有利于推广使用大型机械，普及农业科技，促进农业产业化、规模化程度的提高。因此评价农业系统韧性，必须要评价耕地的连片度情况。

耕地的连片度是指耕地斑块的相对相连度，即当耕地斑块之间的距离小于规定阈值时，则认为它们是连通的。总结相关学者研究成果，耕地之间的连片距离阈值应大于可跨越性廊道（县道、乡道等对耕地连片阻隔作用较小的支线公路，农村道路、沟渠和农田防护林等连接农田地块的线状廊道）的最大宽度、小于不可跨越性廊道（铁路、大型河流、国道、省道等阻断耕地连片性的要素）的最小宽度。因此，在确定廊道宽度时，参考《土地利用现状分类》GB/T 21010—2017和《公路工程技术标准》JTG B01—2014中对可跨越和不可跨越性廊道宽度的设置，将耕地连片距离阈值设定为小于干线公路的最小宽度即20m。与之对应的耕地连片规则为：若两个耕地斑块间的距离小于20m，则认为其相互连片。

参照高标准农田建设的相关标准设定耕地连片度等级，如表4-4所示：

表4-4　　　　　　　　　　　　　　耕地连片度等级设置

连片等级	连片规模/hm²
1	≥666.67
2	333.33～666.67
3	133.33～333.33
4	66.67～133.33
5	33.33～66.67
6	6.67～33.33
7	<6.67

按照上述耕地连片度分析方法，定量、定位地分析广东省各个地市的耕地连片度情况，并通过计算各地市耕地连片度等级的平均值来统一表示城镇耕地连片度情况的整体水平，耕地平均连片等级数值越小，则耕地平均连片度越高。结果显示，湛江市的耕地平均连片度最高，平均连片等级为2.86，即平均连片规模在333.33～666.67hm²；其次是汕尾市、韶关市和江门市，耕地平均连片等级分别为4.11、4.43和4.45，耕地平均连片度相对较高，有利于耕地规模化生产和农业现代化发展；中山、东莞、佛山、深圳、珠海的耕地平均连片度较低，平均连片面积在6.67hm²亩以下，耕地相对破碎零星，规模化生产程度较低。

（4）单位播种面积农业用水量

单位播种面积农业用水量指标反映地区间农业生产耗水情况，耗水越多，说明农业系统抵抗干旱灾害的能力越低；单位播种面积农业用水量越少，说明农业系统水循环能力较强，干旱抵抗能力越强，农业系统的韧性也越强。指标的计算公式为：单位播种面积农业用水量=农业用水量/农作物总播种面积，指标数据来源为2019年广东农村统计年鉴和2019年广东省统计年鉴。

结果显示，湛江市的单位播种面积农业用水量最低，为24.93万 m³/km²；其次是肇庆、清远、汕头、茂名、汕尾、揭阳、阳江几个城市的单位播种面积农业用水量均低于50万 m³/km²。

惠州、佛山和中山的单位播种面积农业用水量较高，尤其是中山市的单位播种面积农业用水量超过了200m³/km²；农业耗水量较高，农业系统水循环能力较差。

2）农业结构韧性评价指标因子量化

（1）农业从业人口占农村劳动力比重

农业从业人口占农村劳动力比重指标反映了农村劳动力结构。目前国内的劳动力结构在产业方面普遍表现为农业劳动力向非农转移，这是由于农业经济效益较低，农民收入普遍较低，在利益的驱动下农业劳动力不断流失。为保障粮食安全，保障全中国14亿人的口粮，一是土地资源——耕地不能减少；二是劳动力资源——农民的数量不能太少，要保证每亩耕地都能有人耕作，都能产出粮食。因此农业从业人口占农村劳动力比重越高，越能保障农业的稳定生产，农业系统韧性也会较强。指标计算方式为：农业从业人口占农村劳动力比重＝农业从业人口/乡镇（村）劳动力资源总数，指标数据来源为2019年广东农村统计年鉴和2019年广东省统计年鉴。

结果显示，珠三角及其辐射城市的农业从业人口较少，粤西和粤北的农业劳动力相对较多。湛江市的农业从业人口占农村劳动力的比重最高，农业从业人口比重超过了50%，说明湛江市的农业劳动力资源丰富，农业结构韧性相对较高；东莞、中山和佛山的农业从业人员占比相对较低，不足10%。

（2）农业产值与农林牧副渔产值比重

农业产值与农林牧副渔产值比重反映了农林牧副渔产业结构中农业经济效益的高低，比重越高，说明该农业在第一产业非服务业部分的结构重要性越高，农业发展相对较好，重视度也会越高，有利于增强农业结构韧性。指标计算方式为：农业产值与农林牧副渔产值比重＝农业产值/农林牧副渔产值，指标数据来源于2019年广东省统计年鉴。

结果显示（图4-10），东莞市的农业产值占农林牧副渔产值比重最高，比值为82.49%；其次是惠州、梅州、韶关、揭阳、广州、河源等城市，这些城市的农业经济在第一产业非服务业部分的占比相对较高，超过60%，农业生产经济效益较高，有利于稳定农业系统生产能力。珠海、

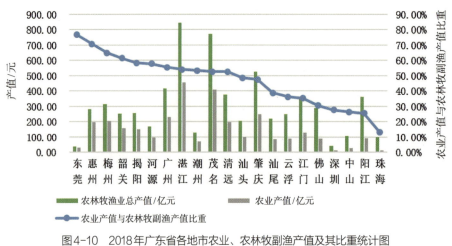

图4-10　2018年广东省各地市农业、农林牧副渔产值及其比重统计图

（数据来源：2019年广东省统计年鉴）

阳江、中山3个城市的农业产值占农林牧副渔产值比重较低，不足30%，说明农业在这几个城市的生产效益没有林业、渔业等产业经济效益高，农业结构韧性相对较弱。

（3）粮食作物播种面积与经济作物播种面积比值

粮食作物是对谷类作物（小麦、水稻、玉米）、薯类作物（包括甘薯、马铃薯等）及豆类作物（包括大豆、蚕豆、豌豆、绿豆等）的总称，是人类主要的食物来源；经济作物又称技术作物、工业原料作物，指具有某种特定经济用途的农作物，广义的经济作物还包括蔬菜、瓜果、花儿等园艺作物。粮食作物播种面积与经济作物播种面积比值反映了农业种植结构情况，从保障国民粮食安全的角度，应当是粮食作物播种面积越大，越能保障粮食安全，因此该指标的值越大，则说明农业种植结构越能保障粮食产量，农业结构韧性越强。指标计算方式为：粮食作物播种面积与经济作物播种面积比值=粮食作物播种面积/经济作物播种面积，指标数据来源于2019年广东省统计年鉴。

结果显示（图4-11），粤东区域的粮食作物播种面积与经济作物播种面积比值较高，作为潮汕平原精细农业区，汕头、揭阳、潮州3个城市的粮食作物播种面积是经济作物播种面积的10倍以上，粮食作物的产业比重较高，农业系统结构韧性较好，很好地保障了该地区乃至广东省的粮食安全。珠三角城市由于重点发展经济，农业以发展都市农业为主，粮食生产较少，因此指标值相对较低。

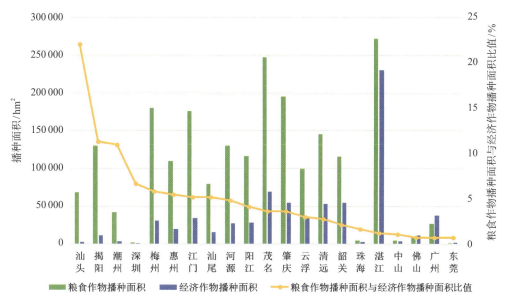

图4-11　2018年广东省各地市粮食作物播种面积与经济作物播种面积比值统计图

（数据来源：2019年广东省统计年鉴）

（4）特色农产品优势区

建设特色农产品优势区是党中央、国务院的重大决策部署，是推动农业供给侧结构性改革、推进农业绿色发展、带动传统农业区和贫困地区脱贫致富、提高农产品质量效益和竞争力的重要举措。广东省农业农村厅于2019年6月24日公示了广东省特色农产品优势区名单，根据各城市的特色农产品优势区个数对比,分析城市间农业特色优势产业竞争力的高低。指标数据来源于广东省农业农村厅《关于广东省特色农产品优势区名单的公示》。

结果显示,韶关市、江门市和茂名市的特色农产品优势区数量最多,为6个;其次是清远市和河源市,均为5个;相比之下,深圳、佛山、汕尾、东莞、揭阳和汕头尚未形成特色农产品优势区,特色优势产业竞争力相对较弱。

3)农业经济韧性评价指标因子量化

(1)人均农业产值

人均农业产值指标是衡量一个城市农业发展水平的基础指标,能够很好地反映一个地区农业经济状况。人均农业产值高,说明农业经济状况良好,在一定程度上能够增强农业应对不确定事件的恢复能力;此外,较高的人均农业产值可以提高农民的生产积极性,促进农业的持续生产,增强农业发展的韧性。指标计算公式为:人均农业产值=农业产值/常住人口,指标数据来源于2019年广东省统计年鉴。

结果显示,茂名、湛江、肇庆三个城市的人均农业产值高,超过了6000元/人;第二梯次是韶关和清远,人均农业产值超过了5000元/人。总体空间布局结果显示,粤北和粤西的人均农业产值较高,珠三角地区人均农业产值普遍较低。

(2)农业劳动生产率

农业劳动生产率指标反映了农业生产效率的高低,以较少的农业劳动力创造出更多的价值,逐渐推动农业机械化、规模化经营,解放农业劳动力去其他行业创造更多价值。农业劳动生产率高说明该城市可以用较少的劳动力收获更多的农业经济收益,农业现代化发展水平相对较高,可以在较长的一段时间内维持农业的高产出水平,可以增强农业系统韧性。指标计算方式为:农业劳动生产率=农业产值/农业从业人员(万元/人),指标数据来源于2019年广东省统计年鉴。

结果显示,珠三角地区的农业劳动生产率相对较高,一是因为珠三角城市发展较快,农业基本发展都市农业,都市农业的收益相对传统农业要高;二是因为珠三角城市农业从业人员相对较少,且农业种植结构倾向于种植经济作物,经济作物带来的农业产值比粮食作物稍高一些。深圳市的农业劳动生产率最高,高达74 893.76万元/人;其次是东莞、佛山、惠州和广州,农业劳动生产率超过30 000万元/人,其城市的农业经济韧性水平相对较高;相比之下,云浮、河源等城市的农业劳动生产率较低,不足15 000万元/人。

(3)单位播种面积产量

单位播种面积产量指平均每播种1km^2可以收获的粮食数量,即土地的收获率,反映了土地生产能力和农业工作质量。单位播种面积产量越高,说明农业系统生产能力越高,农业生产效益高有助于提高农户应对风险的弹性能力,提升农业韧性发展水平。指标计算方式为:单位播种面积产量=粮食产出量/粮食播种面积(t/km^2),指标数据来源于2019年广东省统计年鉴。

结果显示,粤东地区的农业单位播种面积产量相对较高,汕头、潮州、揭阳等城市的精细农业发展水平较高,单位播种面积粮食产量超过600t/km^2。其次,粤北地区的农业单位播种面积产量也较高，云浮、韶关、河源、梅州4个城市的农业单位播种面积产量达590t/km², 农业系统的整体生产能力较好。

（4）财政农业支出比重

财政农业的支出展现了地方政府对农业的重视程度，是有效保障农业系统可持续发展的经济基础。财政农业支出的力度较大，可以带动农民生产的积极性，也会推动农业现代化、智能化、绿色化发展，对农业系统的韧性提升至关重要。指标计算方式为：财政农业支出比重=财政农业支出/财政总支出（%），指标数据来源于2019年广东省统计年鉴。

结果显示，清远市的财政农业支出比重最高，超过15%；其次是阳江、梅州、韶关、汕尾、湛江、肇庆、云浮、揭阳几个城市，政府财政农业支出比重超过了10%。财政农业支出比重最低的深圳、佛山、广州等珠三角地区，这与珠三角地区重点发展第二和第三产业现状相符。尤其是深圳市，深圳市的财政农业支出比重仅为1.84%，深圳市目前没有设立农业农村局，因此农业方面的财政支出几乎很少。

4）农业社会韧性评价指标因子量化

（1）农村居民恩格尔系数

农村居民恩格尔系数是农村居民食物支出总额占个人消费支出总额的比重，可以衡量农村居民收入水平和生活水平的高低。同时，一个城市的农村居民恩格尔系数也直接反映了这个城市的第一产业的发展情况，农村恩格尔系数的升降是农业发展的一个重要指示。指标计算公式为：农村居民恩格尔系数=食物支出/总支出（%），指标数据来源于2019年广东农村统计年鉴、广东省各地市2019年统计年鉴。

结果显示，汕尾、揭阳、湛江三个城市的农村居民恩格尔系数较高，超过45%，说明该城市的农民生活水平一般，农业生产回报不高，这在一定程度上会影响农民劳作积极性，影响农业韧性发展。佛山、珠海、中山、东莞等珠三角城市的农村居民恩格尔系数较低，这与城市的经济发展水平存在一定相关性，城市经济增长快，农民经济收入不仅仅依靠第一产业，更多的来源于第二、三产业，第二、三产业的经济效益普遍比第一产业高得多，因此农民生活水平较高，农村居民的恩格尔系数相对较低。

（2）城乡居民可支配收入比

城乡居民可支配收入比反映城乡居民的收入差异情况，表征农村与城市的协调发展水平。维持农业生产、经济、环境发展需要农村社会的良性发展，城乡居民收入差异较大，带来城乡贫富差距，社会矛盾激化，不利于农村环境的良性发展，同样也对农业的生产带来一定冲击。因此城乡居民可支配收入比越小，越有利于农业的稳定发展，有利于增强农业韧性水平。指标计算公式为：城乡居民可支配收入比=城市居民人均可支配收入/农村居民人均可支配收入，城乡居民可支配收入比越接近1，城乡居民收入差异越小，农业韧性越高。指标数据来源于2019年广东省统计年鉴。

结果显示，广州市的城乡居民可支配收入比最高，比值超过了2.0，可见广州市的城乡居民收入差异较大,城乡贫富差距明显,在一定程度上影响了农村社会的良性发展。其次是韶关、江门、清远、珠海、惠州、湛江等城市,城乡居民的可支配收入比相对较高,城乡居民可支配收入比超过1.8。

(3) 单位播种面积农业机械总动力

单位播种面积农业机械总动力反映了农业机械化水平。农业机械化是农业现代化的重要标志,是发展现代农业的重要物质基础,是改善农业生产条件、提高农民生活水平、增强农村生态环境的重要途径。农业机械化水平高,可以提高农业劳动生产率和土地集约化程度,解放大量农村劳动力,促进农业生产规模的扩大,增强农业发展的韧性。指标计算公式为:单位播种面积农业机械总动力=农业机械总动力/播种面积(kW/km^2),指标数据来源于2019年广东农村统计年鉴、广东省各地市2019年统计年鉴。

结果显示,中山市的单位播种面积农业机械总动力较高,超过4000kW/km^2,说明中山市的规模化、机械化生产水平较高,有效地解放了农村劳动力,提高了农业生产效益。其次是东莞市的单位播种面积机械总动力超过了2000kW/km^2,珠海市、佛山市和惠州市的单位播种面积农业机械总动力也相对较高,超过了1000kW/km^2。单位播种面积农业机械总动力较低的城市是汕头市、揭阳市、清远市等城市,这从侧面解释了这些城市农业产量虽高,但农民的恩格尔系数低的现象,农业机械化水平低,以传统农业种植为主,农村劳动力消耗过多,导致农民的整体收入水平不高。

(4) 单位播种面积有效灌溉面积

单位播种面积有效灌溉面积是衡量农用土地资源利用率的一项指标,单位播种面积有效灌溉面积高,说明农业的灌溉设施配置覆盖面较广,耕地资源的开发与利用水平就高,耕地资源的生产力就越强。该指标的计算公式为:单位播种面积有效灌溉面积=有效灌溉面积/农作物总播种面积,指标值越接近1,则灌溉率越高,农业韧性越好。指标数据来源于2019年广东农村统计年鉴、广东省各地市2019年统计年鉴。

结果显示,惠州市的农业单位播种面积有效灌溉面积最高,单位播种面积有效灌溉面积达到了1km^2,农业灌溉几乎全覆盖,农用地的开发与利用水平最高;其次,中山市的单位播种面积有效灌溉面积也较高,为0.79km^2。单位播种面积有效灌溉面积相对较低的是深圳市和湛江市,单位播种面积有效灌溉面积低于0.3km^2。农业有效灌溉水平低,说明耕地资源的开发利用水平不高,这也解释了湛江拥有较多和较优良的耕地,但单位播种面积产量一般的原因。

5) 农业生态韧性评价指标因子量化

(1) 单位播种面积化肥使用量

单位播种面积化肥使用量反映农业生产过程中农业使用强度,由于在农业实际生产中化肥会对土壤、水资源及食品产生污染,因此单位播种面积化肥使用量是衡量农业生态韧性的一项指标。指标的计算公式为:单位播种面积化肥使用量=化肥使用总量/农作物总播种面积(t/km^2),指标数据来源于2019年广东农村统计年鉴、广东省各地市2019年统计年鉴。

结果显示，深圳、惠州、茂名、潮州四个城市单位播种面积化肥使用量较高，超过了 $70t/km^2$，一定程度地污染了农业生产环境，不利于农业韧性发展；东莞、珠海等城市的单位播种面积化肥使用量较低，农业污染相对较少。

（2）单位播种面积农药使用量

农药和化肥一样，过多的投入都会对农业生产环境产生负面影响，单位播种面积农药使用量也是衡量农业生态韧性的一项指标。指标的计算公式为：单位播种面积农药使用量=农药使用总量/农作物总播种面积（t/km^2），指标数据来源于2019年广东农村统计年鉴、广东省各地市2019年统计年鉴。

结果显示，潮州市、惠州市在农业生产过程中使用大量的农药，单位播种面积农药施用量超过了 $4t/km^2$；相比之下，河源市、珠海市、广州市的农业生产过程中农药施用量相对较低。

（3）新增水土流失治理面积

环境是农业韧性发展的另一项重要物质基础，水、土壤等环境质量的好坏决定了农业农产品的营养及经济价值。水土流失会导致土壤耕作层被侵蚀、破坏，使土壤肥力日趋衰竭；导致河流、渠道、水库淤塞，降低水利工程效益，甚至带来水旱灾害，严重影响工农业生产。因此及时地进行水土流失治理，有利于良好农业生产环境的恢复。该指标数据来源于2019年广东农村统计年鉴。结果显示，梅州市、肇庆市的新增水土流失治理面积较大，有效地避免了水土资源和土地生产力的破坏和损失，同时也体现了政府对于生态修复的重视程度，有利于推动生态文明建设。

（4）农业抗灾能力

农业抗灾能力反映了农业生产系统应对自然灾害的能力。农业抗灾能力指标计算公式为：农业抗灾能力=1-（农业成灾面积/农业受灾面积），其中，农业受灾面积体现了一个区域农业受自然灾害影响的深度与广度，自然灾害越频繁、受灾面积越大，说明当地生态环境恶化越严重；而农业成灾面积是指自然灾害造成农作物比正常年份减产3成（含3成）以上的播种面积，这反映的是在一场自然灾害中造成3成以上损失的农业量。农业抗灾能力指标反映的是单位受灾面积未造成三成以上损失的农业面积，体现了农业生产系统能够抵抗灾害、恢复生产的能力高低，即农业韧性水平的高低。指标数据来源于2019年广东农村统计年鉴。

结果显示，湛江、惠州、肇庆、中山的农业抗灾能力较强，消化自然灾害或从自然灾害中恢复的能力更高，农业韧性水平较高；珠海、韶关、佛山、东莞等城市的农业抗灾能力较低，在自然灾害中造成三成以上减产的频率较高，农业生产系统消化自然灾害的水平较低，农业韧性较差。

4.2.3 农业韧性评价结果与分析

1）农业韧性评价指标权重

根据农业韧性综合评估模型，采用极差标准化法对各项指标因子进行标准化处理，之后选用层次分析法和熵值法确定指标的主、客观权重，最后根据公式4-6计算得出综合权重。评价指标因子的权重计算结果如表4-5。

表4-5　农业韧性评价指标权重

影响因素	指标因子	层次分析法权重	熵值法权重	综合权重
农业资源韧性	耕地总面积	0.0701	0.0511	0.0845
农业资源韧性	耕地平均质量	0.1761	0.0311	0.1293
农业资源韧性	耕地平均连片度	0.1000	0.0475	0.1120
农业资源韧性	单位播种面积农业用水量	0.0169	0.0107	0.0043
农业结构韧性	农业从业人口占农村劳动力比重	0.0061	0.0329	0.0047
农业结构韧性	农业产值与农林牧副渔产值比重	0.0309	0.0258	0.0188
农业结构韧性	粮食作物与经济作物播种面积比值	0.0079	0.0982	0.0183
农业结构韧性	特色农产品优势区	0.0201	0.1014	0.0481
农业经济韧性	人均农业产值	0.0760	0.0420	0.0753
农业经济韧性	农业劳动生产率	0.0541	0.0746	0.0952
农业经济韧性	单位播种面积产值	0.1384	0.0207	0.0676
农业经济韧性	财政农业支出比重	0.1027	0.0387	0.0937
农业社会韧性	农村居民恩格尔系数	0.0114	0.0557	0.0150
农业社会韧性	城乡居民收入差异系数	0.0198	0.0236	0.0110
农业社会韧性	单位播种面积农业机械总动力	0.0444	0.1213	0.1270
农业社会韧性	单位播种面积有效灌溉面积	0.0313	0.0275	0.0203
农业生态韧性	单位播种面积化肥施用量	0.0345	0.0227	0.0184
农业生态韧性	单位播种面积农药施用量	0.0345	0.0145	0.0118
农业生态韧性	新增水土流失治理面积	0.0066	0.0863	0.0134
农业生态韧性	农业抗灾能力	0.0181	0.0736	0.0314

2）农业韧性综合评价结果与分析

根据农业韧性综合评价模型对广东省各地市农业韧性进行评价打分，其计算结果如表4-6所示。

表4-6　广东省各地市农业系统韧性水平评价结果（理想值均为100）

地市\子系统	农业资源韧性	农业结构韧性	农业经济韧性	农业社会韧性	农业生态韧性	农业综合韧性
广州市	28.23	41.79	27.73	14.20	51.67	28.61
深圳市	36.42	14.50	28.70	0.00	13.77	23.88
东莞市	22.76	20.90	38.09	54.42	42.18	34.62
佛山市	19.86	6.29	29.46	42.36	29.57	26.45
江门市	37.16	68.89	30.08	13.22	44.30	34.05
中山市	8.20	13.71	22.98	95.05	57.80	32.37
珠海市	7.33	11.80	21.95	41.24	37.34	20.71
惠州市	34.80	34.29	46.68	34.87	59.27	40.54

续表

子系统 地市	农业资源韧性	农业结构韧性	农业经济韧性	农业社会韧性	农业生态韧性	农业综合韧性
肇庆市	34.80	34.29	46.68	34.87	59.27	40.54
汕头市	53.67	34.58	37.48	9.60	59.47	39.38
汕尾市	46.25	15.61	38.76	17.87	31.90	35.02
潮州市	47.87	34.89	43.58	20.75	12.34	37.91
揭阳市	46.46	27.53	43.49	8.46	53.37	37.71
湛江市	84.14	45.94	55.43	10.67	65.87	57.08
茂名市	67.24	73.69	57.03	15.41	32.65	52.86
阳江市	43.50	19.07	48.97	17.72	47.15	38.93
河源市	40.95	67.31	40.32	15.46	58.73	40.03
梅州市	50.31	52.31	57.95	14.99	68.31	48.25
清远市	32.55	64.46	55.27	9.44	42.49	39.69
韶关市	48.22	75.12	60.41	20.88	36.21	49.04
云浮市	34.78	23.46	48.11	23.49	39.45	36.58
平均值	39.31	37.16	41.86	24.52	44.91	37.82

（1）农业韧性综合水平普遍中等偏低，韧性水平得分均未超过60

从农业韧性综合评价结果（表4-6）来看，广东省各地市农业韧性综合水平普遍中等偏低，农业韧性综合水平最高的城市是湛江市，尚未超过60（理想状态为100），各地市农业韧性综合水平平均值仅为37.82，农业韧性综合水平有待进一步提高。

（2）珠三角城市的农业韧性综合水平明显低于粤东西北各城市

从空间布局上看（表4-6），广东省农业韧性综合水平存在一定的地域差异，珠三角各城市的农业韧性综合水平明显低于粤东西北各城市。湛江、茂名市的农业韧性综合较高，韧性指数均超过50，这与其本身农业自然资源禀赋优越有关；农业韧性综合水平最差的珠海市综合水平指数为20.71，从各子系统的表现看，珠海市的农业资源韧性、农业结构韧性和农业经济韧性均处于较低的水平，资源禀赋不足、农业结构不稳定、农业经济效益不高，必然会导致农业韧性综合水平处于一个较低的水平。深圳、佛山、广州的农业韧性综合水平同样处于一个较低的水平，农业韧性综合水平指数均低于30。

3）各农业子系统韧性评价结果与分析

①各农业子系统韧性水平均不高，各子系统的韧性发展水平均值均低于50，其中农业生态韧性和经济韧性水平相对较高。

从均值水平看（表4-6），各农业子系统韧性发展水平依次为农业生态韧性＞农业经济韧性＞农业资源韧性＞农业结构韧性＞农业社会韧性。其中生态子系统和经济子系统韧性水平相对较高，可以看出广东省作为全国第一经济大省，对于农业产业的发展也不曾松懈，农业经济子系统的整体韧性较为稳定，可以支撑广东省农业经济的持续稳步增长。

②珠三角城市的农业资源和农业经济韧性水平普遍低于粤东西北地区，农业社会韧性水平高于粤东西北地区。

从广东省各地市农业子系统韧性评价结果看（图4-12），珠三角地区城市的农业资源和农业经济韧性明显低于粤东西北城市，这是珠三角城市经济高速发展的必然结果。由于珠三角城市常住人口多、城镇化水平较快，城镇规模的扩展带来了城市周边的农用地，特别是耕地转变为城市建设用地，导致珠三角地区农业土地资源——耕地面积的减少。且在效益的驱动下，资金、劳动力等社会要素不断流向具有更高回报率的二三产业，导致社会对耕地的保护意识越来越淡薄，众多耕地撂荒、破碎化和质量降低，进而带来了农业经济效益的降低。珠三角城市的农业以都市农业为主，传统农作物如粮食、糖蔗、油料、蚕桑等生产规模大幅缩减，但蔬菜、肉类、水果等居民消费型农业产业快速兴起。区域农产品加工整体水平较高，农业生产具有较高的附加值和科技含量；区域交通便捷、物流网络成熟，农业市场化、商品化、国际化程度极高。

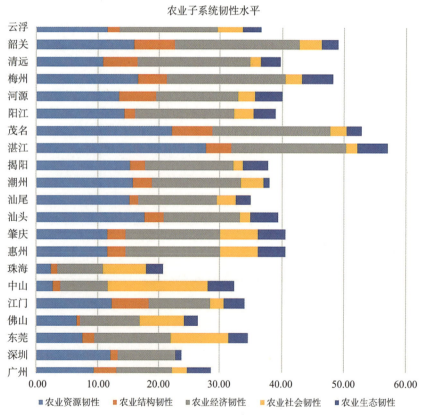

图4-12 广东省各地市农业子系统韧性水平
（资料来源：作者自绘）

但在农业社会韧性方面，珠三角城市的农业社会韧性要高于粤东西北城市。珠三角城市的农业发展结合农旅、休闲农业，以三产融合方式促进农业与城市发展融合，能够更有效地提高农业现代化水平，推动农业的发展和整体水平的提升；此外，珠三角现代都市农业的发展提高了农产品的附加值，并释放了更多的农村劳动力，进而创造出更多的经济价值，推动了珠三角地区农民收入水平的提高和城乡居民收入差异的缩小。而粤东西北地区部分城市尽管农业土地资源丰富，但农业生产机械化水平不高，农业整体产出效益并不高，农民的整体收入水平较低，城乡发展不平衡问题比较突出，城乡一体化发展急需提升。

③各子系统韧性水平均存在地区发展不均衡现象，农业资源、经济和社会子系统韧性符合珠三角、粤东、粤西、粤北地区差异规律，农业结构和农业生态韧性子系统没有明显区域差异规律。

农业资源韧性和农业经济韧性发展水平总体呈现出珠三角＜粤东＜粤北＜粤西的梯度增长特征，农业社会韧性总体呈现出珠三角＞粤东、粤西、粤北地区的区域差异特征。农业结构韧性和农业生态韧性城市间发展水平差异较大，城市间发展不均衡现象显著，没有明显的区域差异特征。农业结构韧性和农业生态韧性的指标因子，如种植结构、农村从业结构、化肥农药施用量、农业抗灾水平等因子，主要是农民自发组织和政府投入形成的，不太受区域自然资源本底和经济发展现状影响，因此区域发展特征不明显。

增强农业韧性的系统动力，重点在于农业现代化发展。评价结果显示，农业韧性综合水平很大程度上受到耕地面积、耕地质量和连片度、财政农业支出、农业机械化与基础设施建设水平、农业产业结构等的影响。提升农业韧性水平需要进一步通过耕作层土壤剥离再利用、高标准农田建设、土地流转等制度创新提升耕地的综合质量、集中连片程度和农业生产的机械化、规模化经营水平；明确财政农业支出方向和资金使用效率，有目标有针对地支持农业发展，通过财政投入逐渐完善农业生产基础设施，实现农业产业结构完善和升级；推动农业产业结构升级，形成特色农业产业品牌，同时克服城市化进程和产业结构升级对农业农村发展的虹吸效应，构建城市和非农产业对农业的反哺机制；优化农村劳动力结构，强化农民教育资源投入和智能化、信息化、数字化知识普及，建立新型职业农民和农业经营管理人才培训的长效机制，全面提高农业劳动者数值和经营管理水平。

4.3 农业现代化发展策略及案例借鉴

加快推进农业现代化是我国提升农业竞争力、实现由农业大国向农业强国转变的必然要求，也是决胜全面建成小康社会、进而全面建设社会主义现代化强国的重要基础。当前，我国经济发展进入新常态，正从高速增长转向中高速增长，从高速发展转变为高质量发展，如何在经济增速放缓背景下继续强化农业基础地位、促进农民持续增收、推进中国特色农业现代化，推动新型工业化、信息化、城镇化和农业现代化同步发展，是必须解决好的发展课题。广东省作为我国改革开放的先行示范区和我国经济实力最强的省份，实现"四化同步"的短板是农业现代化，建成全面小康的难点是农民的小康，补齐广东省经济社会发展中的区域、民生、扶贫三大短板也都离不开农业现代化发展。因此，在经济发展的同时要重视稳固农业生产，保障农产品有效供给和质量安全；注重提高农业竞争力、农业科技创新、农业产业结构优化等，推进农业现代化发展，提升农业可持续发展能力；注重农业子系统要素循环流动，提高农业系统自我修复提升能力，增强农业韧性水平。

4.3.1 广东省农业现代化发展现状

目前，广东省的农业现代化建设已取得不错的成绩，农业农村经济稳中有升、农业综合生产能力稳步提高、农业科技支撑能力突出、农业可持续发展成效显著、产业化经营体系逐渐完善、农产品质量安全稳定保障、农业信息化建设扎实有效，农业现代化发展水平位居全国前列，为后续农业现代化持续发展奠定了坚实基础。

但通过对广东省农业发展时空特征分析和各地市农业韧性评估，发现广东省农业现代化发展仍存在一些问题。

地域间农业现代化发展不平衡。在珠三角地区农业现代化快速发展的同时，东西两翼和北部山区的发展相对滞后；且农业韧性发展水平发展也存在较大区域差距，各农业子系统发展水平存在区域不均衡现象，这既不利于广东省农业全面协调发展，也不利于全面建成小康社会，成为阻碍广东农业全面实现现代化的突出短板。

农业基础设施和装备水平偏低。广东省农业基础设施总体滞后于全国平均水平，农田有效灌溉面积和农作物耕种综合机械化水平在全国排名较靠后，蔬菜设施类型以小型、简易结构等低层次设施为主，调控能力差，农业物质装备水平落后成为广东省现代农业发展道路上的巨大短板。

农业生态安全压力较大。广东省是典型的人多地少的地区，全省耕地紧张，人均耕地占有量不容乐观，人地矛盾越来越突出；旱涝保收高产稳产农田面积较小，中低产田比例较大，抵御自然灾害能力较弱；化肥、农药过量低效使用，工业污染、农业面源污染加剧，部分农村生态环境恶化，农产品质量安全压力加大。

农业产业化水平有待提高。广东省农业产业体系仍然不尽完善，规模化经营水平较低，经营主体培育需要进一步加强，辐射带动作用强的大型农业龙头企业数量较少；农业社会化服务化发展相对滞后，农业生产组织化程度需要提高；农产品加工业科技含量有待提高，农业产业链和价值链仍需延伸，农业市场竞争能力还需增强。建设农业产业化、品牌化、特色化，增强农业持续发展动力，促进农业转型升级面压力较大。

农民持续增收难度加大。当前，农业生产步入高投入、高成本阶段，经营规模小而分散，农业生产效益低下，广东省的农业生产与农民收入、农民恩格尔系数存在些微的倒挂现象。日益高涨的水面或土地租金、务农劳动力工资不断推高农业生产成本，政策性补贴等助农增收的传统措施越来越乏力，农产品价格提升空间有限，家庭经营收入和工资性收入增速放缓，缩小城乡居民收入差距、全面建成小康社会的任务艰巨。

总体来看，广东省农业现代化建设仍处于补齐短板、大有作为的重要战略机遇期，由规模快速扩张为主向提高发展质量和效益的阶段转变。需遵循不同区域农业发展规律，努力在提高粮食生产能力上挖掘新潜力，在优化农业结构上开辟新途径，在转变农业发展方式上寻求新突破，在促进农民增收上获得新成就，在建设新农村上迈出新步伐，为经济社会持续健康发展提供有力支撑。

4.3.2 农业现代化发展案例借鉴

1）机械化、规模化，提高农业生产效率

规模化、机械化现代农业通过广泛使用农业机械实现大规模种植和经营来提高农业生产率和农产品总产量，其中以美国为典型代表。

美国是当今世界上农业现代化程度最高的国家之一，也是世界第一大农产品出口国。美国农业资源的特点是地广人稀、地势平坦，促使农业生产不得不从人工劳动向劳动替代型生产转变，因而美国农业现代化的发展是从农业机械化起步。

美国现代化农业以家庭农场为基础，农业生产专业化程度高，机械化水平高度发达，农业生产工序化程度高，耕地、施肥、除草、收割等基本都能实行机械化。且通过联邦政府拨款支持开展可再生能源的研究开发，制定农业机械废弃物强制性排放标准，鼓励农场主改造老旧高能耗农机设备等措施，发展低碳农业，推进农业机械节能减排。

为适应规模化生产，美国还因地制宜，建立起了区域专业化的农业生产格局。中部广阔的平原地区，主要生产谷物和玉米；西部地区重点发展畜牧业、水果和灌溉农业；东部和五大湖区，主要发展乳畜业和混合农业；南部地区主要种植棉花及亚热带作物。

2）精细化、高科技，为现代农业赋能

精细化、高科技现代农业结合智能机械自动化、现代生物、物联网、新型作物栽培等技术手段进行农业生产。其中以荷兰精细花卉产业、美国生物杂交育种以及日本"一村一品"运动为典型代表。

荷兰形成了独具特色的高科技现代农业，依托先进的玻璃温室农业、园艺花卉、生物防控技术、电子信息技术等，大幅提升农业生产效率，实现了土地产值成倍增长。荷兰玻璃温室农业主要用于花卉和果蔬类作物生产，玻璃温室环境实现了全部自动化控制，包括光照系统、加温系统、灌溉施肥系统、二氧化碳补充装置以及机械化采摘、监测系统等。在玻璃温室农业中，生物技术、信息技术的应用也十分广泛，例如智能补光系统能够实现智能自动给温室植物补光，并适时提供二氧化碳来增强光合作用。荷兰还对花卉品系进行精准栽培，根据不同品系的生长表现、市场潜力等进行优选，对新品种进行命名、申请品种权保护和推广。此外，荷兰一直贯彻可持续发展的理念，提倡产学研教和科技创新。例如，在番茄种植与养鱼一体化培育中（图4-13），将鱼在水中的代谢物作为番茄的养分，并测度鱼食成分来精确计算番茄生产所需的营养值，然后再次回收番茄灌溉水、鱼池水和雨水，进行消毒循环再利用。

美国现代农业高度重视生物技术在农业生产领域里的广泛应用，通过科技创新改良作物与家禽家畜品种，极大改变了一些品种的区域适应性，大幅提高动植物的品质、产量和抗病性，扩大农业的区域性专业化生产。另外，现代化的激光、计算机、声控等高新技术已在农业机械化上大量采用。

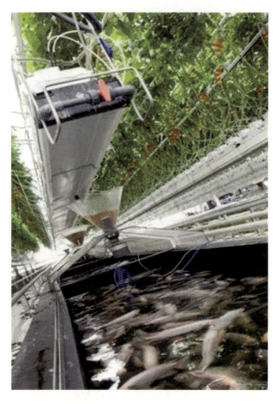

图4-13 番茄种植与养鱼一体化

日本非常注重农业科技对于农业生产的支撑，建立起了成熟的农业科技创新、技术成果转化和技术推广体系。同时，日本还十分注重发展农产品加工业，2010年专门制定了《六次产业化法》，将农产品生产、加工、销售、服务紧密结合起来，提高了农业就业的吸纳能力和农产品附加值，有效解决了分散农户经营与大市场的连接。日本强调发挥地域农业特色，最早提出"一村一品"的发展理念，充分利用本土资源优势，开发具有本土特色的农产品，并形成规模化生产、市场化运作和渠道化销售，进而形成品牌效应。

3）信息化、数字化，转变农业生产方式

伴随着大数据、区块链、人工智能、移动互联网等信息技术的高速发展和普及，世界主要农业发达国家都将农业数字化转型作为国家发展农业的重要战略。数字农业是用现代信息技术对农业对象、环境和全过程进行可视化表达、数字化设计、信息化管理的现代农业，对转变农业生产方式、改造传统农业具有重要意义。数字农业的典型代表包括美国、德国、英国等。

美国现代化农业利用3S技术，实现农作物的精确化种植。例如，利用遥感技术可以获取不同地段的农作物和土壤的相关数据，动态监测和评估农作物的营养状况、产量、病虫害，以及土壤的盐碱度、养分和水分增减等情况；地理信息系统通过接收和处理遥感数据、GPS数据以及人工采集的数据后，可以生成农场数字地图，显示农作物信息和土壤信息等。除此以外，运用全球定位系统实现了播种、耕作、施肥、灌溉、喷药、收割等作业的精确定位，并自动控制农业机械的运动路径和作业参数，因此可以减少重复作业面积和工序，有效节省肥料、农药、种子，从

而实现提高效率和降低机械燃油消耗。

德国致力于发展高水平的数字农业，通过应用大数据和云技术，将田地的天气、土壤、降水、温度、地理位置等数据上传到云端进行处理，再将处理好的数据发送到智能农业机械上，控制机械实现精细作业。

国内典型案例是黑龙江省五常市现代农业产业园，它充分运用物联网技术，实现稻米等农作物高度智能化生产。将传感器安置于田间地头，全方位、多维度采集园内稻田的各类信息，实现对稻田的苗情、墒情、病虫情、灾情的实时监控（图4-14）。园区内还实现了对稻米收获、运输等信息的采集与分析，实现智能化决策。

图4-14　稻米种植基地

4）都市农业、休闲农业，延伸农业产业链

都市农业是以现代科技为基础，以农业产业化为依托，以城市为服务对象，以规模经营为条件，集生产、服务、消费于一体的经济和生态等多种功能并存的现代农业。都市现代农业具有"城市与自然共存""绿色产业回归城市""城乡融合"等鲜明特征，是现代农业发展的必然趋势。

日本都市农业发展重点是设施农业、加工农业、观光休闲农业、多样化农业，属于综合功能的都市农业，重点挖掘都市农业的绿色、环保、体验、休闲和示范功能，是建设高新技术产业和镶嵌式多功能的"绿岛农业"。以日本东京都为例，东京都以都市农业产业链延伸模式发展都市现代农业。日本都市农业的空间范围一般是在都市半径2～3倍距离范围内，呈点状和片状镶嵌在大城市中，不仅起到了绿化环境、改善城市生态的作用，还为市民提供了生活所需的优质蔬菜和水果等产品。为充分利用有限空间来发展都市农业，东京都利用高产量的地栽培养和水培种植模式，在利用土地面积最小的情况下，开发了屋顶菜园、都市农场、植物工厂（图4-15）等高效

图4-15 地下式植物工厂水稻种植

集约的新业态,实现了农业产量最大化。这种全新的农业模式也吸引了很多年轻人加入,在创造更多就业机会的同时,对维护城市绿色环境、防灾应急避难也起到重要作用。

另外,都市观光、休闲、体验农业也是日本都市型现代农业重要组成部分。例如,为改善生态环境和休闲需要,日本大阪府建设了许多观光农园,包括柑橘、葡萄采摘园,以及垂钓类观光园等。此外,还有市民农园、科学教育园地、文化资源利用型的文化馆、文化传习所、民间艺术展览厅等。

新加坡的都市农场是集约经营的现代化农业科技园,利用都市农业来保障食物供应、增加农民收入、改善城市生态、提供观光旅游。近年来,新加坡引导都市农业向高科技、高产值的方向发展,都市农业发展已经与城市发展融为一体。政府投资建设了现代农业科技园,院内建设有生态走廊、蔬菜园、花卉园、热作园、海洋养殖场,成为集农产品生产、销售、观赏于一体的综合性农业公园(图4-16)。这些具观赏休闲和出口创汇功能的高科技农业园区,已经形成完整的都市农业体系,取得了良好的经济和社会效益。

国内的许多地方依靠独特的资源禀赋,探索农业全产业链路、休闲观光、产业化经营等发展路径。如湖北省潜江市通过产业集聚、产城融合,围绕"虾-稻"产业构建科技创新与综合商务区,打造了绿色高效的虾稻共作标准化种养基地(图4-17)。并依托国内首个以小龙虾为主体的生态龙虾城,从产品深加工、延伸产业链上发力,推动相关企业进行废弃虾壳循环利用(图4-18),着力发展食品加工产业、小龙虾及优质淡水产品产业等主导产业。

图 4-16　新加坡垂直住宅农场

图 4-17　"虾稻共作"生态种养基地与小龙虾良种选育繁育中心育种车间

图 4-18　甲壳素提炼车间

图4-19 稻渔空间

宁夏贺兰县在稻田养鱼的基础上发展生态循环农业模式（图4-19），实现了鱼（蟹、鸭）立体种养，以及农作物秸秆、农业用水、饵料等的循环利用。并以水稻种植区为依托，发展休闲观光旅游，建成稻田画观赏区、生态渔业养殖区、大米加工展示区、绿色果蔬采摘区、特色民宿度假区等主题功能区。游客可以体验农耕、垂钓等，还可以通过信息平台追溯有机水稻、有机瓜果等产品的质量信息。

4.3.3 广东省农业现代化发展

"十三五"期间，广东省"三农"工作稳中有进、成效显著，主要指标任务能够基本实现，有效发挥了"压舱石"作用。"十四五"时期是广东省乡村振兴从"3年取得重大进展"迈向"5年见到显著成效"的关键时期，也是实现"10年发生根本改变"的关键时期。因此，更要深入贯彻党的十九大和十九届二中、三中、四中、五中全会精神，贯彻党的十九届五中全会关于加快农业农村现代化的重大决策部署，积极顺应经济社会发展规律的大趋势，精准把握农业农村现代化大方向。

本章基于广东省农业发展时空特征分析和各地市农业韧性评估，参考国内外农业现代化发展案例，立足广东省农业发展特色和农业现代化发展目标，对广东省农业现代化发展提出几点粗浅建议，以提升农业韧性水平、提高农业现代化水平和可持续发展能力。

推动土地流转效率，走广东特色的土地适度规模化的农业现代化道路。中国与美国国情不同，中国是人多地少型，在人口稠密的广大农村走美国式的大型农场规模化之路显然是不可行的。因此，不能盲目效仿美国，要符合地方实情严把土地规模化的适度关，走广东特色的土地适度规模化经营道路。创新健全土地流转形式，坚持形式多样和规模适度的原则，鼓励承包农户依法采取转包、出租、互换、转让等方式流转土地，引导农户通过土地经营权入股、托管、合作等形式发展土地规模经营。建立农地经营的准入和退出机制，农业是专业性很强的行业，不熟悉情况，不掌握基数，很容易失败。为避免企业到农村圈地因不具备经营能力和条件，造成土地资源浪费，需对农业规模经营建立准入和退出机制。

坚持科教兴农，强化农业科技创新驱动作用。 中国和日本一样，都属于人多地少型农业，可以参考日本农业发展模式，强化农业科技对农业生产的支撑。加快农业科技创新，在生物育种、智能农业、农机装备、生态环保等领域取得重大突破，建设农业科技创新联盟。实施生物育种重大科技工程，提高农业良种化水平，构建现代种业体系；将信息化与农业现代化有机地融合起来，将先进的信息技术成果广泛应用于农业机械化和设施建设中，发展智慧农业；完善基层农业科技创新和农技推广体系，全面提高农业劳动者素质和经营管理水平。

推进农业供给侧结构性调整，因地制宜促进农业全产业链高质量发展。 优化农业产业结构，在确保必保农产品自给水平的同时，积极扩大紧缺农产品生产，适度调减市场过剩的农产品特别是非食品农产品生产。优化农业生产区域布局，加强粮食生产功能区、重要农产品生产保护区和特色农产品优势区建设，建立健全配套支持政策体系。参考学习日本的《六次产业化法》，完善农业、农产品加工业、农业服务业这样一个一二三产联通上中下游一体、产供销加互促的产业体系，促进农业全产业链高质量发展。培育根植于乡村的优势特色产业，形成地方特色明显、经济效益好、竞争能力强的支柱产业，打造名牌农产品，强化示范引领，建设农业现代化示范区。

加强农业生态治理，推进农业绿色发展。 深入推进生态文明建设，注重农业绿色发展导向性作用，加强产品供给向绿色生态转变。统筹考虑种养规模和环境消纳能力，发展种养结合、种地养地结合、林下立体经营等生态循环农业，开展粮改饲和种养结合模式试点，构建循环农业体系。抓好农业面源污染防治、土壤重金属污染治理，推进化肥农药使用量零增长，构建农药使用安全风险监测体系，促进农业可持续发展。推进农业标准、减量化和清洁化生产技术，推行绿色生产方式，加大无公害农产品、绿色食品、有机农产品、地理标志产品认证力度，建立健全农产品质量安全监测体系和农产品追溯制度。

从"农业现代化"转变为"农业农村农民现代化"。 农业现代化，农业是本体，农民是主体，农村是载体。现代农业只要求实现"本体"的现代化，这是不完整的现代化，"主体"和"载体"如果不能同时实现现代化，"本体"农业就无法实现现代化。只追求单一的经济目标，不追求五位一体的综合目标不是农业现代化。因此，必须重构农业现代化体系，重启农业现代化议程，做到"农业、农村、农民三体现代化"。加快农业现代化建设，提高农业质量效益和竞争力；加快农村现代化建设，实施好乡村建设行动；推动农民现代化，提高农民科技文化素质。

推动区域间资源要素流动，加强区域统筹协调发展。 农业韧性综合评价结果和农业现代化发展成效均表明广东省农业发展水平具有明显的地域特征。珠三角城市普遍农业社会韧性较高，农业现代化水平较高；粤东地区精细农业发展较好，农业产出率较高；粤西和粤北地区农业土地资源丰富，农业资源韧性较好，且特色农产品优势区建设较好，农业品牌建设相对成功。因此，支持基础较好的地区率先实现农业现代化，加快欠发达地区农业现代化进程，形成农业现代化梯次发展、协同发展格局。加强珠三角、粤东、粤西、粤北地区资源资金流动、创新技术共享、先进体制推广等，将人才、技术、资本等有效配置到适合和重点发展农业的地区，增强农业农村发展活力，逐步缩小珠三角与粤东西北地区间的农业发展差距，推动广东省内农业现代化协调发展。

因地制宜确定农业韧性增强方向，走出具有地方特色的农业现代化道路。珠三角地区农业韧性综合水平低主要原因在于其耕地资源不多，这是无法改变的土地基础，但珠三角地区可以通过农业信息化降本提效，增加农业产出效益；优化农业产业结构，大力发展都市农业。粤东地区农业韧性综合水平中等与其"人多地少"、农业劳动生产率低、化肥农药使用量高有一定的关系，粤东地区可以积极探索土地流转新模式，在充分尊重农民自主选择权利的同时，实现土地流转和农业规模化经营，培植壮大新型农业经营主体，提升农业劳动生产率；此外可以通过技术创新减少农业化学化倾向，推动农业绿色发展。粤西和粤北地区需要进一步通过以城带乡等方式强化农业发展的智力支撑，建立非农产业对农业的良性反馈机制，缩小城乡发展差异，增强农业社会韧性；财政农业支出资源进一步倾斜，完善生态脆弱区农业固定资产投资和生产条件；增加对符合本地区实际的农业科技研发投入，鼓励有条件地区发展品牌农业；夯实农村基础教育体系，支持农业创新人才回流，提升农产品附加价值和农业韧性发展的内生动力。

农业现代化是一个复杂的系统工程，今后一个相当长的历史时期，就是要通过科学技术的渗透、工商部门的介入、现代要素的投入、市场机制的引入和服务体系的建立，用现代科技改造农业、用现代工业装备农业、用现代管理方法管理农业、健全社会化服务体系服务农业，提高农业综合生产能力，增加农民收入，营造良好的生态环境，实现可持续发展。广东省应按照新发展理念，加快转变农业发展方式，构建现代农业产业体系、生产体系、经营体系，推进农业供给侧结构性改革，补齐农业农村短板，厚植农业农村发展优势，提高农业质量效益和竞争力，走产出高效、产品安全、资源节约、环境友好的农业现代化道路。

4.4 本章小结

广东省农业韧性发展水平总体不高，要加快推动农业现代化，以增强农业韧性、提高农业竞争力，为国家现代化奠定坚实基础。

①广东省农业经济与农民收入存在倒挂，需重视提高农业生产劳动效率，多渠道增加农民收入，缩小城乡居民收入差距；并考虑完善农村农民金融和社保体系，切实保障农民生产生活长远利益，进而增强农业韧性水平。

②广东省耕地连片度不高，大规模机械化生产困难，坚持形式多样和规模适度的原则，创

新健全土地流转形式，引导农户发展地方特色的规模化经营。

③广东省农业发展区域化特征明显，应因地制宜引导农业现代化发展，推动区域资源流动和精准配置，加强区域统筹协调发展。

④合理运用高新技术为农业赋能，提升农业现代装备水平，促进智慧农业发展；以"创新、协调、绿色、开放、共享"五大发展理念建设农业现代化，补齐农业现代化这块短板，推动新型工业化、信息化、城镇化和农业现代化同步发展。

第五章

交通韧性

交通系统是城市及地区的骨架，高度发达的城市交通体系是维持一个区域经济稳健发展的"生命纽带"，城市交通作为城市的子系统，内部的变化会对城市系统运行带来深刻影响，其对抗扰动的能力直接影响到与之相依赖的城市系统的稳定性。

随着新冠肺炎疫情的大范围暴发，城市交通治理体系和治理能力面临重大考验，交通运输防控措施的实施，对减少人员聚集流动、遏制病毒传播、防范疫情扩散等方面起到十分关键的作用。虽然疫情对交通系统的工程性不太会造成很大破坏，但对交通系统的运能造成的影响非常巨大。本次突发公共卫生事件对交通系统的运行效能及稳定性提出了新的要求：一是提高交通系统自身的韧性，尤其需要提高交通系统在自然灾害方面的韧性，重要廊道需要在拓扑结构上形成备份，不断优化区域重大交通廊道，以全力保障交通网络通畅，使城市系统在面对不确定性的危机时能够具备足够的适应能力、抵御能力、恢复能力和学习能力。二是需要将交通系统置于整个城市韧性系统中去考虑，规划建设多元化、多系统的交通体系，灵活、无障碍的交通服务，全面提升运输服务能力。

世界银行下设的"全球灾害风险和恢复"机构比较早且完整地提出"韧性交通"的概念：强韧性的交通系统能够抵御灾害和因气候变化带来的灾害，通过理解城市现实的风险，规划可替代的交通方式和路线，运用新材料和新规范提高应急准备和响应能力，确保强韧性交通系统的可靠性。按照韧性界定的核心内涵，结合交通运输系统的网络化结构特点，可从以下三个方面去理解：

（1）预防能力

应当在交通运输网络布局规划和实施建设阶段进行精准的风险评估分析，避开高风险区域或场景，降低交通系统遭受风险的可能性，确保在重大危机来临时交通系统不会出现全面崩溃。

（2）维持能力

重点是确保交通系统在危机事件来临时保持一定程度的运行能力，包括交通站点与网络运行的连通性和可靠性，保持适当的系统冗余度等，同时也包括一定程度的系统自修复、自适应能力。

（3）恢复能力

主要包括交通系统的自我修复能力与整合外部资源的能力，一方面是交通系统在受到危机冲击后能够通过举措调度快速实现交通系统运能的修复；另一方面是指在危机结束后能够通过强大的外部资源整合能力实现地区经济生产的快速恢复。

交通运输部在其发布的《国家综合立体交通网指标框架》中首次将交通网韧性作为系统指标之一。本章节将以应急突发事件为背景，引出城市交通网络韧性评估的需求。一是立足于广东省交通基础设施建设大局，梳理广东省交通设施发展特征，研究交通基础设施发展对交通韧性系统的塑造作用；二是根据交通韧性的恢复能力，分析疫情期间广东省交通运输恢复情况；三是基于对交通运输系统预防能力和维持能力的判断，根据交通网络的几何特性（点、线、面）构建基于节点、网络路径、可达性范围的韧性交通网络评估体系，通过多个复合韧性指标探讨现状与规划建成后广东省城市韧性交通系统建设的优化程度，研究全省及各地市交通系统规划建设前后可能存在的短板和弱项，并落实于交通规划、建设和管理各个阶段；四是从交通系统整合外部资源能力的视角，重点聚焦于轨道交通站点建设对周边产业、人口、功能业态等空间布局的影响作用，探索不同类型站点对外部资源要素的整合能力和传导机制。

交通运输系统是消解危机的关键环节。只有增强城市交通应对风险的韧性，才能有效应对各种复杂风险的挑战，从而推进交通运输治理体系和治理能力现代化，实现"交通强国""交通强省"的建设目标。

5.1 交通韧性概述

5.1.1 交通韧性评估背景和意义

根据世界银行等国际组织及欧美发达国家交通管理部门的研究和实践，韧性交通可定义为：交通基础设施能够预测和适应不断变化的自然环境，具有较高的可靠性和必要的冗余性，且能承受、应对突发事件并实现快速恢复。一般来说，韧性交通主要体现在四个方面：一是抵抗力，即抵抗地震、泥石流、水灾等自然灾害的能力；二是可靠性，即在日常及突发情况下保持通行的能力；三是冗余度，即拥有多条替代路径或富裕的通行能力；四是恢复力，即对于自然灾害等突发事件的快速恢复能力。

对于上述定义，结合广东省交通发展特征和韧性表现形式，从提高交通韧性从结果导向来说，可总结为提高交通系统弹性、不受外界干扰力、自我恢复和升级能力。因此"恢复力"是交通韧性中四大韧性体现中，最能够反映交通系统韧性和最能直接定性交通韧性水平的指标，同时，"恢复力"水平的高低直接反映了"抵抗力""可靠性"和"冗余度"三者的综合水平，是交通韧性提升底线能力的初始目标。为提升交通基础设施对于自然灾害以及人为事故的恢复力，韧性交通建设可从三个层级展开：

一是交通基础设施韧性。狭义上讲，韧性交通基础设施是指能够承受自然灾害等冲击的单个公路、铁路或桥梁资产。韧性基础设施的不断建设能够降低交通基础设施自身的全生命周期成本和不断提升总体韧性的基础交通水平。

二是交通网络系统韧性。交通网络是相互连通的，交通网络韧性一般从系统运行和管理模式的维度予以评价。可以看出，交通网络系统为冰冷的交通基础设施赋予了活力，同时更具韧性的交通网络能够更大程度发挥交通设施所能带来的交通系统抵抗性、可靠性和冗余性。

三是交通用户韧性。交通基础设施建设及运营的出发点在于提供运输服务，以人为交通服务结果的研究导向，将用户韧性的重要性提升到一个新的高度。交通基础设施中断或者交通网络的瘫痪，其产生的代价是否高昂，这取决于用户（包括人员和供应链）能否正确应对和正确体现相应的服务效果。在用户层面上，通过享受更具韧性的基础设施和更加科学的交通网络系统与交通管理模式，能够进一步缩短交通系统恢复到正常交通秩序的时间，甚至使得全社会能够从交通的快速恢复并支撑社会经济运行这一良性循环中获益。以交通用户韧性为导向的韧性提升，是全方位的交通韧性提升的体现（图5-1）。

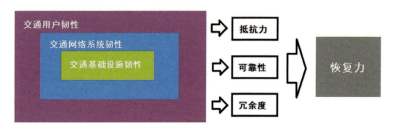

图5-1　交通韧性特征体系

当前，广东省作为全国交通大省，交通建设方面处于全国领先地位，对如此庞大的交通系统的韧性作出科学的评估十分紧迫。交通基础设施的不断投入，更加先进的交通基建工艺和更加科学的交通管理模式都有利于提升交通系统的柔性能力，并协助用户妥善应对突发状况下的交通情况，降低破坏性事件造成的损失。交通韧性应遵循科学性、系统性、针对性、可比性、可操作性等原则进行评估，使得多层次主体都能够发掘自身交通韧性短板，并在后续交通发展规划中，提出能够妥善灵活应对突发事件的方案，降低交通系统自身和社会其他方面的损失和风险。

5.1.2　交通韧性评估模式

由于交通韧性影响因素较多，包含交通本身、经济、土地、社会等多个方面，因此采用多因素多因子综合评价法对交通韧性进行评价。多因素多因子综合评价法主要包括评价指标体系和评价模型的构建，评价的主要步骤为：指标选定；评估指标体系构建；综合韧性水平评估。

（1）指标选定

交通韧性评价指标体系是描述区域交通系统韧性水平的基本依据，立足交通基础设施、交通与经济社会影响、交通恢复这三个方面，选定了包括交通设施发展水平、交通网络韧性、交通设施布局与城市功能布局耦合和交通运输恢复力这四个方面的评估指标体系。

（2）评估指标体系构建

根据相关概念和研究，交通基础设施发展水平作为每个评估地市的基础韧性水平评估得分，是定性城市交通基础设施水平的基本评估指标，但非韧性水平指标。关于韧性水平指标，分别从交通设施布局与用地耦合、交通网络韧性、交通恢复能力这三个方面做韧性水平评估。

（3）综合韧性水平评估

对于交通韧性水平的判断，用定量形式表达和处理，保留了指标的内在性质，尊重客观规律，具有较强的数学理论依据，一定程度上弱化了研究过程中的主观随意性。由于交通评估内容的独立性和针对性，对于不同城市的不同水平指标不直接做跨指标对比，对于同一指标各地市情况仅采用定性判断，对于不同城市交通基础设施水平的判断则根据实际交通建设指标直接判断，以达到针对性区别判断的目的。

5.2 广东省交通发展特征

城市交通基础设施是现代化大城市间时空联系的骨干,是城市得以有序高效运转的基本条件,主要承担城市内部、城市之间的客运与货运任务。改革开放以来,广东省城市交通设施发展十分迅速,在运营规模、里程长度、运输装备拥有量等均屡创新高,交通行业规模位居全国前列,全省城市交通体系日渐网络化、差异化、多样化。这一方面带动了全省整体经济的飞跃发展,奠定了现今城镇空间、产业与人口分布形态;另一方面也使得全省交通系统在面对重大应急事件时的抗风险与管控能力不断加强。

5.2.1 轨道交通设施发展特征

1)铁路营业里程和铁路交通流量屡创新高

近年来广东省铁路运营里程总体上呈逐年增长趋势,铁路运营里程增长率呈现"一高两低"的态势,"十二五"规划期间铁路运营里程建设速度较快,其中在2013—2014年间形成了一个高峰,"十三五"规划后铁路运营里程有所放缓,2019年全省铁路运营里程达到4825km,与2010年2297km的铁路运营里程相比翻了一番,铁路建设整体上进入发展成熟期(图5-2)。

图5-2 广东省铁路运营里程变化

(数据来源:广东省统计年鉴)

从铁路货运量与客运量的变化情况来看,货运量与客流量在2009年以前的"普铁时代"总体变化不大,自高速铁路开始大量投入运营使用后,客运量开始快速增长,2019年全省客运量增长至38 213万/人次,货运量则在逐年下降,2019年全省货运量降至8 187万t/次;反映出铁路服务功能由"客货并用"逐步向"客运主导"转变(图5-3)。

注：客（货）运量：指一定时期内通过铁路、公路、水路、民用航空、管道等运输业实际运送的旅客（货物）数量，下文中涉及客（货）运量的指标含义与其等同。

图5-3　广东省铁路货运量变化

（数据来源：广东省统计年鉴）

铁路运输机车的数量、类型和分布统计，反映的是该区域铁路运输牵引动力的能力情况。近年来，由于高速铁路牵引机车的引入与投产，已将一系列普通铁路机车进行淘汰处理，全省处于铁路机车更新换代的交通变革时代，铁路机车拥有量呈现较低幅度的下降态势，机车数量基本上维持在300～350辆之间，总体上变化不大，处于动态的平衡趋势中。根据相关研究，决定铁路运力的限制性因素主要有列车数量、线路里程和线路上行车距离、车站容量、整体周转整备能力，因此目前我国虽然铁路旅客运载量连年提高，但线路和站点的建设也一样保持接近10%以上的增速，相比之下，机车拥有量的小幅下降更有利于铁路系统的快速整备和更优质的服务（图5-4）。

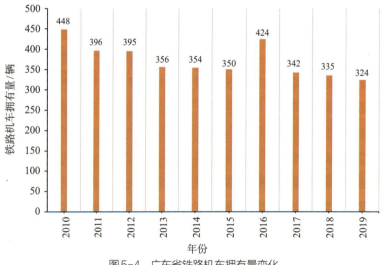

图5-4　广东省铁路机车拥有量变化

（数据来源：广东省统计年鉴）

2）铁路空间布局和线网密度时空分布不均

从轨道网结构上看，其轨道网络以珠三角地区为中心向外扩散，初步形成"高铁—城际—普铁"多网融合发展的高速轨道网络结构。普铁网络主要以京九、京广、广珠、广茂铁路为核心构建而成，主要分布于珠三角、粤西、粤北地区；粤东地区铁路网络起步较晚，缺少普铁网络铺设。城际轨道网络主要由广珠、佛肇、惠莞城际铁路汇集而成，均集中于珠三角地区。高铁轨道网络主要以京广、贵广、厦深、深茂高铁为主干道，形成纵贯南北、联通东西的大能力高速铁路运输通道，省内中山市、珠海市、河源市尚未运营高铁线路，全省轨道交通网络布局基本定型。

铁路网线密度是指区域单位面积内所拥有的铁路长度，大体上反映一个地区交通线路发展水平。由此看来，珠三角核心地区轨道网分布最为密集，深圳、佛山、东莞线密度居全省前三；粤东地区汕头、揭阳、潮州等城市具有较高的线密度；粤北山区各城市线密度普遍较低（图5-5）。

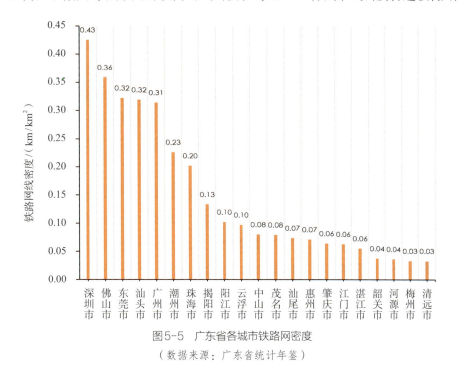

图5-5　广东省各城市铁路网密度

（数据来源：广东省统计年鉴）

3）铁路基础设施建设助力提升铁路覆盖范围

从铁路班列频次来看，铁路客流主要集中于五大关键廊道地段：广深、广中珠、京广、沿海、南广等珠三角、粤东、粤北地区铁路廊道，粤西地区与其他区域则仍未产生密集的客流联系。

铁路站点覆盖度是保障铁路运输流量的基本硬件。广东省范围内现状高铁和城际站点共126个，其中高铁站点共63个，涉及18个城市；城际站点共63个，涉及珠三角9个城市。进入21世纪以后，广东省立足我国铁路路情，在着眼快速扩充铁路运输能力，以及受限于相关铁路建设用地较为吃紧的情况下，以广九铁路运营经验为积累，有新建设城际和高铁站，也有对原有普铁站点的城际化改造。总体上轨道站点主要聚集于珠三角地区且有部分为普铁与高铁城轨共用站点，粤东西北地区各城市的高铁和城际站均为新建站（表5-1、表5-2）。

表5-1　　　　　　　　　　　　　　　城际站点分布表

城市	城际站点
东莞（19）	樟木头东站、道滘站、西平西站、东城南站、寮步站、松山湖北站、大朗镇站、常平南站、常平东站、银瓶站、中堂站、望牛墩站、洪梅站、东莞港站、厚街站、长安站、东莞西站、虎门东站、长安西站
佛山（8）	狮山站、三水北站、云东海站、容桂站、顺德学院站、顺德站、北滘站、碧江站
广州（2）	新塘站、天河东站
惠州（7）	仲恺站、惠环站、龙丰站、西湖东站、云山站、小金口站、沥林北站
江门（3）	江门东站、江门南站、新会站
深圳（5）	福海西站、深圳机场站、沙井西站、福田西站、深圳机场北站
肇庆（5）	大旺站、四会站、鼎湖东站、鼎湖山站、端州站
中山（8）	东升站、小榄站、南朗站、中山站、古镇站、南头站、中山北站、翠亨站
珠海（6）	明珠站、唐家湾站、珠海站、珠海北站、珠海长隆站、前山站

（数据来源：广东省交通厅）

表5-2　　　　　　　　　　　　　　　高铁站点分布表

地区	城市	高铁站点
珠三角（31）	东莞（5）	樟木头站、虎门站、东莞站、东莞东站、常平站
	佛山（2）	佛山西站、三水南站
	广州（5）	庆盛站、广州北站、广州东站、广州南站、广州站
	惠州（2）	惠州南站、惠东站
	江门（5）	开平南站、双水镇站、台山站、恩平站、江门站
	深圳（8）	光明城站、深圳站、平湖站、深圳北站、深圳东站、深圳西站、深圳坪山站、福田站
	肇庆（4）	肇庆东站、肇庆站、广宁站、怀集站
粤东（11）	潮州（2）	潮汕站、饶平站
	揭阳（4）	揭阳机场站、揭阳站、葵潭站、普宁站
	汕头（2）	潮阳站、汕头站
	汕尾（3）	鲘门站、陆丰站、汕尾站
粤西（10）	茂名（3）	电白站、茂名站、马踏站
	阳江（3）	阳江站、阳西站、阳东站
	湛江（4）	塘缀站、吴川站、湛江西站、黄略站
粤北（11）	梅州（4）	畲江北站、建桥站、丰顺东站、梅州西站
	清远（2）	英德西站、清远站
	韶关（2）	乐昌东站、韶关站
	云浮（3）	云浮东站、南江口站、郁南站

（数据来源：广东省交通厅）

广东省铁路发展伴随经济社会的快速发展，一直着眼于快速扩充铁路运输能力和提升铁路技术装备，高速铁路、机车车辆、既有线路提速等在我国各省区市中走在前列，为经济社会发展作出了重要贡献。但广东省铁路建设地域不均衡的问题总体上未得到有效解决，经济发达的珠三角地区内部快速化通行需求缺口巨大，经济欠发达粤东西北地区与珠三角联系仍然不够紧密，广东省铁路设施的建设仍然有较大升级空间。

5.2.2 公路交通设施发展特征

1）公路通车里程发展成熟，客货运量开始调整再分配

在公路网络通车里程建设上，全省公路进入了高速发展期，全省公路通车里程从2010年的19万km增长到2019年的22万km；从公路网络建设速度来看，"十二五"时期处于全省公路建设的上行期，2013—2014年全省公路建设进入高峰，"十三五"时期建设速度有所放缓，整体上进入发展成熟期（图5-6）。

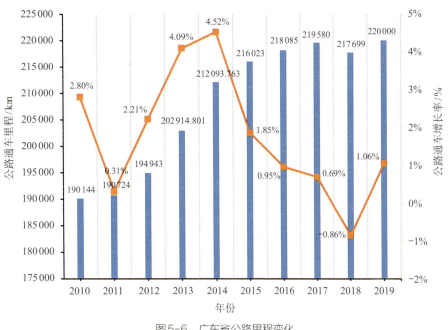

图5-6 广东省公路里程变化

（数据来源：广东省统计年鉴）

近五年来全省公路客运量总体上变化不大，货运量则稳步提升，广东公路货物、旅客运输在短途运输中继续发挥重要的作用，全省公路货运量由2015年的25.6亿t增长至2019年的31.9亿t，客运量则总体维持在10亿人左右，货运量与客运量的变化一定程度上反映出广东省公路运输所承担的职能正逐步转变为"以货运为主、客运为辅"的变化趋势（图5-7）。

2）公路网络分布日趋均匀，公路网络结构基本稳定

从现状公路网络空间分布上看，广东省道路系统以"九纵五横两环"为主骨架，总体上形成了"环形+放射"的公路网络结构，路网结构基本稳定，网络体系日益完善。其中广东省高速公路作为公路系统的主骨架，是全省最重要的公路网络系统，目前基本形成以珠三角地区为核心、以沿海为扇面，以沿海港口（城市）为龙头面向山区辐射的高速公路网。

高速公路网线密度是指区域单位面积内所拥有的高速公路长度。根据《中国城市建筑统计

注：由于2015年后统计年鉴对公路客流量进行了大幅度调整，因此2015年以前的数据不纳入本次统计范围内。

图5-7 广东省客/货运量变化
（数据来源：广东省统计年鉴）

年鉴2019年》数据，广东省总体建成区路网密度为12.78km/km²，建成区道路面积率为10.69%，位于全国中游水平。全省各地级市的高速公路网平均密度达到6.9km/100km²，其中排名前五的城市均集中在珠三角地区，分别为深圳、东莞、广州、佛山、珠海5市；粤东地区高速公路网密度高于粤西、粤北地区。总体上呈现出"西密东疏"的状态（图5-8）。

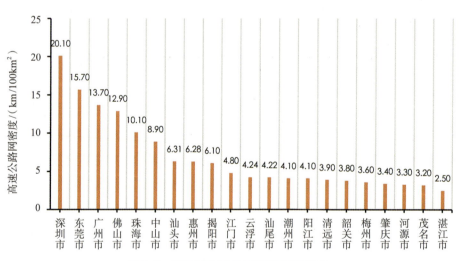

图5-8 广东省各城市高速公路网密度分布
（数据来源：广东省统计年鉴）

3）汽车拥有量增长速度远高于公路基础设施建设速度

汽车拥有量随同公路通车里程的增加而呈现快速增长，2019年全省汽车拥有量约达2327万辆，是2010年时（784万）汽车拥有量的三倍之多，正处于快速膨胀普及到饱和成熟期的过渡阶段，目前省内主要城市实行的限牌政策可能会在一段时间内限制车辆拥有量的增速，在相当长的一段时间内汽车数量仍将持续增长（图5-9）。

图5-9　广东省汽车拥有量变化

（数据来源：广东省统计年鉴）

广东省道路建设已经基本形成以"九纵五横两环"为主骨架，以加密线和联络线为补充，形成了以珠江三角洲为核心，以沿海为扇面，以沿海港口（城市）为龙头节点，向山区和内陆省（区）辐射，并逐渐补齐山区间联系短板的路网布局。广东省道路建设发展情况、高速公路路网密度等虽然已经达到世界先进水平，但鉴于广东省经济区域发展不平衡、客货运结构运能和流通起始目的地存在地域差，广东省道路建设水平仍旧无法满足群众日益增长的需求，道路建设前景仍然非常广阔。

5.2.3　航运设施发展特征

1）水路通航里程趋于稳定

作为水运资源条件最为优越的省份之一，广东省依托珠江三角洲航道网、西江航道网等，目前已建设达12 111km的内河航运里程，一定程度上减轻了陆上交通运输压力。近年来内河航道里程建设在总体上起伏变化不大，2013年后通航里程基本维持在12 000km左右（图5-10）。

2）港口空间分布层次分明，水路联运格局逐渐完善

广东省港口主要依托"一横"（西江航道主干线）、"一网"（珠江三角洲航道网）和"一带"（沿海经济）而建，以广州港、深圳港、高栏港、湛江港、汕头港等沿海港口为主枢纽港连通全省各航道主要港口，基本形成了符合广东地域特点的海轮进江、江海直达的港口运输空间格局。

从港口情况来看，广东省港口码头泊位数在"十二五"时期变化总体上不大，"十三五"时期码头泊位数逐年减少，而万吨级码头泊位数在近十年来不断攀升，2019年全省码头泊位数共2398个，其中包含322个万吨级港口码头。港口码头泊位逐步向大型化、重型化、集约化的方向发展（图5-11、图5-12）。

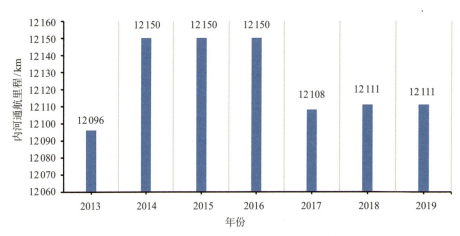

注：由于2013年后统计年鉴对通航里程进行了大幅度调整，因此2013年以前的数据不纳入本次统计范围内

图5-10　广东省内河通航里程变化

（数据来源：广东省统计年鉴）

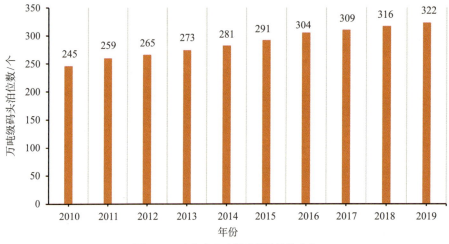

图5-11　广东省万吨级码头泊位数变化

（数据来源：广东省统计年鉴）

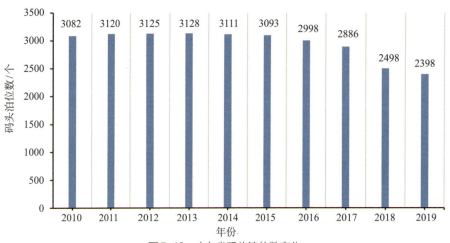

图5-12　广东省码头泊位数变化

（数据来源：广东省统计年鉴）

广东省港口吞吐量保持平稳增长，内贸增长较快。2019年，广东港口完成货物吞吐量191 819万t，旅客吞吐量3021万人。除2018—2019年间港口吞吐量出现下滑，近十年来港口货物与旅客吞吐量同步呈现上升的趋势，直接促进了流域经济的快速发展（图5-13）。

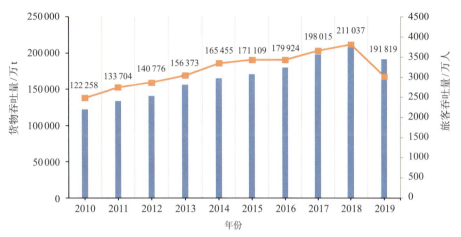

注：港口货物吞吐量是指经由水路进、出港区范围，并经过装卸的货物数量。计量单位为万t。下文中涉及的货物吞吐量指标意义与此等同，不再赘述。

图5-13 广东省货物吞吐量变化

（数据来源：广东省统计年鉴）

3）机动船数量增长与港口泊位相适应

全省机动船数在"十二五"时期总体上变化不大，机动船吨位则呈现出较快的增长趋势，"十三五"时期机动船数量及其吨位均呈现出下降的态势，总体上渐趋于平稳。2019年全省拥有机动船数量7136条，机动船总吨位则达到2250万t，相比于2010年减少了约1600条机动船，同时约增加了近一倍（1100万t）的吨位（图5-14），说明机动船的发展与港口泊位相适应，全省机动船发展趋势朝着大型化、重型化、集约化的方向进行。

图5-14 广东省机动船拥有量变化

（数据来源：广东省统计年鉴）

广东省航运设施的发展总体上发展情况稳定，船舶运输和港口建设管理日趋规范化，带动航运业整体客货运量稳步提升。但航运客货量的增减有部分与香港联系较为密切。广东省航运业受2019年香港航运业转口贸易打击和世界经济不确定性增大影响，客运和货运均出现不同程度下滑，航运业发展需继续保持转型升级的良好势头，增强应对国家大环境变化的韧性。

5.2.4 航空设施发展特征

1）民航航线里程增长需求强劲

全省民用航线条数及里程整体上处于稳健增长的态势，2019年，广东省民用航空航线共1569条，总里程达306万km，较之2010年，航空航线数量增长了约750条，总里程则增长约120km（图5-15）。逐年增长的航空运输需求带动了航空基础设施建设的快速发展。

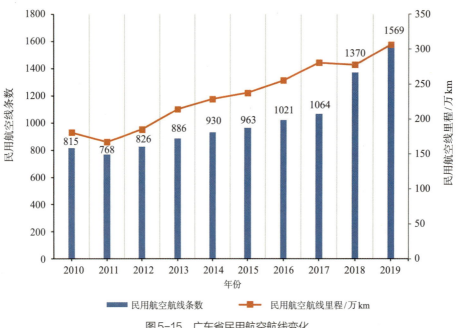

图5-15 广东省民用航空航线变化

（数据来源：广东省统计年鉴）

2）机场空间格局基本定型，机场客货运吞吐量快速增长

广东省现有9个在营民用机场，其中珠三角地区分布有广州白云机场、惠州机场、深圳宝安机场、珠三角新干线机场、珠海金湾机场。粤东地区各城市共用揭阳潮汕机场，粤西地区各城市共用湛江机场，粤北地区共用韶关机场和梅县机场。全省形成"5+4"的机场分布格局。

近10年来民航航站旅客及货物吞吐量均呈现出快速增长的趋势，其中货物吞吐量在2019年为330万t，旅客吞吐量达15 303万人，对比2010年，旅客吞吐量增长达1倍，货物吞吐量增长约60%，反映出民航货运稳步发展、客运高品质出行较快增长的态势（图5-16）。

3）民用运输飞机拥有量增长迅速

伴随着民航航线数量与总里程的增加，近10年来全省民用运输飞机数量也在逐年增加，其

图5-16　广东省航空旅客/货物吞吐量变化

（数据来源：广东省统计年鉴）

中2017—2018年间增长率达21%，到2019年民用运输飞机架数已达到978架，较2010年的441架民用运输飞机，其数量增长1倍有余（图5-17）。

可以看出，民航的发展势头是广东省四大类交通运输方式中最为强劲的，相比于铁路设施建设发展的指导思想，民航设施建设比铁路建设单项目投资更大，建设周期更长。铁路建设可以通过超

图5-17　广东省民用运输飞机数量变化

（数据来源：广东省统计年鉴）

前投资来逐步引导运能调配和人流物流的扩散，而民航设施的建设受限虽然相比于航运设施要少一些，但比起铁路和公路受限更多，投资规划周期较长。广东省民航旅客运输的增长情况依然处于快速增长的初级阶段，民航设施的运能基本处于饱和状态。且与铁路和公路一样承受节假日周期性客流暴增的运能过载。总体上看，广东省公路设施与人民日常生活关联最为密切，且建设投资与周期、现有建设规模总体与经济社会发展水平基本匹配；铁路建设存在部分超前部署，存在地区建设分布不均的问题；航运设施建设受限于地理环境，通过整合航运资源逐渐形成了较为科学完善的航运运输体系；民航设施的建设相较于其他交通设施建设周期较长，规划建设提交和投资规模较为苛刻，仅靠增加航空里程已经逐渐不能满足相应运能需求，迫切需要建设新的机场。

5.2.5 交通行业市场概况特征

交通运输行业涵盖的范围广泛，从广义角度上分析，应包括交通运输业、交通专用装备制造业和交通基础设施建筑业等一系列产业。传统交通运输单位业务范围主要集中在和交通运输相关的科研、规划、设计、投资、施工、监理、养护、运营等领域。交通行业市场的发展与资本投资、产业结构特征等息息相关。本节主要基于《国民经济行业分类与代码》（GB/T 4754—2017）中与交通行业直接相关的"交通运输、仓储和邮政业"，从三个方面探究交通行业运行情况：一是分析区域交通固定资产投资情况；二是从企业数量、注册资本、就业人员三个维度分析区域交通运输产业结构特征；三是通过交通运输量、交通周转量等交通运营指标分析区域交通行业市场服务情况。

随着"十三五"传统基建的不断推进和发展，在提质增效、应急安全、服务能力等方面遇到不可逾越的瓶颈，而此时大数据、人工智能、机器学习、云计算、移动互联等新技术和其他产业结合愈发紧密，内需加外力造成了行业外信息化和互联网企业大力进军交通运输业，倒逼着交通行业的变革和发展。

1）交通固定资产投资情况

交通建设投资对经济社会发展的先行和支撑作用逐步凸显，为广东积极应对经济下行压力、稳增长、促改革、调结构、惠民生、防风险、增后劲发挥了积极作用。从广东省交通固定资产情况来看，各区域、各城市的交通固定投资额占本城市自身总投资额的比重差异明显。粤北地区的交通固定投资额占比最大，达16%，其中梅州交通固定资产投资额占比居广东省首位，占比达18%。粤东地区的交通固定资产投资额占比最少，仅有6%，其中汕尾市交通固定资产投资额占比仅有2%，居广东省末位（图5-18、图5-19）。

粤北地区城市多、面积广袤且多处山区，交通建设成本普遍较高，导致其资金投入在城市总投资中的占比较大。广东省应加大对经济欠发达地区的交通投资力度，力求将全省交通建设发展更加均衡，更加健康。

2）交通运输产业发展特征

（1）企业数量结构分析

从各地市的交通运输企业数量上看，深圳、广州两大中心城市占据绝对的龙头地位，其交通

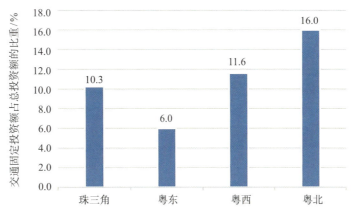

图5-18 广东省各地区交通固定资产投资额占比

(数据来源：广东省统计年鉴)

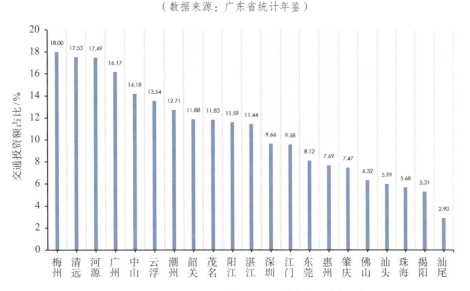

图5-19 2019年广东省各城市交通固定资产投资额占比

(数据来源：广东省统计年鉴)

运输企业法人单位数量分别为2.4万和1.9万家；从分布特征上看，深圳交通运输企业形成多核心分布的集聚态势，广州市则呈现以单核心向外扩散的分布态势，外围地区各城市则总体上呈现出点状分散分布的空间特征(图5-20)。

分大类来看，公路运输业数量占据全省交通运输行业的主导地位，其占比达42%，铁路、水运、航空等产业数量占比很少，合计仅占5%(图5-21)。

广东省交通运输企业在数量上以公路运输业为主，在注册资本规模上以铁路运输业为主，并且基本上分布在珠三角地区。可以看出珠三角地区的企业除在珠三角地区进行交通运输服务以外，也以珠三角作为起点承接广东省其他地区甚至省外、港澳、水上和空中运输的业务。

(2) 就业人员规模情况

交通运输业城镇在岗职工数量整体上呈现出三个等级梯度分布：处于第一梯度的是广州和深圳，其中广州市居全省排名首位，在岗职工约达29万人，与排在第二位的深圳市相差约10万

图5-20 广东省2019年交通运输业法人单位

(数据来源:广东省统计年鉴)

图5-21 广东省交通运输行业各大类数量

(数据来源:国家企业信用信息公示系统)

人,两大核心城市的城镇单位在岗职工人数均在10万人以上,就业岗位与其他城市差距很大,交通行业就业市场庞大;处于第二梯队的有佛山、东莞、珠海、湛江、汕头、江门、茂名、中山等城市,其城镇单位在岗职工人数处于1万~5万之间,就业岗位充足,能够满足城市交通行业运行的需求。其余城市处于第三梯队,交通行业就业岗位相对较少,发展动力不足(图5-22)。

(3)行业资产规模分析

从行业类型上看,铁路运输产业由于建设成本较大,需投入的资本量巨大,因此多为龙头企业,其注册资本规模(29%)占比最大;相较之下,公路运输产业建设成本相对较少,其企业数量占比虽达42%,但注册资本规模(25%)却少于铁路运输产业(图5-23);从空间分布特征上看,交通运输行业注册资本规模呈现以广州、深圳、东莞、佛山、中山、珠海等珠三角内湾区城市为核心城市向外扩散的分布态势。

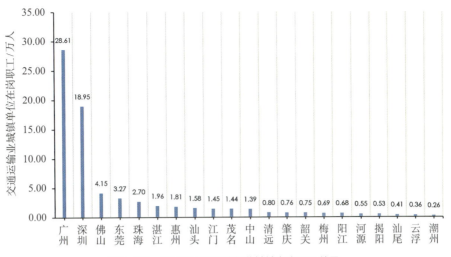

图5-22　广东省交通运输行业城镇在岗职工数量

（数据来源：广东省统计年鉴）

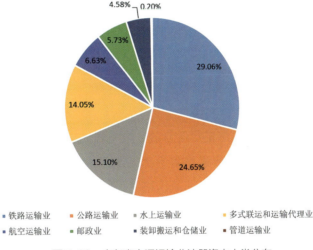

图5-23　广东省交通运输业注册资本大类分布

（数据来源：国家企业信用信息公示系统）

广东省交通相关产业、就业人员、行业资产规模在珠三角地区的集中度较高。从行业分类和规模情况上看，除公路运输作为最重要运输方式以外，航空运输的企业数量和总体资本规模最小，而水上运输的企业数量与资本规模与铁路运输不分伯仲。这说明水运虽然在大众的视野中关注度较低，但其承载的运输功能与铁路一样不可忽视，是广东省重要的运输环节之一。

5.2.6 交通发展现状特征小结

广东省在稳步推进全省交通固定资产投资建设的同时，交通建设和交通运输行业取得了长足的发展和巨大成就，通过整合公路、铁路、水运、航空等交通基础设施，优化交通运输结构，形成以珠三角地区为中心向外辐射的多元化、多系统的立体交通体系。从交通行业市场运输和设施情况看，广东省交通发展的前景依然十分巨大，公路、铁路、水路、航空都面临着不同程度的运能过载情况，接下来广东省交通运输系统将努力减轻包括运输工具载荷、物流企业负担、交通投资负债率等方面的压力，通过整合优化不同运输方式内部的设施和管理调度模式，调整不同运输方式的客货运输比例，加快研究对交通运输企业的金融支持，以提升行政指导和服务效能等方式来实现交通运输业的健康发展。

总体上，广东省交通设施和运输当前最突出问题还是运能问题，由该问题衍生出的包括人地矛盾，运输方式配比，地区交通发展水平不均衡，运输工具折旧和道路超载，运输企业发展内卷和运输市场化运作模式落后等，均使得广东省交通发展的结构性矛盾正在日益扩大，人民群众对于交通运输体验美好生活需求的不断增长和广东省运输建设发展不充分不平衡的矛盾日益凸显。

2020年经历疫情的考验，广东省将切实做好道路客运业户、货运司机、船员等重点群体帮扶工作，并加快编制《广东省综合立体交通网规划》《广东省综合交通运输体系发展"十四五"规划》等，积极推进编制完成广东省港口布局规划，高站位高标准加快推进交通强国建设。同时，加快推进"四好农村路"攻坚建设，推动交通建设项目更多向进村入户倾斜，更好地服务乡村振兴战略实施。

5.3 广东省城市交通韧性评估

城市交通基础设施网络是城市得以正常运行的必要条件，城市交通网络在促进各类生产经济要素的流动、协调各地区间经济生产要素供需平衡、盘活各地区的时空价值等方面具有重大作用，特别是在重大应急事件发生时，城市交通网络系统的响应程度与运力将对人员流动控制力度、应急物资输送效率等起决定性作用。分析交通网络现状与规划建成后的韧性特征，将有助于更深层次判研上层交通规划对广东省交通网络与交通走廊的重塑与优化的作用，评估城市交通网络韧性的增强对城镇空间格局、人口流动格局、产业格局的影响趋势。

为强化交通网络的韧性，提升交通基础设施对于自然灾害以及人为事故的抵抗力以及恢复力，韧性交通网络建设可从点、线、面三个层级建立总体框架：交通站点的韧性、交通网络的韧性，交通可达性范围的韧性。

一是交通站点的韧性。对于网络系统，要考虑的一个基本问题是系统的牢靠性，要使网络构造得尽可能稳定，不仅与最初的损坏有关，还与损坏后重构的难易程度有关，也同交通节点的连通能力、中转能力、中心程度等有关。一个具备高效能的交通节点能够在危机爆发时发挥中枢指挥的作用，有效控制和疏导人员流动路径，也能够在危机临近结束后迅速联动整个交通系统实现其高效运转。为了描述网络节点的韧性指标，在此引入网络拓扑分析模型中的"度""介数""集聚系数"等拓扑参数作为交通站点连通能力、中转能力、中心程度的表征指标。

二是交通网络的韧性。交通网络是相互连通的，交通站点的特性不能全面反映整个网络运行的韧性，网络线路的强韧性应与交通节点一起发挥消解危机的重大作用。更具韧性的网络线路优势在于具备强大的整合能力与流转能力,使其网络效能更高、提供的运输服务牢靠性更强。基于此引出空间句法中的"整合度""穿行度"作为衡量网络聚集能力与流转能力的指标。

三是交通可达性范围的韧性。这主要考虑的是地区内任何一个用户到达最近站点的最短时间成本,即交通站点可达性范围。提高站点服务范围的韧性,需满足用户对交通出行的核心需求:进一步缩短用户到达最近站点的有效出行时间成本。以往有关交通可达性范围的测量大多采用网络路径分析的方式,这种方式过于强调网络几何特征对交通可达性测度的决定性作用,并不能有效反映用户的真实需求,因此本次引入高德出行成本作为测度站点服务范围的核心指标,高德出行成本考虑了道路拥堵指数的影响,并以此形成最短出行时间成本的规划路径,更能描述用户的真实出行情况(图5-24)。

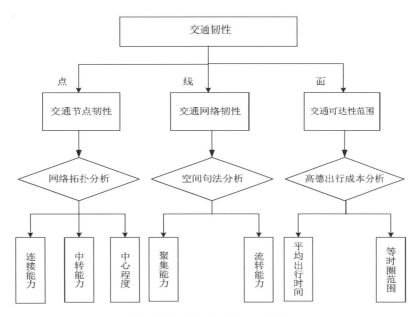

图5-24 交通韧性评价体系框架

以往有关交通韧性评价的研究主要集中于道路、铁路等现状线性要素,事实上交通系统韧性的全面评价涉及多种交通工具、多种评价指标、多种规划状态的韧性耦合机制,是一个庞大的评估体系。

受限于各种交通工具在韧性表现特征的差异以及数据采集上的难度,本书暂不对交通韧性评价体系进行全面细化,而是先行聚焦于规划前后的广东省轨道交通网络进行探索。轨道交通作为当前交通出行方式研究热点,在表现特征上完全符合交通韧性总体评价体系的要求,且其他交通出行方式对于从以上三个层面来测量现状与规划交通网络韧性指标,并不能做到完整的体现。通过对轨道交通的分析,以小见大,映射出广东省整体交通韧性情况,从广东省轨道交通层面结论反映广东省交通系统韧性,为下一阶段广东省轨道交通建设规划以及运输治理体系和治理能力现代化的决策提供参考。

5.3.1 交通设施布局与城市功能布局耦合评估

轨道交通是已有交通网络的强化和叠加，对于区域可通达性的改善，需要通过优化站点区域的土地利用和交通环境配套来实现。轨道交通站点区域配套设施的建设和周围土地的开发，最终目的是促使轨道交通站点实现土地利用与交通一体化发展，其总体目标可以分述为：改善周边交通环境，提高站点可通达性、形成环境友好新型交通系统，与周边土地开发合理衔接和融合、吸引和引导更多人乘坐轨道交通和在附近就业生活。

广东省轨道站点分布情况已经于本章5.2.1进行了论述，广东省范围内现状高铁和城际站点共126个，其中高铁站点共63个，涉及18个城市；城际站点共63个，涉及珠三角9个城市。通过对已开通运营的轨道站点进行历史数据分析，探索不同类型站点周边人口布局、产业布局、业态构成、土地开发强度等的演变模式及发展路径，基于时空维度研究轨道站点对周边区域发展的影响机制。

1）人口聚集度评估

（1）高铁站点人口聚集度

以高铁站点周边3km内的平均人口热力作为测度，珠三角城市高铁站点的平均人口热力最高，粤东、粤西地区次之，粤北城市最低；城市尺度上，深圳、广州高铁站点的平均人口热力最高，东莞、汕头次之，梅州、清远、汕尾的人口热力最低。广东省高铁站点人口聚集度呈现出以广州、深圳为两大核心向外围递减的空间特征。

高铁站点周边3km内珠三角城市的地均建设用地人口热力最高，粤东、粤西城市次之，粤北城市最低；城市尺度上，深圳高铁站点的地均建设用地人口热力最高，广州、东莞、汕头次之，梅州、湛江、韶关的人口热力最低。

深圳、广州、东莞、汕头四市的高铁站点周边3km内人口热力高于全省站点平均人口热力；深圳、广州、东莞、汕头、惠州五市的高铁站点周边3km内的地均建设用地人口热力高于全省站点平均值（图5-25）。

（2）城际站点人口集聚度

城际站点是现今除TOD和地铁站以外，能够最大限度吸引周边居民的交通站点类型。城际站点周边3km内，广州、深圳的站点平均人口热力最高，位于第一梯队；东莞、珠海、惠州位于第二梯队；中山、江门、佛山位于第三梯队；肇庆的城际站点人口热力最低。

城际站点周边3km内，深圳、东莞站点的地均建设用地人口热力最高，肇庆、佛山的地均建设用地人口热力最低。

城际站点周边3km内，广州、深圳、东莞、惠州、珠海五市的人口热力和地均建设用地人口热力均高于珠三角城市的平均水平（图5-26）。

广东省城市轨道站点对于带动区域经济发展，促进人口流动和土地开发是具有显著作用的。从铁路投资建设的方方面面就可以看出，先建成城际或高铁站点，之后站点周围的经济才能发

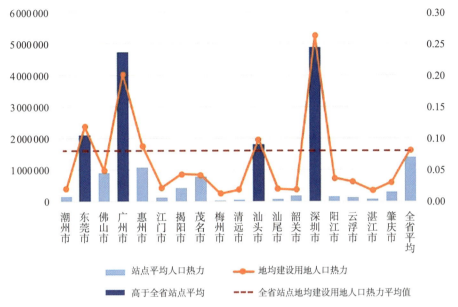

图5-25　广东省各城市平均站点人口热力和地均建设用地人口热力分布

（数据来源：百度地图热力数据）

图5-26　各城市平均站点人口热力和地均建设用地人口热力分布

（数据来源：百度地图热力数据）

展。这一基本发展思路，不仅在珠三角地区得到验证，在经济欠发达地区更加有显著的经济增长效果。所以，城市轨道站点与人口聚集是相辅相成、互为因果的一对指标。

2）企业聚集度评估

（1）高铁站点企业聚集度

从高铁站点周边3km的企业聚集度来看，位于现状高铁站点周边3km内的企业共计144.8万家，占企业数据总量的17.8%，其中高铁站点开通后新增企业101.4万家，占高铁站点周边企业数据70.02%。新增企业以批发和零售业企业为主，占比42%；其次为新增租赁和商务服务业企业，占比18%；新增信息技术类企业占比8%（图5-27、图5-28）。

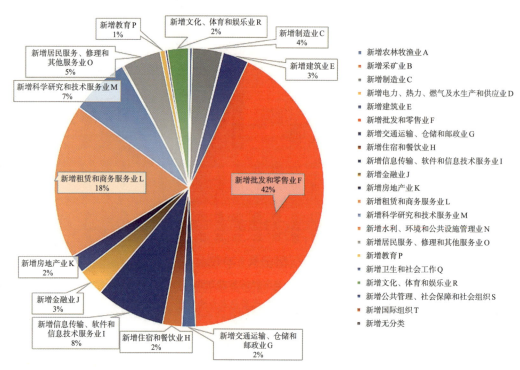

图5-27 广东省高铁站点3km内各类型企业占比分布

（数据来源：国家企业信用信息公示系统）

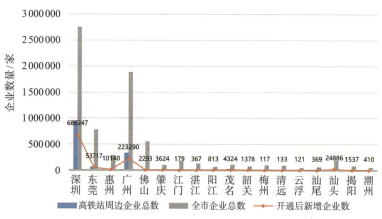

图5-28 广东省各城市高铁站点3km内各类型企业数量分布

（数据来源：国家企业信用信息公示系统）

（2）城际站点企业集聚度

从城际站点周边3km的企业聚集度来看，其中位于现状城际站点周边3km内数据85.2万家，占企业数据总量的12.12%，其中城际站点开通后新增企业42.7万家，占高铁站点周边企业数据50.09%。新增企业以批发和零售业企业为主，占比38%；其次为新增租赁和商务服务业企业，占比15%；新增科学研究和技术服务业企业占比8%，相比高铁站点周边，零售业比例有所降低而制造业有所增长（图5-29、图5-30）。

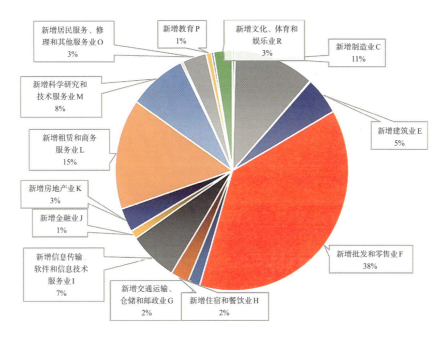

图5-29　珠三角地区城际站点3km内各类型企业数量分布

（数据来源：国家企业信用信息公示系统）

图5-30　珠三角地区各城市城际站点3km内企业数量分布

（数据来源：国家企业信用信息公示系统）

与人口聚集一样，由于高铁和城际站点开通，对于站点周围新设企业的相关需求也呈现井喷式增长，而且可以看出，高铁站周边企业聚集数量一般比城际站企业聚集数量要多，特别是经济欠发达地区的高铁站，能够实现该区域企业数量从无到有的大跨越式增长。对于珠三角地区，不同城市之间的经济发展水平、轨道站点数量与城际周围新设企业数量多少和企业类型，没有直接的关联性，总体上还是由市场自发行为决定。

3）土地开发强度评估

（1）现状土地开发强度

从全省土地开发现状来看，广东全省高铁站点（64个）周边土地开发总量为30 449.45hm²，开发强度为37.86%，城际站点（63个）周边土地开发总量为46 889.29hm²，开发强度为60.70%；高铁和城际站点周边土地开发强度远高于全省9.5%的土地开发强度（图5-31）。广东全省城际站点周边土地开发强度高于高铁站点周边土地开发强度，这一方面是由于城际站点全集中在珠三角发达地区，而高铁站点分布在全省各城市。另一方面是非珠三角地区的高铁站点多分布城市郊外低强度建设地区，城际站点多集中在城市中心高强度建设地区。

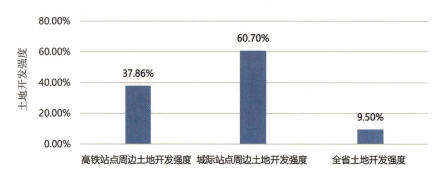

图5-31 全省轨道站点3km内土地开发强度对比

（数据来源：土地利用变更调查数据）

从区域层面来看，珠三角高铁站点周边土地开发总量为20 306.83hm²，开发强度为52.13%；粤东高铁站点周边土地开发总量为4617.46hm²，开发强度为33.41%；粤西高铁站点周边土地开发总量为3446.44hm²，开发强度为24.93%；粤北高铁站点周边土地开发总量为2078.71hm²，开发强度为15.04%（图5-32、表5-3）。珠三角高铁站点周边土地开发强度最高，粤东其次，粤北最低，高铁站点周边土地开发强度明显高于区域土地开发强度。

图5-32 广东省各区域土地开发强度分布

（数据来源：土地利用变更调查数据）

表5-3　　　　　　　　　　广东省各区域站点周边建设用地情况

区域	站点周边建设用地/hm²	站点周边开发强度/%	区域建设用地面积/万亩	区域面积/km²	区域开发强度/%
珠三角	20 306.83	52.13	1 344.71	54 945	16.32
粤东	4 617.46	33.41	299.39	15 756	12.67
粤西	3 446.44	24.93	402.85	31 757	8.46
粤北	2 078.71	15.04	511.21	77 125	4.42

（数据来源：土地利用变更调查数据）

（2）历史土地变化量

从全省土地变化量上看，高铁开通后，全省高铁站点土地开发量增加约7676hm²（64个站点），土地开发强度年均增长4%。城际开通后，全省城际站点土地开发量增加约7140hm²（63个站点），土地开发强度年均增长率2.25%。全省土地开发强度年均增长1.99%，低于高铁和城际土地开发强度年均增长率（图5-33）。

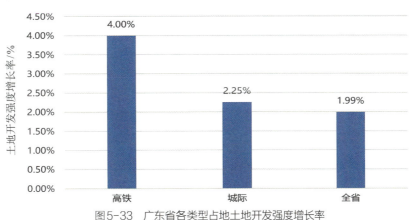

图5-33　广东省各类型占地土地开发强度增长率

（数据来源：土地利用变更调查数据）

从区域土地变化量上看，珠三角区域高铁站点开通前后开发强度增长率变化不大。粤西和粤北区域高铁站点土地开发强度年均增长率最高，均在7%以上，远高于区域开发强度年均增长率（图5-34、表5-4）。

人、土地、产业三者息息相关。前两节已经明显得出轨道站点开通后对于人口聚集和企业聚集的巨大效应。从土地开发的角度上看，土地越吃紧，或者站点周围能开发的土地越少的区域，例如珠三角和粤东，其后续土地开发强度增长的幅度就越小。这一结论基本上与珠三角自成大轨道系统与粤东地区自成另一小轨道系统有一定关联性，因为越是开发成熟的轨道系统，可供站点周围进行开发的新增土地就越少。粤西和粤北鉴于可供开发的土地较多，因此采用优先将站点周围土地进行高强度高标准开发的策略，首先做强轨道站点经济圈，形成示范效应。

对于高铁、城际和全省土地开发强度的比较情况，高铁作为较大等级的项目和工程，其开发强度较高，而城际的开发目的，最终还是带动站点周围土地开发，所以城际与全省土地开发强度相差不大。

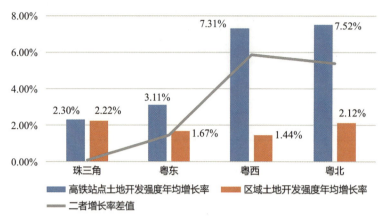

图 5-34　广东省各类型站点土地开发强度年均增长率

(数据来源：土地利用变更调查数据)

表 5-4　　　　　　　广东省高铁站点开通前后周边建设用地情况

区域	高铁开通前后建设用地变化量/hm²	开通前后开发强度变化率/%	高铁站点土地开发强度年均增长率/%	区域土地开发强度年均增长率/%	二者增长率差值
珠三角	4 257.25	10.93	2.30	2.22	0.08
粤东	1 272.47	9.21	3.11	1.67	1.45
粤西	950.69	6.88	7.31	1.44	5.87
粤北	1 195.77	8.65	7.52	2.12	5.40

(数据来源：土地利用变更调查数据)

4）土地功能业态及用地结构评估

(1) 高铁站点功能业态及用地结构变化

全广东省高铁站点周边2km内的建设用地中，居住及公共管理与公共服务占比约66%，产业空间占比约34%（图5-35）。新增建设用地中，各类用地与现状比例基本一致，其中工业用地比现状比例增加4%，公服用地与商业用地均减少2%（图5-36）。

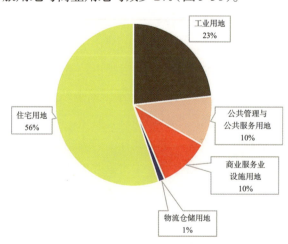

图 5-35　广东省高铁站点周边2km内现状建设用地占比

(数据来源：土地利用变更调查数据)

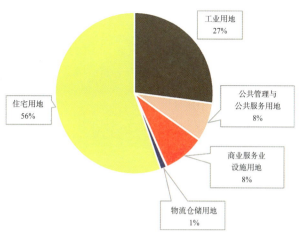

图5-36　广东省高铁站点周边2km内新增建设用地占比
（数据来源：土地利用变更调查数据）

（2）城际站点业态及用地结构变化

珠三角城际站点周边2km内，主要建设用地中，居住及公共管理与公共服务占比约64%，产业空间占比约36%（图5-37）。新增建设用地中，居住用地与现状比例基本一致，其中工业与商业变化较大。工业下降8%，商业增加8%，产业空间总量基本稳定（图5-38）。

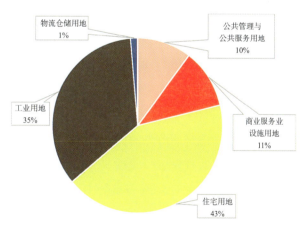

图5-37　珠三角城际站点周边2km内现状建设用地占比
（数据来源：土地利用变更调查数据）

从土地功能业态的角度上看，居住型用地占比最大，始终是轨道站点周边功能业态的主导形态。但不同类型轨道站点对周边土地产业功能业态变化的传导机制则有所不同，高铁站点对产业功能业态的传导方向集中在工业业态，其大幅强化了周边地区工业业态的作用，而商服业态的主导作用则有所削减。城际站点则相反，其周边地区的工业业态大幅消减，商服业态则大幅增强，传导方向集中在商服业态。这一方面是工业项目相比于商服项目对用地规模的需求更大；另一方面，出于环境管制的要求，近年来工业企业多从中心城区迁移至郊外地区，而服务型企业则多在中心城区落地生根。由于城际站点在空间布局上多集中于用地紧缺的城市中心区，而高铁站点

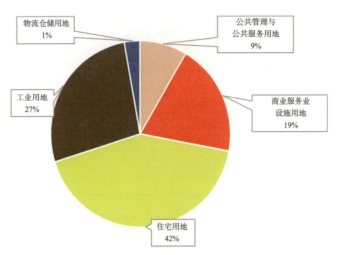

图5-38 珠三角城际站点周边2km内新增建设用地占比
（数据来源：土地利用变更调查数据）

则集中于城市边郊地区，可利用土地相对充足。因此导致两种站点类型对周边土地功能业态的传导方向截然相反。

5.3.2 轨道交通网络承载力评估

交通站点韧性指标的测度，主要使用网络拓扑分析的方法，其相关指标说明如下：

①连接能力。一个交通节点的连接能力通过网络拓扑中的"度"测量值进行考察，一个交通节点中的度越大也就意味着该交通节点所连接的其他交通节点越多，其连接能力也就越强。汇总所有交通节点，并测算出所有交通节点的平均连接能力值，即为该网络的整体连接能力。

②中转能力。某个交通节点的中转能力通过网络拓扑中的"介数"测量值进行考察，定义为该交通网络中所有的最短路径之中经过该交通节点的数量，它反映了该交通节点在网络中充当的"中介"次数，一个交通节点的"中转"次数越多，说明其中转能力越强。

③中心程度。交通节点的中心程度主要使用网络拓扑中的"特征向量中心度"来考察，反映的是一个交通节点及其邻居节点所产生的交互关系。一个交通节点的中心程度既取决于自身与其邻居交通节点的数量，也取决于其邻居节点本身与其他关联节点的数量关系。"特征向量中心性"越高，则表明该交通节点的中心性越强。

1）轨道站点连接能力

从站点连接能力来看，现状轨道站点中具备强连接能力的站点分布不均，高度集中在广佛莞城市群区域，主要有广州南站、佛山西站、虎门站等站点，粤东地区轨道站点连接能力较强的是潮汕站，现状轨道站点整体连接能力值为1.91。规划建成后，轨道站点整体连接能力值提升至2.65，具备强连接能力的站点有所增加，并进一步在珠三角地区扩散，深圳、中山、珠海等均形成强连接能力的轨道站点，而粤东、粤西、粤北地区的轨道站点仍旧相对较弱。规划建成后轨道站点整体连接能力进一步增长，但各区域站点连接能力强弱严重不均的局面仍未改变。

2）轨道站点中转能力

从站点中转能力来看，分别形成以广、深都市圈为主带动其周边城市现状站点中转能力的转变。一是以广州南站为中心带动佛山、中山、江门等城市轨道站点中转换乘职能的提升，二是以深圳北站为中心带动东莞、惠州、汕尾等城市轨道站点中转换乘职能的提升。规划站点建成后处于新铺设轨道线路上的新站点分散了一部分现状站点的中转换乘职能，基于原有轨道线路上新建的站点则进一步加强了沿线站点的中转换乘职能，整个轨道交通网络的中转功能值从0.021提升至0.022，基本上变化不大，处于以广、深都市圈带动周边站点中转能力转变的动态平衡中。

3）轨道站点中心程度

从站点中心程度上看，形成了以广州南站、广州东站、深圳北站、佛山西站、虎门站等为中心的内湾区轨道中心枢纽群，粤东地区则形成以潮汕站为中心的轨道交通网络。规划建成后轨道网络中心程度值从0.036提升至0.045，内湾区轨道站点的中心性进一步加强，并影响扩散至周边地区，清远城际轨道站也将作为中心枢纽一并纳入到大湾区轨道交通网络中，呈现出枢纽网络化联动的空间分布格局。

从广东省轨道交通的站点连接能力、中转能力和中心程度可以判断出，随着轨道设施建设不断投入使用，广东省相关站点之间虽然加强了各自的联结，但是实际上珠三角地区作为轨道中新聚集的程度进一步增强，这意味着整个珠三角中心能够作为中心站点的站将更多。从以上可以分析得出两个结论：

①非珠三角地区与珠三角地区的连接度提高，同时，一旦进入珠三角地区，在珠三角地区内所经过的站点均为重要的中心站点，如没有相应的线路能够直达核心站点，则意味着仅仅是增加了珠三角地区外进入珠三角后的连接度和中心度，之后需要更多换乘来实现点对点服务。

②多中心站点，从交通韧性的角度进行分析，意味着某个站点间可以通过客流的消解来实现整体轨道系统的运作不受影响，但系统韧性的增加，也意味着系统的复杂程度和自我修复能力下降。一旦某个中心站点出现问题，那么所有经过的列车都需要做相应的调整。

5.3.3 轨道交通网络运输能力评估

交通网络韧性指标的测度，主要使用空间句法分析的方法，其相关指标说明如下所示：

①网络聚集能力。交通网络路径的聚集能力主要通过"平均深度"指标进行衡量。"平均深度"亦称"整合度"，主要通过设定一个搜索半径，测量交通网络系统中某段网络路径与搜索半径内周边其他网络路径之间的集聚或离散程度，衡量该网络路径作为目的地吸引到达交通的能力，反映该空间在整个系统中的中心性。"平均深度"越高，则该段网络路径中心性越强，聚集能力也越强，就更越容易集聚人流。

②网络流转能力。交通网络路径的流转能力主要通过"选择度"指标进行衡量。"选择度"也称"穿行度"，反映的是交通网络系统中在既定的搜索半径内，某段网络路径作为两个交通节点之间被穿行的最短拓扑距离的次数，表征的是空间被穿行的可能性，"选择度"越高，其交通

网络的流转能力越高,更有可能被人流穿行。

1)轨道网络聚集能力

以50km搜索半径作为轨道交通网络"平均深度"的搜索范围测度其网络聚集能力。现状轨道交通网络中具备较高聚集能力的轨道线段集中在以广州、佛山、中山、深圳、东莞为联结的轨道线路网中,其他地区的高聚集线段较为破碎,总体上未呈现出连续完整的高值聚集轨道路段。规划建成后珠三角地区以及潮汕地区内部各城市将各自形成连续完整的高聚集轨道线路网,网络聚集能力将大幅提升,轨道网络布局进一步优化。

2)轨道网络流转能力

以50km搜索半径作为轨道交通网络"选择度"的搜索范围测度其网络流转能力。在现状轨道交通网络中以广州东站、广州南站为中心,广深、贵广、南广、京广高铁所汇集而成的线段具备较高的流转效能,形成一条基本贯穿佛山、广州、东莞三地的重大交通廊道。规划建成后内湾区各市间的重大轨道交通廊道将全面贯通,广佛莞、深莞中轨道交通廊道流转能力得到极大提升,形成连续完整的轨道交通廊道网,在粤东地区,以潮汕站为中心的轨道网络的流转能力也将进一步提高,轨道网络整体流转效能进一步优化。

从广东省的轨道聚集能力和网络流转能力可以分析出:

①持续快速推进的轨道网络化建设将是广东省城市轨道交通发展的趋势,随着轨道交通网络的优化,全省轨道交通线路将从单线运营逐步成为多线运营并演变成聚集网络,在空间上具体表现为:珠三角地区、潮汕地区将形成密集的轨道网络结构,其他地区将由单线运营转变为多线运营,全省交通服务水平将得到全面提升。

②规划轨道交通节点的联结及中转换乘作用,将使多条轨道交通线路对旅客和货物运输流量产生更强的吸引力,实现运转效能质的提升,相关线路的运输流量也将大幅增加。但由于规划建成后轨道网络能力的提升高度集中于某些线路区段,珠三角地区的重要廊道将产生大量多线换乘流量的集聚,可能使得重要廊道断面高峰客流超出区段实际可提供的运能,而外围地区轨道线路的网络能力建成后虽在一定程度上有所提升,但提升幅度却不如珠三角地区,尚不能形成明显的线路聚集和流转效应,交通资源的倾斜将有可能使得珠三角地区的重要廊道线路形成运行超载,产生瓶颈现象。

3)轨道交通可达性范围

(1)区域交通可达性评估

从出行效率上看,现状轨道站点布局下的平均实际最近节点出行时间成本为1.3h,规划站点建成后理论平均出行时间成本将缩短至1.1h,出行效率进一步提高;而从空间分布上看,规划建成后各级等时圈将以珠三角地区为中心进一步向外扩散,其中最为明显的是河源站点的开通将使粤北地区到达最近站点的出行成本进一步缩小,1h内等时圈进一步扩大,并与粤东地区形成连绵成片的轨道交通辐射圈,整体上交通网络可达性将得到进一步合理优化。

(2)核心站点辐射能力评估

从广州南站的空间辐射范围上看,广州南站作为全省最核心的轨道交通枢纽,规划站点建成后，各级等时圈在空间上将以广州南站为中心进一步向外扩散。从等时圈覆盖范围上看，1h 等时圈覆盖范围占比将由7%增长至12%；2h等时圈占比将由34%增长至51%；3h等时圈将由 65%增长至90%，增幅最大；4h等时圈将从87%增长至99%；3h等时圈全面辐射全省大部分区 域（表5-5）。

表5-5　　　　　　　　　　　　　广州南站通勤等时圈分布

通勤等时圈	现状覆盖范围占比	规划覆盖范围占比	覆盖范围变化
1h内等时圈	7.31%	12.03%	4.72%
2h内等时圈	34.20%	51.94%	17.74%
3h内等时圈	65.02%	90.32%	25.30%
4h内等时圈	87.85%	99.65%	11.80%
5h内等时圈	98.71%	99.94%	1.23%
6h内等时圈	99.96%	99.99%	0.03%
7h内等时圈	100.00%	100.00%	0.00%

（数据来源：高德地图出行规划路线成本）

从深圳北站的空间辐射范围上看，规划站点建成后深圳北站作为大湾区东岸轨道交通核心枢 纽的重要性进一步凸显。一方面深中、深珠轨道交通廊道的打通将进一步扩大深圳北站对珠江西 岸、粤西方向的辐射；另外粤北地区河源站点的开通也将使珠江东岸地区与粤东地区、粤北河 源、梅州地区形成环线轨道网络，届时深圳北站等时圈在粤北地区的辐射范围将得到极大扩展。 从等时圈覆盖范围上看，1h等时圈覆盖范围占比将由5%增长至10%；2h等时圈占比将由27% 增长至47%；3h等时圈占比将由60%增长至86%，增幅最大；4h等时圈占比将由87%增长至 99%；4h等时圈全方位覆盖全省区域（表5-6）。

表5-6　　　　　　　　　　　　　深圳北站通勤等时圈分布

通勤等时圈	现状覆盖范围占比	规划覆盖范围占比	覆盖范围变化
1h内等时圈	7.31%	12.03%	4.72%
2h内等时圈	34.20%	51.94%	17.74%
3h内等时圈	65.02%	90.32%	25.30%
4h内等时圈	87.85%	99.65%	11.80%
5h内等时圈	98.71%	99.94%	1.23%
6h内等时圈	99.96%	99.99%	0.03%
7h内等时圈	100.00%	100.00%	0.00%

（数据来源：高德地图出行规划路线成本）

从广东省轨道交通可达性分析结果可以看出，当广东省轨道网络建成以后，基本上对于珠三 角前往广东省任意角落，均为4h内可通达。如今，广州南站和深圳北站作为现有最大的两个高 铁和城轨枢纽中心，去往需3h左右高铁才能到达的地区的高铁线路最为匮乏，但在相关线路完工以后，可实现全省地级市通达无死角覆盖。

4）交通运输服务需求

（1）旅客运输服务情况

从旅客运输量上看，近五年来全省四大交通运输工具的旅客运输量整体上呈现出稳步增长的态势。其中2018—2019年间公路、水路旅客运输量出现小降幅，降幅较去年分别为4%、5%（图5-39）；从旅客运输周转量上看，近五年来铁路、航空旅客运输周转量快速增长，公路旅客运输周转量有所减少，至2019年公路与铁路旅客运输周转量基本接近，约为1000亿人·km（图5-40）；这反映出广东省公路旅客运输服务职能的下降，铁路、航空旅客运输职能的上升，但总体上公路运输仍旧占据全省旅客运输服务的主导地位。

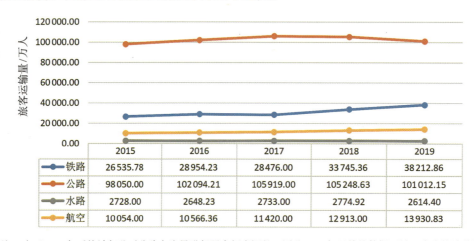

注：由于2015年后统计年鉴对公路客流量进行了大幅度调整，因此2015年以前的数据不纳入本次统计范围内。

图5-39　广东省旅客运输量变化

（数据来源：广东省统计年鉴）

	2015	2016	2017	2018	2019
铁路	26 535.78	28 954.23	28 476.00	33 745.36	38 212.86
公路	98 050.00	102 094.21	105 919.00	105 248.63	101 012.15
水路	2728.00	2648.23	2733.00	2774.92	2614.40
航空	10 054.00	10 566.36	11 420.00	12 913.00	13 930.83

	2015	2016	2017	2018	2019
铁路	747.05	793.44	872.08	953.75	1023.05
公路	1034.94	1079.80	1129.53	1120.71	1092.97
水路	10.50	10.34	10.85	11.13	9.71
航空	1808.63	1959.00	2127.82	2416.38	2639.26

注：①由于2015年后统计年鉴对公路客流量进行了大幅度调整，因此2015年以前的数据不纳入本次统计范围内。
②运输周转量：是指在一定时期内，由各种运输工具运送的货物（旅客）数量与其相应运输距离的乘积之总和，是反映运输业生产总成果的重要指标，通常以t·km和人·km为计算单位。下文涉及运输周转量指标的含义解释与其等同。

图5-40　广东省旅客周转量变化

（数据来源：广东省统计年鉴）

（2）货物运输服务情况

从货物运输量上看，公路、水路两大运输工具占据全省货物运输服务的主导地位，近五年来公路、水路、航空货物运输量稳步增长，而铁路运输量则有所减少，公路、水路与铁路间的货物运输量差距进一步扩大（图5-41）；从货物运输周转量上看，近五年来四大交通工具运输周转量均呈现稳步增长的态势，其中水路货物运输周转量在2015—2017年间增长较快，2017年后基本上趋于平稳，至2019年水路货物运输周转量达24 508亿t·km（图5-42）；反映出广东省公路、水路货物运输服务职能的上升，铁路货物运输服务职能的下降。

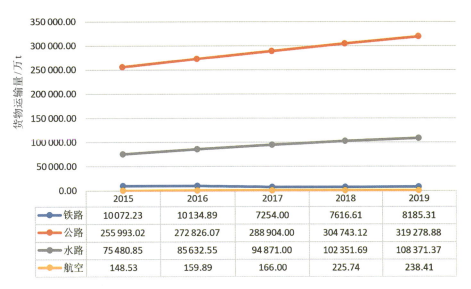

图5-41　广东省货物运输量变化

（数据来源：广东省统计年鉴）

图5-42　广东省货物周转量变化

（数据来源：广东省统计年鉴）

从客货运运输量和周转量情况可以看出，广东省四大运输方式各有侧重：①公路作为运输业的毛细血管，承载了所有运输起始和到达的重要任务；②水运作为主要货物周转和运输，铁路和航空作为客运主要运输方式，是客货运输市场资源自主配置的结果体现；③航空业交通基础建设的特殊性和运行系统的复杂性，决定了其自身只能是特种运输的主要形式，因此占比也最少；④铁路运输是未来能够在公路、水运、航空基础建设较为饱和的情况下，寻求交通运输增量的最主要方式，其客货兼容性和运输高效性决定了铁路运输将是未来运输业的最主要发展方向。

5.3.4 疫情期间交通运输恢复情况评估

2020年伊始，突如其来的疫情灾害对交通运输发展造成了很大的冲击；3月份，随着国内疫情的有效缓解，广东省开始着手交通运输秩序恢复工作，在持续抓紧疫情防控的同时，全力保障交通网络通畅，全面提升运输服务能力，着力强化安全监管，以助力各地复工复产。各类交通管制逐步放松，交通运输服务逐步常态化，交通运输生产开始复苏；到第三季度，复工复产成效显著，交通运输市场持续复苏，客货运输量稳步回升，交通运输发展保持高增长态势。

1）货物运输恢复情况

分季度来看，货物运输累计降幅逐步缩窄，呈现出持续复苏的态势。前三季度，全省累计完成货运量24.81亿t，货物周转量19 176.39亿t·km，同比下降8.2%和3.9%，降幅分别比上半年收窄5.5和3.4个百分点，比第一季度分别收窄15.2和5.8个百分点（图5-43）。

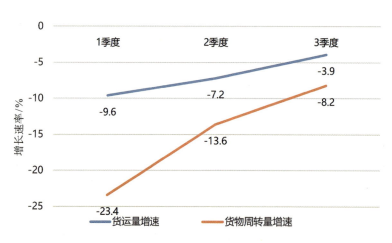

图5-43　2020年前三季度广东省货运量和货物周转量增速

（数据来源：广东省统计年鉴）

分月增速上看，广东省货物运输在2月份疫情暴发期下降至低谷点，8月份开始连续两个月实现正增长。货运量增速和货物周转量增速分别为42.6%和19%，随后其降幅逐步收窄，8月、9月货运量分别增长2.2%和3.5%，货物周转量分别增长3.2%和4.4%（图5-44）。

分运输方式上看，四大交通运输工具运营情况恢复良好，前三季度公路货运恢复较快，民航基本扭负为正。其中公路货运量、货物周转量分别下降8.4%和5.8%，分别比第一季度提高19.3

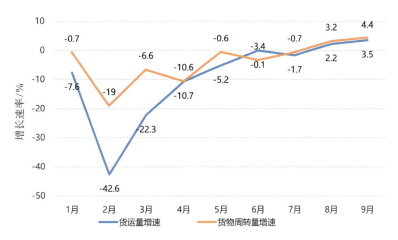

图 5-44 2020年1-9月广东省货运量和货物周转量增速

（数据来源：广东省统计年鉴）

个和20.2个百分点，民航货运量下降0.1%，货物周转量增长3.0%，分别比第一季度提高3.9个和7.1个百分点（表5-7）。

表5-7　　　　　　　　　　　四大交通工具货运量与货物周转量增长情况

运输方式	货运量累计同比增长（%）	货运量累计比第一季度提高（%）	货物周转量累计同比增长（%）	货物周转量累计比第一季度提高（%）
铁路	-1.4	3.9	-5.8	5.1
公路	-8.4	19.3	-5.8	20.2
水路	-9.5	8.4	-3.8	4.4
民航	-0.1	3.9	3.0	7.1

（数据来源：广东省统计年鉴）

分区域上看，粤东、粤北地区恢复较快。前三季度粤东地区货运量累计增速下降2.3%，货物周转量累计增速下降1.5%，分别比第一季度提高10.3个和34.4个百分点；粤北地区货运量累计增速下降4.4%，货物周转量累计增速下降3.4%，分别比第一季度提高7.9%和26.6%（表5-8）。

表5-8　　　　　　　　　　　各区域货运量与货物周转量增长情况

区域	货运量累计增速（%）	货运量累计比第一季度提高（%）	货物周转量累计增速（%）	货物周转量累计比第一季度提高（%）
珠三角地区	-9.3	5.8	-5.4	17.5
粤东地区	-2.3	10.3	-1.5	34.9
粤西地区	-10.5	11.1	-10.3	23
粤北地区	-4.4	7.9	-3.4	26.6

（数据来源：广东省统计年鉴）

总体而言，全省货物运输主要涉及物资流动与调配运输，不包含大规模人员运输等更有可能造成病毒传播风险的生产活动，对货物运输的管控更为灵活和放松，因此能够更快实现稳步复苏，确保降幅持续收窄。

2）旅客运输恢复情况

分季度来看，旅客运输规模累计减半，旅客出行规模逐渐回升。前三季度，全省累计完成客运量6.24亿人，旅客周转量1817.16亿人·km，同比下降47.1%和49.8%，降幅分别比上半年收窄4.8和5.6个百分点，比第一季度分别收窄5.6和4.7个百分点（图5-45）。

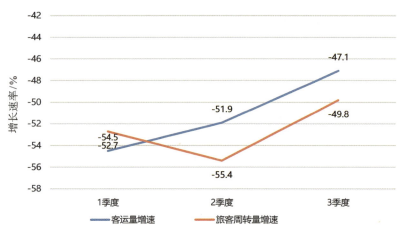

图5-45　2020年前三季度广东省客运量和旅客周转量增速

（数据来源：广东省统计公报）

从运输方式上看，民航和公路旅客运输恢复较快。民航和公路客运量累计分别下降43.8%和47.4%，比一季度提高10.2个和7.8个百分点；民航和公路旅客周转量分别下降51.7%和50.5%，比一季度提高1.9个和3个百分点（表5-9）。

表5-9　四大交通工具客运量与旅客周转量增长情况

运输方式	客运量累计同比增长（%）	客运量累计比第一季度提高（%）	旅客周转量累计同比增长（%）	旅游周转量累计比第一季度提高（%）
铁路	-47	5.7	-44.3	5.2
公路	-47.4	7.8	-50.5	3
水路	-54	1.6	-60.1	-3
民航	-43.8	10.2	-51.7	1.9

（数据来源：广东省统计公报）

分区域来看，珠三角地区公路客流相对活跃，客运降幅相对较小；粤东、粤西地区恢复较快。其中珠三角地区前三季度公路客运量和旅客周转量分别下降44.2%和49.6%，降幅比第一季度分别提高7.0个和0.6个百分点，提高幅度较小。粤东地区公路客运量和旅客周转量降幅分别比第一季度提高11.7个和7.9个百分点，粤西地区分别比第一季度提高9.2个和7.2个百分点，提高幅度较大（表5-10）。

疫情对旅客运输的冲击较大，旅客运输降幅较大，主要是广东省旅客运输涉及大规模人员流动，对遏制病毒传播风险与客运服务的恢复带来了极大的挑战。前三季度，客运规模仅恢复到上

表5-10　　各区域客运量与旅客周转量增长情况

区域	客运量累计增速（%）	客运量累计比第一季度提高（%）	旅客周转量累计增速（%）	旅客周转量累计比第一季度提高（%）
珠三角地区	-44.2	7	-49.6	0.6
粤东地区	-52.6	11.7	-50.7	7.9
粤西地区	-46.5	9.2	-48	7.2
粤北地区	-56.9	5.8	-57.1	5.6

（数据来源：广东省统计年鉴）

年同期的一半左右。国外疫情反复，各国因疫情防控而实施交通管制，出入境旅游和商务活动受到严重影响，国际航空客运恢复难度较大。

3）交通项目投资恢复情况

2020年三个季度以来，交通投资力度进一步加大，高速公路、普通国省道固定资产投资额实现较快增长。分季度来看，前三季度，广东省公路水路累计完成固定资产投资1455.6亿元，同比增长11.6%，增速较上半年加快9.4个百分点，其中三季度完成594.8亿元，同比增长28.6%（图5-46）；从交通类型来看，高速公路、普通国省道分别完成投资945.3亿元和253.4亿元，同比增长7.5%和增长44.5%，为年计划的78.8%和83.1%，公路客货站场及其他项目提前完成年度任务目标，完成投资62.0亿元，为年计划的137.7%（图5-47）。

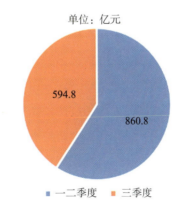

图5-46　2020年广东省公路水路固定资产投资季度分布

（数据来源：广东省交通厅）

目前，广东在建高速公路、省管铁路、重点水运工程等91个重点交通建设项目已全部复工，其中公路客货站场投资超额完成年计划指标，重大交通项目按计划进度正在稳健推进。

4）广东省疫情期间交通运输恢复简述

新冠肺炎疫情防控期间，广东省政府出台多项交通管控政策，以统筹疫情防控和恢复交通运输秩序，助力复工复产。前三季度广东交通运输恢复情况总体向好，重点交通项目建设也基本按时保质稳步推进，各项运行指标稳步回升。其中货运量恢复较快，保持高增长的态势，率先实现

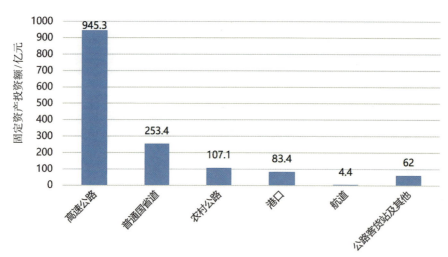

图5-47　2020年广东省前三季度公路水路固定资产投资项目分布
（数据来源：广东省交通厅）

正增长。而客运量受疫情的冲击较大，短时间内难以恢复到正常水平。目前国际环境复杂多变、险象环生，各种不确定因素增多，同时进入秋冬季节疫情有所反复，高强度的人员流动进一步增加了疫情传播的风险，对交通运输稳步恢复存在一定影响，客货运输及港口贸易持续恢复的不确定性增加。

从交通韧性的恢复能力表现来看，在四大交通运输工具中，公路和航空的交通韧性显然更具备强大的恢复能力。

公路作为交通系统的毛细血管，其交通疏导作用能够快速响应疫情防控要求进行迅速而简单有效的管制，并根据疫情控制和经济社会恢复的情况进行对应有效的调整。航空业作为管制较为严格，规范较为标准，系统较为复杂的交通运输系统，其如同精密仪器一般的运作和管理模式，能够在应对航空疫情管制、出入境航班管制、跨国冷链运输检验检疫、入境人员隔离居住和运输等方面做得井井有条且科学合理，能够调动其他上下游产业为之服务，使得航空业在疫情中虽然面临比起其他交通工具更加严格的管控压力，但也迸发出前所未有系统韧性。

在区域尺度，粤东、粤西两翼城市由于交通运输量较小，恢复速度更快，而珠三角地区由于承接更大的客货流量，对交通运输的管制更为严格，因此其交通运输的恢复速度相对较慢，恢复周期更长。

总体而言，广东交通运输总体向好的趋势不会改变，第四季度交通运输业仍将延续稳步回升发展态势。在此预判下，必须在落实好疫情防控措施的同时强化交通韧性的恢复能力。一是要加大交通运输保障力度，在确保运输安全的情况下，强化应急防疫运输保障，进一步恢复城市交通运行；二是各级政府要加大财政补贴力度，要保障疫情防控下的应急运输任务费用，同时要加大财政资金对交通重大项目的投入力度，全力保障省重大工程项目复工复产，减少疫情对工程施工影响；三是要从系统的角度进一步优化交通调度及管制机制，发挥重要节点与重大交通廊道在危机爆发时对人员流动和物资运输的有效引导管理作用，进一步增强交通韧性。

5.3.5 各地市交通韧性指标评估结果小结

1）交通韧性评估影响

综合上述对各类指标的分析和评估情况，根据交通韧性评估模式的四个大方向（交通基础设施水平、交通设施布局与城市功能布局耦合、交通网络韧性、交通运输恢复能力），进一步提出了每一个大方向下的评估指标，基本的评估层级概况如表5-11所示。

表5-11　　　　　　　　　　交通韧性评估影响判断

评估大方向	评估子方面	影响因子	韧性影响判断
交通基础设施水平	轨道交通基础设施水平	营业里程增长	正相关
	公路交通基础设施水平	站点增长或整合	正相关
	航运交通基础设施水平	运输载具增长	无相关性
	航空交通基础设施水平	空间分布特征合理性	正相关
	交通行业市场水平	交通固定资产投资增长	正相关
		交通企业行业分布	无相关性
		交通从业人员规模分布	无相关性
		交通运输行业资产规模	正相关
交通设施布局与城市功能布局耦合	站点人口集聚水平	人口集聚增长	正相关
	站点企业集聚水平	企业集聚增长	正相关
	站点土地开发水平	土地开发强度增长	正相关
	站点土地业态转换和用地结构变化程度水平	功能业态和用地结构变化和优化	无相关性
交通网络韧性	交通网络承载力水平	站点连接能力	正相关
		站点中转能力	正相关
		站点中心程度	无相关性
	交通网络运输能力水平	网络集聚能力	正相关
		网络流转能力	正相关
	交通辐射范围水平	可达性	正相关
		辐射能力	正相关
	交通运输服务需求水平	运输职能占比调整	无相关性
		运输量增长	负相关
交通运输恢复能力	货物运输恢复水平	运输量恢复速度	正相关
	旅客运输恢复水平	运输量恢复职能调整	无相关性
	交通项目投资建设恢复水平	交通项目职投资恢复速度	正相关
		交通项目职能投资占比调整	无相关性

2）交通韧性评估结果

本章节根据交通韧性综合评价模型对广东省各地市交通韧性进行评估，其韧性定性评价结果，按照第一梯队、第二梯队、第三梯队进行评估。

其中第一梯队的城市所具有的特点包括：交通基础设施水平发达、交通设施布局与城市功能布局耦合关系密切、交通网络总体韧性水平较高、交通运输恢复速度较快且恢复后交通运转能力基本与未发生突发事件前相同。

第二梯队的城市所具有的特点包括：交通基础设施水平在某些交通运输领域较为突出、交通设施布局总体合理且能够与城市功能布局产生一定交互作用、交通网络韧性在不同交通运输方式中表现优秀、交通运输恢复水平能够通过自身不断修正和改进，在尽可能发挥现有交通设施水平的基础上逐渐恢复。

第三梯队的城市所具有的特点包括：交通基础设施水平尚不完善且交通基础设施布局和运输能力一般、交通设施布局与城市功能布局关联性不大，交通网络韧性在很多方面尚未能够具有交通韧性的特点，进而导致在面临突发事件的打击之下，交通运输和建设恢复需要较长的时间甚至部分交通运输功能受到永久性损伤。具体结果如表5-12～表5-15：

表5-12　　交通基础设施水平评估

地市	总体评估	轨道交通基础设施水平	公路交通基础设施水平	航运交通基础设施水平	航空交通基础设施水平	交通市场水平
广州	第一梯队	第一梯队	第一梯队	第一梯队	第一梯队	第一梯队
深圳	第一梯队	第一梯队	第一梯队	第一梯队	第一梯队	第一梯队
珠海	第二梯队	第二梯队	第二梯队	第二梯队	第二梯队	第二梯队
汕头	第二梯队	第二梯队	第三梯队	第二梯队	第三梯队	第三梯队
佛山	第一梯队	第一梯队	第一梯队	第一梯队	第二梯队	第二梯队
韶关	第二梯队	第三梯队	第二梯队	第三梯队	第三梯队	第三梯队
河源	第三梯队	第三梯队	第三梯队	第三梯队	第三梯队	第三梯队
梅州	第二梯队	第三梯队	第二梯队	第三梯队	第二梯队	第三梯队
惠州	第二梯队	第二梯队	第二梯队	第三梯队	第二梯队	第二梯队
汕尾	第三梯队	第三梯队	第三梯队	第三梯队	第三梯队	第三梯队
东莞	第一梯队	第一梯队	第一梯队	第二梯队	第二梯队	第二梯队
中山	第二梯队	第二梯队	第二梯队	第二梯队	第三梯队	第二梯队
江门	第三梯队	第三梯队	第三梯队	第二梯队	第三梯队	第三梯队
阳江	第三梯队	第三梯队	第三梯队	第三梯队	第三梯队	第三梯队
湛江	第二梯队	第三梯队	第三梯队	第二梯队	第三梯队	第三梯队
茂名	第三梯队	第三梯队	第二梯队	第三梯队	第三梯队	第三梯队
肇庆	第二梯队	第二梯队	第二梯队	第二梯队	第三梯队	第二梯队
清远	第二梯队	第二梯队	第二梯队	第三梯队	第三梯队	第三梯队
潮州	第三梯队	第二梯队	第三梯队	第三梯队	第三梯队	第三梯队
揭阳	第二梯队	第三梯队	第三梯队	第三梯队	第二梯队	第三梯队
云浮	第三梯队	第三梯队	第三梯队	第二梯队	第三梯队	第三梯队

表5-13　　　　　　　　　　　　　交通设施布局与城市功能布局耦合评估

地市	总体评估	站点人口集聚水平	站点企业集聚水平	站点土地开发水平	站点土地业态转换和用地结构变化程度水平
广州	第一梯队	第一梯队	第一梯队	第一梯队	第二梯队
深圳	第一梯队	第一梯队	第一梯队	第一梯队	第一梯队
珠海	第二梯队	第二梯队	第三梯队	第二梯队	第二梯队
汕头	第三梯队	第二梯队	第三梯队	第二梯队	第三梯队
佛山	第二梯队	第二梯队	第二梯队	第二梯队	第二梯队
韶关	第三梯队	第三梯队	第三梯队	第三梯队	第三梯队
河源	第三梯队	第三梯队	第三梯队	第三梯队	第三梯队
梅州	第三梯队	第三梯队	第三梯队	第三梯队	第三梯队
惠州	第三梯队	第三梯队	第三梯队	第三梯队	第二梯队
汕尾	第三梯队	第三梯队	第三梯队	第三梯队	第三梯队
东莞	第二梯队	第二梯队	第二梯队	第二梯队	第一梯队
中山	第二梯队	第二梯队	第三梯队	第二梯队	第二梯队
江门	第三梯队	第三梯队	第三梯队	第三梯队	第三梯队
阳江	第三梯队	第三梯队	第三梯队	第三梯队	第三梯队
湛江	第三梯队	第三梯队	第三梯队	第三梯队	第三梯队
茂名	第三梯队	第三梯队	第三梯队	第三梯队	第三梯队
肇庆	第三梯队	第三梯队	第三梯队	第三梯队	第三梯队
清远	第三梯队	第三梯队	第三梯队	第三梯队	第三梯队
潮州	第三梯队	第三梯队	第三梯队	第二梯队	第三梯队
揭阳	第三梯队	第三梯队	第三梯队	第三梯队	第三梯队
云浮	第三梯队	第三梯队	第三梯队	第三梯队	第三梯队

表5-14　　　　　　　　　　　　　　　交通网络韧性评估

地市	总体评估	交通网络承载力水平	交通网络运输能力水平	交通辐射范围水平	交通运输服务需求水平
广州	第一梯队	第一梯队	第一梯队	第一梯队	第一梯队
深圳	第一梯队	第一梯队	第一梯队	第一梯队	第一梯队
珠海	第二梯队	第二梯队	第二梯队	第二梯队	第一梯队
汕头	第二梯队	第三梯队	第三梯队	第三梯队	第二梯队
佛山	第一梯队	第一梯队	第一梯队	第一梯队	第一梯队
韶关	第二梯队	第二梯队	第二梯队	第二梯队	第三梯队
河源	第三梯队	第三梯队	第三梯队	第三梯队	第三梯队
梅州	第二梯队	第二梯队	第二梯队	第二梯队	第三梯队
惠州	第二梯队	第二梯队	第二梯队	第二梯队	第二梯队
汕尾	第三梯队	第三梯队	第三梯队	第三梯队	第三梯队

续表

	交通网络韧性				
地市	总体评估	交通网络承载力水平	交通网络运输能力水平	交通辐射范围水平	交通运输服务需求水平
东莞	第一梯队	第一梯队	第一梯队	第二梯队	第一梯队
中山	第一梯队	第二梯队	第一梯队	第二梯队	第一梯队
江门	第二梯队	第三梯队	第二梯队	第二梯队	第二梯队
阳江	第三梯队	第三梯队	第三梯队	第三梯队	第三梯队
湛江	第二梯队	第三梯队	第二梯队	第二梯队	第二梯队
茂名	第三梯队	第三梯队	第三梯队	第三梯队	第一梯队
肇庆	第二梯队	第二梯队	第二梯队	第二梯队	第二梯队
清远	第三梯队	第三梯队	第三梯队	第三梯队	第二梯队
潮州	第三梯队	第三梯队	第三梯队	第三梯队	第三梯队
揭阳	第二梯队	第二梯队	第二梯队	第三梯队	第一梯队
云浮	第三梯队	第三梯队	第三梯队	第三梯队	第三梯队

表5-15　　　　　　　　　　　　交通运输恢复能力评估

	交通运输恢复能力			
地市	总体评估	货物运输恢复水平	旅客运输恢复水平	交通项目投资建设恢复水平
广州	第一梯队	第二梯队	第一梯队	第二梯队
深圳	第一梯队	第二梯队	第一梯队	第二梯队
珠海	第三梯队	第三梯队	第三梯队	第三梯队
汕头	第二梯队	第二梯队	第二梯队	第二梯队
佛山	第三梯队	第三梯队	第三梯队	第三梯队
韶关	第二梯队	第一梯队	第二梯队	第三梯队
河源	第三梯队	第三梯队	第三梯队	第二梯队
梅州	第二梯队	第一梯队	第二梯队	第三梯队
惠州	第三梯队	第三梯队	第三梯队	第一梯队
汕尾	第三梯队	第三梯队	第三梯队	第三梯队
东莞	第一梯队	第一梯队	第二梯队	第一梯队
中山	第一梯队	第一梯队	第三梯队	第一梯队
江门	第三梯队	第三梯队	第三梯队	第三梯队
阳江	第三梯队	第三梯队	第三梯队	第三梯队
湛江	第三梯队	第三梯队	第三梯队	第三梯队
茂名	第三梯队	第三梯队	第三梯队	第二梯队
肇庆	第二梯队	第二梯队	第二梯队	第二梯队
清远	第二梯队	第三梯队	第二梯队	第一梯队
潮州	第二梯队	第二梯队	第二梯队	第二梯队
揭阳	第一梯队	第一梯队	第二梯队	第二梯队
云浮	第三梯队	第三梯队	第二梯队	第三梯队

从交通韧性的各项评估指标综合结果来看，广东省各地市交通韧性综合水平呈现明显分梯度发展，交通韧性首位度水平明显，广州和深圳各方面交通韧性指标均明显领先其他地市。其他交通韧性表现较为突出的地市主要有：东莞市、佛山市、中山市和揭阳市。全省交通韧性综合水平有待进一步提高。

从空间布局上看，广东省交通韧性综合水平存在一定的地域差异，珠三角各城市的交通韧性综合水平明显高于粤东西北各城市。粤东城市交通韧性又相对高于粤北和粤西各市。广州、深圳、佛山、东莞的交通韧性表现突出，交通韧性综合水平较高。

3）交通韧性发展建议

交通韧性综合水平评价综合刻画了交通系统的自适应程度，反映了区域交通在面对风险和突发事件时，仍能保持功能和结构运转的能力。增强交通韧性的系统动力，是提升交通韧性综合水平的最主要推手；完善和因地制宜确定各地市交通韧性发展的方向，提升各地市交通基础设施某一运输方式的短板，是当前广东省解决交通韧性不足的首要任务。交通韧性发展差距需要多措并举，具体可以从以下两个方面来体现。

（1）持续提升基础设施管理水平

提高交通基础设施对于自然灾害的抵抗能力，首先要处理好基本管理问题。一是要注重引入和执行法规、施工规范和采购规则，确保交通基础设施合法合规建设。二是做好基础设施养护及常态化安检工作，保障正常天气状况下可靠运行。三是制定、实施、评估和改进灾害应急救援方案，以提升交通网络在特殊情况时对于经济社会运行的服务能力。四是提升交通基础设施领域执法的法律框架，有效监督交通基础设施建设、服务质量和绩效。

（2）建立韧性导向交通发展机制

考虑到交通基础设施运营机构缺乏建设韧性交通的动力，交通运输主管部门应做好韧性交通建设的顶层设计。一是在交通规划、法律法规和建设标准中纳入韧性目标，并定期调整以适应包括极端气候变化或突发公共卫生事件等多种突发状况。二是建立基础设施运营机构绩效激励机制，推动运营机构参与强制性标准建设和运营交通基础设施。三是推动交通基础设施规划与国土空间规划相一致，降低突发事件的危害影响，通过交通引导促进低风险空间发展。

提升交通网络韧性的关键，在于因地制宜抓住交通韧性的短板。交通基础设施网络覆盖范围广阔，特性差异较大，并非单个交通设施和交通资产需要对所有风险保持韧性。交通运输主管部门应对交通网络实施针对性分析，对网络内基础设施资产重要性进行排序，识别出最重要的交通基础设施资产作为韧性提升的重点对象。在确定关键基础设施资产后，充分考虑当地自然环境及经济社会发展情况，定义基础设施和重要交通节点可接受或不可容忍的风险水平。交通基础设施运营机构可根据以上风险水平来制定相应的管理办法和措施，以确保提升和优化交通网络韧性。

更进一步承担制定以人为本的交通管理模式。从基础交通设施资产的全生命周期管理的战略制定、运营管理、财务支出等各方面，到交通与人地的相互关系循环，推动交通基础设施辐射人口和土地发展，并通过交通附加资产反哺交通设施系统的维护和建设。当前，广东省绝大部分交通资产管理系统尚未融入韧性发展理念，因此，基础设施建设单位和运营机构应充分考虑交通本身、非交通要素和突发事件交通的影响，根据以往经验着力收集、存储和更新区域内交通系统易受害性资料；建立基于韧性或风险的可持续交通设施管理系统，用于实施交通基础设施管理和交通用户的使用策略优化，以显著降低整体交通系统的风险性及脆弱性，将服务能力保持在目标水平。

5.4 交通韧性提升发展策略及案例借鉴

5.4.1 营造更高效、更人本、更韧性的交通与人地耦合空间

交通站点整合外部资源的能力是衡量交通站点韧性发挥影响力、作用力与恢复力的重要表现，这主要体现在疫情高峰期结束后可通过强大的外部资源整合能力影响、作用于该轨道站点周边区域，实现地区人口就业回流、经济生产、城镇建设的快速恢复。影响轨道交通站点整合能力的核心因素在于站点交通区位性能，包括空间选址、站点类型、站点规模等主要内容，具体涉及的因素主要有以下几个方面：

①大型站点开通，对于在站点周围资源整合和服务多样化这两类的需求，都呈现大幅度的增长。

②站点对于周围的影响包括对站点周围的传导机制，其传导机制主要体现在土地开发强度和土地开发用途的变化；土地、商业、产业等价值的增长；人员的集聚和流动及相关业态的产生和消亡。

③站点规模对于其他站点的影响，包括枢纽站点对于其他站点的虹吸，站点对于交通运输分担比重的再分配，站点对于后续自身或其他交通站点建设的影响和改造等方面的影响。

大型交通站点需要通过提高其交通区位性能而发挥对外部资源的整合作用，来最终达到增强交通站点韧性的影响力、作用力和恢复力。其中，TOD作为"交通导向开发"的简称，是以公共交通为导向开发，属于解决交通韧性中低密度、无序蔓延情况的，人地功能分离，土地资源浪费的最新交通设施概念，也是营造更高效、更人本、更韧性的空间的优秀典范（图5-48）。

案例：米兰加里波底们火车站

新门（Porta Nuova）位于意大利米兰市中心以北，占地29hm²，总建筑面积约34万 m²，是欧洲最大的城市复兴项目之一。它得名于拿破仑时期修建的一个城门，该区域曾是米兰城区内最为衰败的地带，常年荒废。2005年，米兰开始雄心勃勃的"新门项目"城市再生计划，五年后该区脱胎换骨一跃成为米兰的潮流文化聚集地，展示着一座城市乃至整个国家的发展希望。

针对新门三区中最大的加里巴第区，PCPA自2005年起为16.2hm²的开发区域提供了总体规划和建筑设计，强调混合功能一站式生活圈，功能包含住宅、办公、零售、酒店，以及一个9hm²的公共绿地（图5-49）。

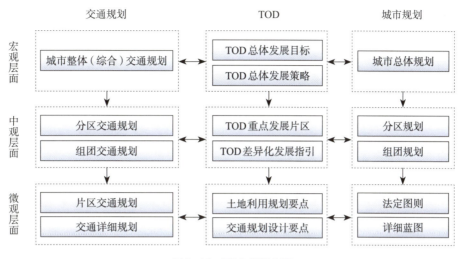

图5-48 TOD框架体系

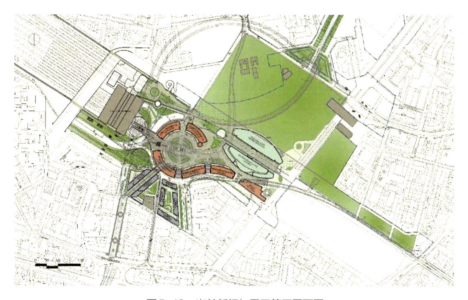

图5-49 米兰新门加里巴第区平面图

其中米兰加里波底门火车站（Stazione Milano Porta Garibaldi station）的TOD开发是整个区域的重中之重，该火车站每年服务超过2500万通勤乘客，项目地块"镶嵌"在已有基础设施之间，轨道和街道系统非常繁忙，建设开发需避免对街道活动和交通造成干扰，且需要特殊的设计手法和技术手段实现TOD综合体的高效整合。

最终的设计方案，是以新旧合一、垂直整合为特色的城市再生样板。该方案特色主要有：

①新建项目整体抬高，高出周边街道6m，保证路面交通畅通无阻，同时释放上盖空间的无限可能性，打造人车分离的核心公共空间。

②以零售餐饮和便利设施、引人入胜的喷泉艺术景观和公共艺术作品作为该设施的文化核心。

③依托塔楼围合的强大磁场，抬高的广场通过一系列坡道和阶梯式街道与原有街道连接，实现项目与周边社区无缝衔接。

TOD能够多层次全方位提升一个交通站点的交通韧性，形成更高价值的城市土地开发模式，成为城市发展的催化剂，进一步促进商务办公、人居住宅、公共空间、科研发展等多方面区域价值，使得TOD站点在促进沿线产业带形成、调整沿线城市产业结构、发展沿线文化、教育、旅游、商贸等方面形成新的发展诱因（图5-50）。从交通韧性的角度分析可以得出以下两点结论。

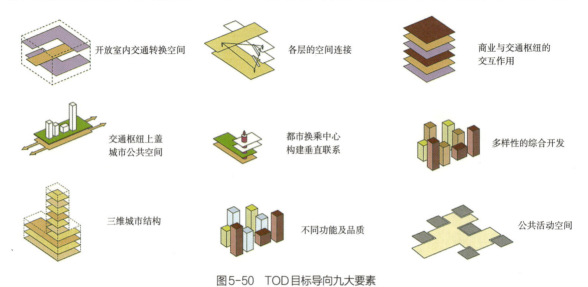

图5-50　TOD目标导向九大要素

①从轨道交通站点韧性上看，TOD轨道站点整体连接能力、中心程度将得到大幅提升，轨道站点中转能力和运输能力也同样大幅提升。从交通基础设施建设的角度，提升了该交通设施的基本韧性水平。

②从交通与人地关系耦合上看，建成TOD后人地关系进一步优化，人地与交通互补性、交通用户服务水平、交通设施资产价值等都得到提升，这些作为交通附加韧性的方面，是TOD站点整体交通韧性1+1＞2的价值表现。

③从交通运输恢复能力上看，更加先进的交通系统和更加科学的交通管理模式，更加巨大的交通设施体量，都是交通抵抗力和恢复力方面提升的要素基础。同时，促进站点周边高密度高强度发展，并鼓励捷运系统使用，整合交通网络和节点，优化交通职能分担占比，交通设施与运营线共赢开发等模式，都是交通韧性提升的体现，并有助于在遇到突发事件时，依旧保证TOD站点的稳定运营和强大辐射力和吸引力。

5.4.2　特殊时期交通治理措施

在面对极端情况下，检验交通系统的韧性水平，主要体现在应对大型突发事件时针对交通资源进行优化重组和交通应急管理体系的建立和运作。自2020年新冠疫情以来，全社会动员形式的交通管制是我国社会制度优势的必然结果。

特殊时期的交通治理措施也有难易之分，一般情况下大众所知道的全社会毛细血管式的交通管制措施，例如封村或者小区出入口核酸检测等，其管理复杂性较低。这得益于较为完善的道路系统，即使在交通管制期间，对于整体公路交通韧性影响有限。而一些交通治理措施过于专业性和隐蔽性，相比之下非专业人士了解不多，而这类交通管制一旦出现了问题，则会牵一发动全身，迅速造成大范围的影响和严重的瘫痪。例如航空业自身的特殊性，在面对疫情时，其牵一发而动全身的防疫管控要求，对于交通管理的科学性和组织性要求较高，是交通韧性水平的极端化管理能力的真正体现。

案例：昆明机场应对新冠疫情管理模式

新冠疫情暴发后，航空运输业遭受巨大冲击。昆明机场受疫情影响，旅客吞吐量、航班量锐减，从原来日均1000架次锐减至200架次以内，各航司客座率也降至40%左右，机场旅客吞吐量直线下降。春运初期日均16万人次减少至日均1.8万人次（图5-51）。

昆明机场现有停机位172个，含廊桥机位68个。受疫情影响，日均145～150架航空器停场未有航班执飞计划，导致部分廊桥也被停场航空器占用，加之每日航空公司执飞航班航空器不固定，为提高资源的利用效率和航班保障效率，廊桥与远机位航空器拖曳频繁。同时由于机场流量的大量减少，候机旅客只有原来的10%左右，航站楼商业服务资源空置严重，每日还需对航站楼公共区域进行消杀，造成了大量人力、物力、财力的虚占和浪费。不难看出，随着大量航班的取消，航空器停场数量增加、停机位资源饱和、廊桥利用率下降、保障流程和时间增加、航站楼商业服务资源空置等一系列问题纷纷涌现，给机场运行指挥工作带来了严峻考验和巨大压力，随之也对年内生产运输目标的完成带来了全新的挑战。

图5-51　疫情期间昆明机场航班量及旅客吞吐量走势图

在疫情的侵袭下，昆明机场为保证极端交通运作维持正常水平，通过不断挖掘航空业运输交通韧性，将机场保障资源利用水平和管理水平提升到新的高度，确保了机场运行安全、平稳、顺畅的目标。其主要体现在以下几个方面：

（1）集约运行：采取单跑道运行模式

昆明机场现有两条跑道，东跑道长4500m，西跑道长4000m，飞行区指标为4F。近年来，随着机场的迅猛发展，航班综合保障能力不断增强的同时压力也持续增大。在疫情的低位运行状态下，昆明机场和空管部门协同配合，采取单跑道运行模式。科学高效利用保障资源的同时，昆明机场也利用单跑道交替计划运行时机，对飞行区跑滑、快速脱离联络道道面病害进行彻底施工根治。快速脱离道平常就很难有"充裕时间"去维护，这次抓住"千载难逢"机会，一并解决隐患问题（图5-52）。

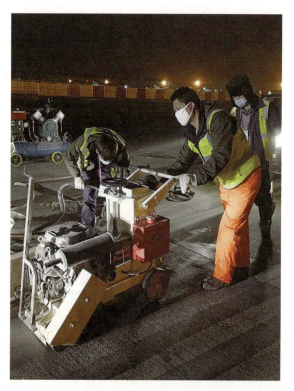

图5-52 疫情期间跑道路面病害修复

（2）节能运行：关闭部分航站楼

以2020年2月1日昆明机场实际执行431架次为例，停场飞机164架，其中E类停场6架；实际高峰小时为08时段，为29架次（图5-53）。按照受疫情期间日均450架次航班量为样本，分析实际旅客吞吐量及高峰小时架次情况，暂停使用东Y和西Y指廊楼航站楼内登机口及其他设施设备，相应机位区域（118—151廊桥及对应登机口29—45、47—63）也暂停使用，机位则供停场航空器停放。以上区域暂停后，航站楼两侧共34个廊桥提供使用，其中含11个国际廊桥，暂停廊桥服务区域近一半。

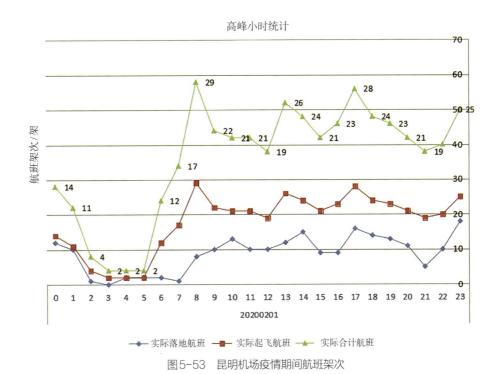

图5-53 昆明机场疫情期间航班架次

（3）科学运行：集中区域密集停放长期停场航空器

为进一步缓解夜间停场机位不足情况，昆明机场结合本场机位构型及实际运行情况，启动部分区域集中停放航空器模式，即在滑行道上划设16个C类临时停机位。将临时停机位区域设置为集中停放航空器区域（图5-54）。

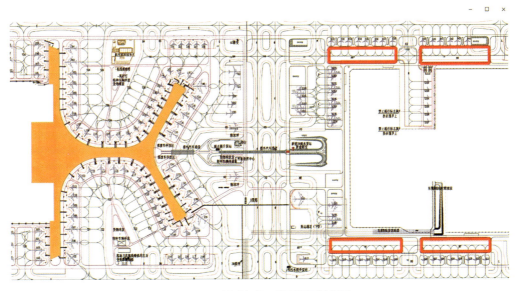

图5-54 昆明机场飞行区平面效果图

据实际统计，疫情期间航空器停场增加主要是基地航司外展航空器调回本场所致。根据昆明机场停场航空器超额数情况，各基地航司按比例分配所需停场航空器至集中区域，同时根据航空器停场分配名额，以5~10天为轮换的原则，一是将停放在集中停放区域停机位的航空器拖曳（或安排机组滑行）至候机楼相关区域；二是提前将轮换停场的航空器通报机场，机场根据公司提供的机号和配额安排相应航空器停放在临时停机位。

集中停放航空器以来，增加16个C类航空器停场机位。加之公务机机坪机位共31个（23个C类，8个B类机位）。在航空器大量停场情况下，昆明机场满足停场航空器机位要求情况下，预留要求的备降机位。同时，各航司将停场航空器相对固定，减少航空器地面拖曳，为机场运行安全打下坚实基础。同时航站楼部分区域关闭在满足服务要求情况下，起到较大节能减排作用，并且有效减少公共区域消杀范围。

（4）精细运行：梳理疫情物资运输保障航班

防疫物资运输是昆明机场疫情期间机场运行的工作重点，自1月27日起，云南省赴武汉医疗队伍包机七批，共计9架次，运输医护人员1140名，行李物资超过60t。

昆明机场在每接到一个运输任务后，立即组织各相关单位一同制定任务保障方案，针对不同业务链条细化保障流程，并明确各业务链责任人及工作职责，保障流程的细化精准到每一个保障环节，确保方案适用性、可操作性，保证了每一次援鄂航班的顺利进行。在保障过程中，主要由机场运行指挥中心统一协调指挥，信息通过专用频率传达，避免发生多个民航保障体系与外部协调信息不对称，确保信息传递精准、及时与高效。

（5）持续管控：机场疫情防控措施

机场楼内实现无感测温全覆盖；公共区域定期预防性消毒，航站楼空调采用"全新风+供冷"模式，并安装有紫外线消毒灯管，运行中的空调机组24小时不间断消毒；安检最大限度应用自助验证技术，严格落实高频次、全覆盖的消毒措施等。具体措施包括：

①出入口设置消毒地垫；

②无感式体温筛查和楼内无感测温全覆盖；

③手推车"一车一用一消毒"；

④旅客区域常态化消毒全覆盖；

⑤空调"供冷+全新风"运行；

⑥倡导"一米"安全排队间距并增加物理间隔；

⑦安检无接触自助体验和全自助行李托运；

⑧工作人员健康管理；

⑨抵达旅客健康申报；

⑩平价防疫物资供应和防疫政策咨询；

⑪快速登机和引导分散排队；

⑫行李有序筛查和降低摆渡车旅客密度；

⑬无感支付；

⑭疫情备用隔离区与隔离人员完善转运和隔离机制；

⑮客户安全信息保障。

昆明机场运营商在疫情袭来并没有坐等政府取消旅行限制或者批准和实施广泛性的国际旅行措施之后才有所行动，而是一开始就从战术和战略层面考虑该如何应对乘客和航班减少的局面。同过快速将机场航站楼转变为一个过滤系统，并采取一系列措施——健康筛查、自动值机、行李消毒、非接触式安检等，逐步降低病毒传染风险。同时，在疫情期间探索机场管理新模式，实现机场维护运作更加可靠、疫情管控更加严格、运营成本显著降低等目标，让机场内旅客和工作人员确信机场内的环境和人员都已在最大程度上隔绝了新冠病毒，并在后续疫情好转后，逐步放宽对身体安全距离的要求，不再担心旅客密度的增大。

而且，即使疫苗研发成功，通过上述措施，机场作为一个复杂的系统，能够在疫情来袭期间更加了解旅客的行为，更好地掌握与乘客沟通的技巧，据此改善机场运营，简化乘客值机手续。这些经验，将帮助我们更好地应对未来任何突发情况。另外机场能够和上下游产业关联单位，共同建立疫情下机场管理标准，也是值得推广的实践经验。

5.5 本章小结

交通系统是城市发展的骨架和流空间，也是区域发展的大动脉和骨关节。交通韧性的体系，不单只是一个城市或者区域面对交通系统的干扰事件发生之后的应变和抗冲击能力，还包括了交通系统建设和投资的前期准备，交通行业市场化运营能力，交通需求服务调配，交通连接线和站点组合成的网络各项指标和特征。

5.5.1 对交通韧性的认识

在城市层面，交通韧性是指城市交通系统在干扰事件发生的前、中、后期能够有效应变，富有弹性和较强的抗冲击能力。交通韧性有三个要点：第一，城市交通系统在干扰下保持原有功能、恢复可达性的能力。第二，城市交通系统所具有的适应能力、抗冲击能力、学习能力和自我调整恢复能力。这些能力可将交通系统由一个脆弱的系统转变成一个"坚韧"的系统。第三，城市交通系统在应对各种干扰的过程中与干扰共同进化，脆弱性不断减少、韧性不断提高。

在区域交通层面，交通韧性包括：第一，对于区域交通整合度、连接度、聚集度、流转度等基础维度和指标水平的体现；第二，对于交通系统能够在发展和进化过程中不断满足人的交通需求并留有冗余的能力；第三，对于交通建设和投资的前瞻性，包括系统设计前瞻性和需求满足前瞻性的规划能力，以及面对突发状况调整相关规划和建设方案或者进度的能力。

一个具有较高韧性水平的交通系统首先是一个具有高水平安全程度的系统，交通事故及伤亡率控制在很低的水平，反映了对交通安全的极端重视；第二，交通系统的连通性与网络性较好，交通流效率高；第三，交通设施类型丰富，并形成交换互补性和稳定性；第四，交通系统的管理生态化与精细化相结合，对稀缺的交通空间资源具有高效、合理的利用与分配，并能够留有应对突发状况的冗余运能；第五，交通韧性对城市的社会韧性产生积极作用，如道路设计有必要考虑预防恐怖主义，增加城市系统抵御和应对突发事件的能力。

在以人为本的社会，交通韧性的获得需要借助于交通系统的经济、社会、人口效益乃至三者的综合效益和其他效益（包括例如生态效益在内）的结合；其次，交通韧性并不能局限于交通系统而获得，必须与城市的人口自发分布和流动、土地利用和开发、城市发展政策等具有很好的协调整合；第三，交通系统韧性的获得在学科上要借助于多学科多专业的原理、知识与技术，在管理上要将人的综合素质与城市的精细化管理予以有机的结合；第四，要致力于提升城市交通韧性多种正向功能，不仅应满足机动性、减灾防灾要求，还应该满足治拥堵、降能耗、减少空气污染、增加社会公平等需求；第五，城市交通系统韧性的获得最终要依靠"高素质出行文化"的形成。当全体市民的出行文化具有绿色化、低碳化乃至生态化和高道德水平的特征时，在面对突发状况能够做到对交通进行有效管控，对重要交通运输网络进行有效保障，则将极大地对交通系统的韧性产生积极的意义和作用。

5.5.2 现有交通系统和规划对于交通韧性的启示

从本章的内容设计上来看，交通设施建设和交通网络韧性的相关分析，基本阐述了不同交通运输工具和不同交通网络与站点量化评估指标所构成的评估体系。

从结果可以看出，公路作为交通运输的毛细血管，也是唯一存在"拥堵"这一问题的交通运输方式，从系统的角度来看韧性程度最高。个别毛细血管的堵塞，并不影响公路运输整体系统的运转，能够迅速将产生的突发情况化整为零。公路是所有交通工具中网络化程度最高的运输方式，铁路和水路都想通过不断投资建设而达到此效果。可以推测，网络化建设是有效加强交通韧性的一种方式。

铁路的韧性主要体现在超前投资和部署，其中两个显著的成效便是：一是吸引乘坐其他交通工具的乘客乘坐铁路，提供铁路旅客运输占比；二是持续投资建设不断带动地方经济发展，超前投资意识实现铁路运输跨越式发展和运输转型升级。铁路作为陆地运输的公路的补充，起到运输大动脉的功能，一旦有突发情况，可以实现铁路设施有效管控，保证战略物资和人员输送，能够系统性调配，且运输效率较高，这些是铁路自身相较于其他运输方式所特有的，是铁路交通韧性的体现，也是目前我国将铁路作为交通重点投资和建设的重要原因。

水运相对于空运和铁路运输，其地理限制性条件最为明显。水运通过资源整合和科学化高效管理模式，实现资产重组和运能提升，这在当前水路运输逐渐转向铁路运输的大背景下，是十分难能可贵的。在对运输的速度要求不太高的情况下，水运所展现出来交通韧性是所有交通工具中最大的，可以说是没有运能上限。

航空运输业相对于其他三类运输方式，其受限制条件众多，包括航空空域管控、机场建设规划和建设周期长、占地面积大、选址苛刻等因素，然而航空运输需求又呈现井喷式增长。在这次疫情中就明显体现出航空运输业的交通韧性水平较低，恢复较慢。航空运输业的交通韧性短板主要体现在以下方面：①机场作为航空运输的节点，带动相关产业发展的模式与城轨不同，机场的配套产业均与机场本身有较为深度的捆绑，一旦遇到突发状况，如管制停飞，其相关周边产业会一并受到较大牵连；机场本身能够创造的经济价值又是反哺与非航空业的社会经济发展，所以航空业的经济韧性就较差。②机场的选址建设周期较长，在新机场分流客流之前，仅能依靠增加航线来满足日益紧张的空运需求，而日渐管制的空域无疑使得机场运输可用空域更加狭窄，且相比于铁路，机场的管理和调配难度更加复杂，安全要求更高。总体上这些不利因素使得航空运输业的交通韧性是所有运输方式中最差的。

　　四种交通运输方式的互补也是交通韧性的重要方面，铁路运输与航空运输既是竞争关系，也有相互分担减轻运能的作用，同理铁路和公路也是一样。同样，不同交通系统之间为能够实现系统化管理和调配，目前仅仅是依靠市场这一无形的手，引导公路客运逐渐退出，铁路客运逐渐增加。现有交通系统的局限性受限于管理层级是否打通，以及科技水平。如未来能够通过不同交通运输联运，或者开发出新的交通运输模式，那么广东省整体交通的韧性将会呈现质的飞越。

第六章

经济韧性

当今世界正经历百年未有之大变局，2020年新冠肺炎疫情全球大流行使这个大变局加速演进。单边主义、贸易保护主义上升，经济全球化遭遇逆流，国际贸易和投资大幅萎缩，全球经济深度衰退，国际经济、科技、文化、安全、政治等格局都在发生深刻调整，世界进入动荡变革期。在此背景下，我国经济发展面临更多冲击和风险，对经济韧性提出更大挑战和更高要求。

6.1 经济韧性研究进展

6.1.1 区域经济韧性理论

韧性（resilience）一词起源于拉丁文 resilire，表示系统或个体经历冲击或扰动后能够恢复回弹的能力。20世纪70年代由霍林引入到生态学中，后经经济地理学家引入区域经济研究，经济韧性理论体系逐渐丰富。

经济韧性作为韧性理论在社会—经济领域的重要应用，已经成为研究经济复苏和可持续发展的工具而备受西方经济地理学者热捧，并和演化经济地理与创新地理的核心概念紧密结合，形成较为完备的理论分析框架。

经济韧性其内涵已由传统基于均衡论的工程韧性和生态韧性逐步朝基于演化论的演进韧性转变。应用研究的重点也从提升区域应对外部灾害的能力转向寻求区域长期可持续发展的能力。从均衡论视角分析，工程韧性是最为传统、应用最广泛的韧性解释，即：区域在危机后，成功恢复到初始平衡状态的速率或区域在外部危机下维持自身系统稳定的能力。从演化论视角分析，韧性是区域的固有属性，它独立于经济危机之外，并根据外界环境不断调整而动态演变。演进韧性因此被定义为区域不断调整自身社会经济和制度结构以适应长期外部环境变化并持续增长的能力。根据演化经济地理学者的描述，韧性作为区域固有属性蕴含在区域演化的过程中，是区域历史遗产和外界环境（包括危机在内）影响而不断自我强化表现出的历史路径依赖。这种历史路径依赖包括长期演化形成的产业结构、生产关系组织、制度安排、创新氛围等（图6-1）。演进韧性不存在均衡态，它不断陷入历史路径依赖的"锁定"效应，又在环境变化的影响下不断破除更新原有要素结构而动态演化。

演化论和均衡论的共同点在于都遵循经济发展的历史路径依赖特性。同时也存在稳定性、经济危机、危机时空观等三方面思维差异：一是稳定性理解差异。传统意义上将稳定性解释为区域面对危机维持原有结构和组成的能力。演进韧性却将稳定性视为区域维持稳定表现和特定功能的能力，容许其内部结构和组成部分随外界环境变化不断变化调整。二是经济危机理解差异。虽然演进韧性和生态韧性两种认知思维都不仅将经济危机视为经济衰退的风险，更视作破除锁定效应的机遇，但演进韧性认为区域历史演化形成的锁定效应会阻碍区域创新演化出全新的路径，而非区域试图回到的均衡（健康）状态。三是危机的时空观理解差异。传统基于均衡论的韧性解释将关注点聚焦于危机这个短暂的时间节点而讨论危机对区域的长期或短期影响，因而方法上以横断面研究为主。演进韧性则跳出危机研究本身,而着重于长期区域动态演化的知识网络结构和制度安排等变化是否能提高或降低区域应对潜在风险的能力。主流研究向基于演化论的演进韧性发展转变。

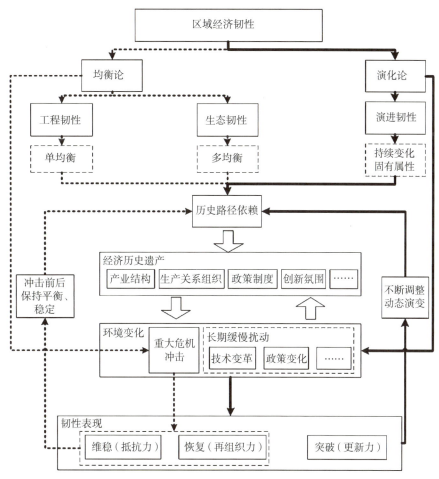

图6-1 区域经济理论框架

6.1.2 区域经济韧性研究热点

1)区域经济韧性的量化研究

区域经济韧性研究首先要解决的问题是韧性的测算,现有研究主要包括指标体系和核心变量度量两种方法。

第一种是指标体系法。布里古利奥等最早通过构建一篮子指标体系的方法来测度经济韧性,之后一些智库如地方经济战略中心(CLES)、奥雅纳工程顾问(ARUP)、(IPPRNorth)等很倾向这一测算方法,分别使用了多种指标体系来评估区域经济韧性。但指标体系的方法有一定缺陷:首先,至今尚无公认的合理的指标及其所占权重;第二,这种测算方式可能会混淆因果,研究者选择的部分指标是区域经济能够体现韧性的原因;第三,已有研究选择的指标体系在预测区域经济韧性的实践中被证明并不准确。

第二种是分析一个区域对经济冲击反应程度的核心变量。通常选取就业、GDP、贸易量等。例如，马丁分析英国各地区九个产业部门就业人口构成的变化，研究了英国各地区的经济韧性；戴维斯、布拉克曼都使用失业人数和GDP测算2008年金融危机后欧洲国家的区域韧性；伯杰克以金融危机对全球各国贸易量的下降代表各国的经济韧性。

经济韧性主要影响因素有四方面，其中产业结构多样化被视为是最重要的因素。①产业结构相关因素。现有文献普遍把产业结构视为区域经济韧性最重要的影响因素，这种影响主要体现在两个方面：产业结构多样性和主导产业的种类。就前者来说，由于外部经济冲击一般直接影响的是一个或几个产业，而多样化的产业结构能有效分散风险，这类地区面对冲击时能体现更好的韧性；相反，单一结构地区容易遭遇区域锁定，原因在于主导产业一旦出现大幅下滑，短期内难以找到新的替代产业，工人往往技能单一，失业后能够选择的就业机会更少。②社会资本外部性要素。近年来，社会资本对区域经济韧性的影响逐渐被关注。克雷斯波构建拓扑学模型研究社会资本的影响，社会网络是由通过联结相连的节点构成，节点根据联结的多寡有高级和低级之分，如果高级节点之间的内部联系过多，容易导致区域锁定，只有高级节点和外部低级节点之间保持适度关联才有利于区域韧性。结合阿德勒等的研究，社会资本可分为相对封闭的聚内型和相对开放的联外型。因此，社会资本应促进多元化个体和认知，避免出现集体的盲目和短视行为。③政策和制度环境基本要素。政策和制度环境被认为是分析和解释区域经济韧性重要因素。博希马认为制度因素在两个方面影响区域韧性：一是技术—产业多样性；二是区域受到外部冲击后培育新的增长路径的能力。④文化认知等心理要素。区域文化、风俗对区域经济韧性的有重要影响。哈金斯等分析了社会文化因素对经济韧性的影响，结果表明更开放、多元化、富有企业家精神的社会文化环境有助于生产活动的重组和复苏，体现出更好的区域韧性。

2）演化视角的区域经济韧性理论分析方法

①经济结构多样性。部分学者认为多样化的经济结构能够分散冲击带来的影响，当冲击扰动发生时，它充当了"冲击吸收器"的角色，能够将冲击分散到不同产业中，受冲击影响小的产业活动继续发展，弥补了冲击对特定产业造成的影响，普遍认为区域经济结构多样性高的区域遭受冲击影响较小或从冲击影响下恢复的可能性越高。但同时马丁认为，即使在多样化的经济结构中，区域经济系统应对冲击的表现也依赖于产业部门间的联系程度，当产业部门间相关性高时，针对一个或几个行业部门的衰退冲击可能会因此波及整个区域的大部分经济部门，对区域经济发展产生负面影响。过度多样化可能会导致区域经济结构内部因缺乏联系不能形成集群，集聚的外部性不明显，同时组件间联系弱缺乏交流不利于创新的产生和溢出，导致企业在区域经济系统中难以生存。

②路径依赖。强调历史对经济社会系统演化的影响和塑造作用，区域经济韧性也注重系统的演化，因此路径依赖与区域经济韧性密切相关。传统路径依赖理论的一个关键特征是"锁定"（lock-in），指区域经济发展过程中随着报酬递增而通过"自我强化"效应锁定在特定发展轨迹的现象。

③复杂适应系统。区域经济韧性是一个动态演化过程，因此其具有复杂适应系统的非线性动态特征，系统组件间具有复杂的反馈和自组织相互作用。西米等在借鉴Holling等[28]的适应性循环模型的基础上，将区域经济演化过程分为四个阶段：重组、开发、维持和释放（图6-2）。每个阶段的特征都可以通过三个维度体现，一是潜力值，指区域经济系统所拥有的累积资本，包括竞争力、劳动力水平、制度管理以及软硬件基础设施等资本，依赖系统之前形成的经济结构和社会发展路径；二是关联度，指系统内部各组件间的相互联系程度，包括企业间的（非）贸易依赖模式、知识溢出、正式和非正式商业关系等，同样受系统之前发展路径的影响；三是韧性，指维持区域经济持续发展的路径创造和结构调整适应能力，依赖于企业的创新能力、制度创新、劳动力水平以及风险资本等因素。适应性循环模型下的区域经济韧性更加注重的是区域经济系统面对长期内外部扰动（资源枯竭、技术升级、国际环境变化、国际政策变化等）影响下的韧性演化过程，其既强调系统应对扰动的过程又强调不同阶段的系统属性特征。适应性循环模型为从演化视角认识区域经济韧性提供了新的概念框架，它揭示了区域经济韧性的动态演化非均衡特点。

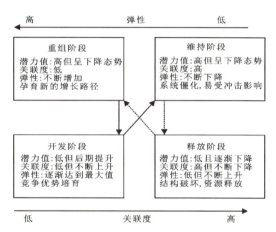

图6-2　区域经济韧性的适应性循环四阶段

6.1.3 研究思路

研究主要进行疫情期间的广东省经济韧性实证分析，首先对疫情期间广东省产业经济现状进行概述，对广东省经济发展进行总体认知。其次进行以GDP为核心度量指标经济韧性量化分析，并主要分析产业结构相关因素对经济韧性的影响情况。

6.2 经济韧性实证分析

6.2.1 疫情期间广东省产业经济现状概况

1）新冠肺炎疫情特征

广东省疫情发展形势总体上可以分为四个时期。①疫情初期（2020年1月19日～1月31

日):自2020年1月19日广东省发现第一例新冠肺炎病例以来,广东省迅速采取行动应对突发疫情,在第一时间内决定启动重大突发公共卫生事件一级响应。②疫情暴发期(2020年2月):2月份出现疫情规模式爆发,新增确诊病例达到最高峰。③疫情过渡期(2020年3月):防控举措初步见效,疫情蔓延势头得到遏制,但仍存在反弹的风险。④疫情平稳期(2020年4月至今):防控举措全面见效,疫情防控重心逐步由"境内防控"转为"防控境外",开始进入常态化疫情防控阶段(图6-3)。

国内疫情发展形势与广东省高度重合,疫情暴发期、过渡期均集中在第一季度,后续疫情发展平稳,进入疫情常态化防控阶段。而国际疫情持续蔓延,新增感染人数持续走高(图6-4)。

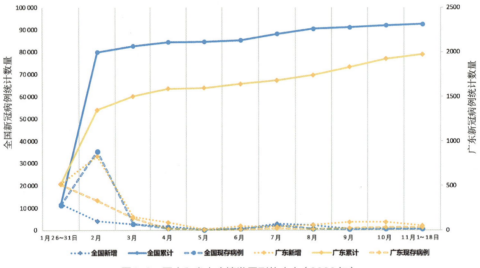

图6-3 国内和省内疫情发展形势走向(2020年)

(数据来源:https://ncov.dxy.cn/ncovh5/view/pneumonia?from=timeline)

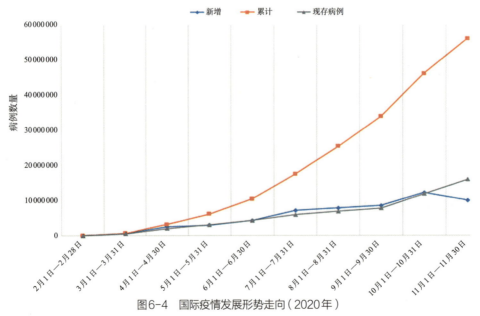

图6-4 国际疫情发展形势走向(2020年)

(数据来源:https://ncov.dxy.cn/ncovh5/view/pneumonia?from=timeline)

2）疫情期间经济特征

国内疫情防控取得积极成效，与我国疫情期间的战略与政策部署息息相关。2020年，在新冠疫情冲击下，中央及时做出新的安排，在扎实做好"稳就业、稳金融、稳外贸、稳外资、稳投资、稳预期"的基础上，提出"保居民就业、保基本民生、保市场主体、保粮食能源安全、保产业链供应链稳定、保基层运转"新任务，形成了"六稳六保"的工作框架。同时，国家、省、市、县各级都出台相关文件，全面部署安排疫情间的企业复工复产及就业等工作，保障经济社会稳步发展。

广东省为深入贯彻落实国家要求，统筹推进新冠肺炎疫情防控和经济社会发展工作，2020年2月，省委省政府印发《关于统筹推进新冠肺炎疫情防控和经济社会发展工作的若干措施》，对疫情防控、确保完成全年经济社会发展目标以及工作组织等做出具体安排，其中涉及经济社会发展，从复工复产、就业、投资、消费、外贸外资、制造业发展、农业生产、脱贫攻坚、民生保障、风险防控等方面提出总体要求。

及时有力的政策部署为疫情期间的经济稳定发展提供保障，疫情期间广东省经济发展也呈现快速恢复、稳中求进的趋势。

经济总量方面，2020年前三季度经济增速由负转正。根据地区生产总值统一核算，前三季度，广东实现地区生产总值78 397.07亿元，按可比价格计算，同比增长0.7%，增幅比上半年提高3.2个百分点（图6-5）。

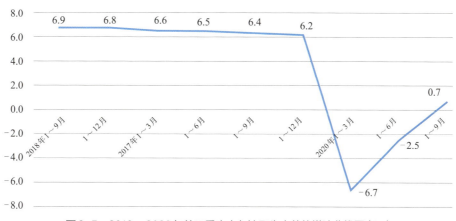

图6-5　2019—2020年前三季度广东地区生产总值增速曲线图（%）

（数据来源：广东省统计局）

同比2019年，2020年广东省前三季度GDP总体有所下降（表6-1），疫情发生对广东省经济发展产生了负面冲击影响。

消费、投资、出口作为拉动GDP增长的"三驾马车"，在疫情期间表现出不同特征。

消费方面，广东省消费品市场持续回暖，降幅不断收窄。随着疫情影响逐渐减弱，消费市场活跃度不断提高，广东全省社会消费品零售总额降幅不断收窄，呈持续向好态势。前三季度，全省实现社会消费品零售总额28 721.05亿元，同比下降9.3%，降幅比上半年收窄4.7个百分点，

表6-1　　全省2019年、2020年前三季度GDP同比统计表

季度	全省2019年GDP	全省2020年GDP	同比情况
第一季度	2 935.52	3 260.42	324.9
第二季度	31 855.84	30 656.5	-1 199.34
第三季度	43 803.99	44 480.15	676.16
合计	78 595.34	78 397.05	-198.29

（数据来源：广东省统计局）

比一季度收窄9.7个百分点；其中，广东省城镇消费品零售额下降9.2%，降幅比上半年收窄4.6个百分点，比一季度收窄9.7个百分点；乡村消费品零售额下降10.4%，比上半年收窄4.7个百分点，比一季度收窄9.7个百分点。

固定资产投资同比稳步增长。固定投资增幅连续四个月正增长。前三季度，完成固定资产投资同比增长5.0%，增幅比上半年提高4.9个百分点（图6-6）。

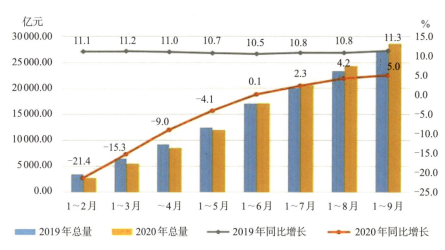

图6-6　2019年以来广东固定资产投资及增速图

（数据来源：广东省统计局）

进出口顺差优势保持，进出口总额持续回暖。进出口经过疫情的打击，从年初的进出口贸易金额仅约为同期20%，经过半年的回复，自6月份起出口同比增长率开始转正，而进口贸易受国际大环境影响，总体处于曲折上升趋势，各月份进口贸易情况有一定波动（图6-7）。

3）疫情期间产业生命周期特征

产业是区域经济发展的支撑，其生命周期特征反映经济发展的活力，保障经济稳定发展首先需要保证产业能够稳固发展。疫情期间，国家、省、市、县各级也出台多项政策保障重点领域企业以及中小微企业复工复产，共度难关。广东省出台《广东省人民政府关于印发应对新型冠状病毒感染的肺炎疫情支持企业复工复产若干政策措施的通知》等文件，落实国家工作部署，全力支持和推动受疫情影响的各类企业复工复产、稳岗，取得较为积极成效，总体表现为：2020年前三季度，广东全省存续企业数量保持相对稳定，同时消亡企业数量同比有所下降。

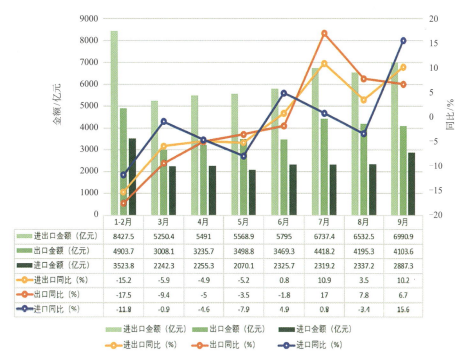

图6-7 广东省疫情期间（2020年1月至9月）外贸进出口总值情况
（数据来源：广东省商务厅）

（1）存续企业统计特征

经统计，截至2020年9月份，全省存续企业数量为594.55万家。以成立时间进行排序，计算成立企业数量年平均值、月新成立企业数量、环比和同比增长率等指标得到（图6-8），新成立企业数量呈现以年为单位的周期性变化特征，其年平均增长量呈现递增阶梯形分布，且在每年2月、10月新成立企业数量均会呈现谷值（考虑受春节及国庆小长假影响）。2020年环比增长率与同比增长率均呈现相对稳定状态，新成立企业数量持续增加，相较往年，细微差异主要体现在2020年1月即出现环比增长率和同比增长率的双负值，同比增长率小于-10%，处于较低水平。

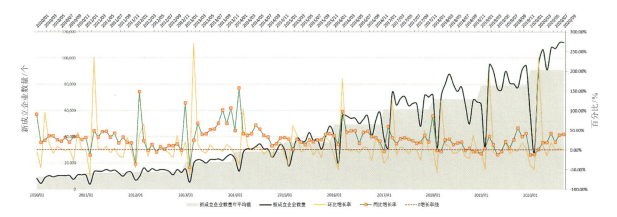

图6-8 广东省存续企业数量月度统计图
（数据来源：国家企业信用信息公示系统）

（2）消亡企业统计特征

经统计，截至2020年9月份，全省消亡（吊销、注销）企业数量为302万家。以消亡时间进行排序，计算消亡企业数量年平均值、月新消亡企业数量、环比和同比增长率等指标得到（图6-9），其年平均消亡量在2019年及以前呈现递增阶梯形分布，到2020年前三季度，平均消亡量有所下降，同时消亡数量的同比和环比增长率整体低于往年。

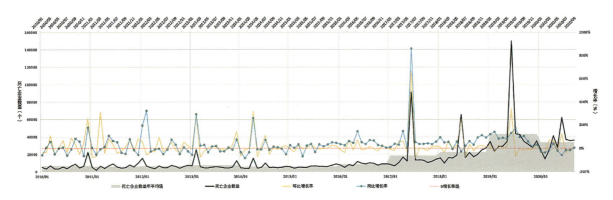

图6-9　广东省消亡企业数量月度统计图
（数据来源：国家企业信用信息公示系统）

6.2.2 经济韧性研究模型

通过以上综述分析，本研究主要基于演化论视角，通过分析疫情前后的GDP核心要素，定量测度广东省经济韧性，同时重点探索产业结构相关因素对广东省经济韧性的影响。

1）经济韧性解释变量指标

在本次初探研究中，主要包含经济韧性1个被解释变量以及产业多样性等8个解释变量（表6-2）。

表6-2　　　　　　　　　　　　　经济韧性变量指标表

变量	定义	类型
Resis	经济韧性	被解释变量
DIV	多样性	解释变量
RV	相关多样性	解释变量
UV	无关多样性	解释变量
ZJ_C	产业网络图谱资金联系度	解释变量
ZF_C	产业网络图谱总部分支联系度	解释变量
ZL_C	产业网络图谱专利联系度	解释变量
ZJ_STA	资金内稳性	解释变量
ZF_STA	总部分支内稳性	解释变量

2）经济韧性计算模型

借鉴当前已经获得一定共识的马丁等的区域经济韧性测度方法。该方法不仅可以检验当冲击出现时，各研究对象区域或城市应对冲击时表现出的相对的韧性情况，还可以测度在平时冲击未出现时，各研究对象区域或城市经济运行情况的分异。公式为：

$$Resis_i^t = \frac{(Y_i^t - Y_i^{t-k})/Y_i^{t-k} - (Y_r^t - Y_r^{t-k})/Y_r^{t-k}}{\left|(Y_i^t - Y_i^{t-k})/Y_r^{t-k}\right|}$$

$Resis_i^t$ 即为第 i 个研究对象第 t 年的相对经济韧性，Y_i^t、Y_i^{t-k} 为研究对象 i（城市或经济区域）在 t、$t-k$ 时间的数量指标；Y_r^t、Y_r^{t-k} 为研究对象所在区域（经济区域或国家整体）在 t、$t-k$ 时间的数量指标。至此，$Resis_i^t$ 即可用于对比各个研究对象经济韧性程度，当 $Resis_i^t > 0$ 时，研究对象 i 在 t 年的经济运行情况超过区域平均水平，数值越大表示研究对象的经济韧性在区域整体中表现越好，当 $Resis_i^t < 0$ 时，研究对象 i 的在 t 年的经济运行情况低于区域平均水平，数值越小表示研究对象的经济韧性在区域整体中表现越差。

3）经济韧性影响因素计算模型

（1）产业多样性度量

引用熵指数构建产业相关多样化和产业无关多样化的测算指标。按照熵指数的定义，产业多样化水平可以定义为如下：

$$DIV = \sum_{i=1}^{n} P_i \ln(1/P_i)$$

该公式可推导为：

$$DIV = \sum_{i=1}^{n} P_i \ln(1/P_i) = \sum_{g=1}^{G} P_g H_g + \sum_{g=1}^{G} P_g \ln(1/P_g) = RV + UV$$

$$H_g = \sum_{i \in g} (P_i/P_g) \ln(P_g/P_i)$$

DIV 是某地区的产业多样化水平，P_i 表示小类行业 i（$i=1, 2, \cdots, n$）在该地区的占比。假定该地区中 n 个小类行业分布在 G（$G<n$）个大类行业中，每个大类行业分别包含若干小类行业。那么，大类行业 g（$g=1, 2, \cdots, G$）的占比则为其所涵盖的小类行业的占比之和，即 $P_g = \sum_{i \in g} P_i$。

（2）产业网络图谱联系度

产业网络联系度描述的是一个城市内部各个产业类型间发生某种经济要素联系的概率，能够反映出城市内部产业网络结构的复杂程度。计算模型基于图论与复杂网络理论，构建的企业网络图谱，计算图谱中产业要素节点的度，计算公式如下：

$$C = \frac{1}{N} \sum_{i=1}^{N} C_i$$

$$C_i = \frac{E_i}{ki(ki-1)/2} = \frac{2E_i}{ki(ki-1)}$$

其中 C 代表产业要素的产业网络图谱联系度，C_i 代表产业网络中一个度为 ki 的产业类型 i，ki 表示某个产业类型与其他产业类型发生联系的个数总和，E_i 表示产业类型 i 的 ki 个发生联系的产业类型之间可能存在联系的最大个数。$C_i \in [0, 1]$，当 $ki=0$ 或 $ki=1$ 时必有 $E_i=0$，此时记 $C_i=0$。

(3)产业网络内稳性

产业网络节点的内稳性主要考虑的是发生在城市自身内部的经济要素流动强度与吸纳外部城市经济要素的差异化程度,在数值上表现为两者经济要素流动总量的比值,即为城市产业网络的内稳性。其计算公式如下:

$$STA = V_n / V_w$$

其中 STA 表示某地区某种经济要素的内稳性值,V_n 表示发生在城市自身内部的经济要素流动总量,V_w 表示吸纳外部城市经济要素的总量。若内稳性值大于1,则倾向于该经济要素在该城市具备较强的"自给自足"能力,若内稳性值小于1,则倾向于该经济要素在该城市的对外依赖程度较高。

4)经济韧性影响因素相关性模型

经济韧性影响因素相关性的采用皮尔森相关系数进行量化分析,公式如下:

$$\rho_{x,y} = \frac{\sum xy - \dfrac{\sum x \sum y}{N}}{\sqrt{\left(\sum x^2 - \dfrac{(\sum x)^2}{N}\right)\left(\sum y^2 - \dfrac{(\sum y)^2}{N}\right)}}$$

$\rho_{x,y}$ 表示两指标之间的皮尔森相关系数,x 和 y 分别表示两个不同的指标。皮尔森相关系数取值值域为[-1,1],相关系数越接近于1或-1,相关度越强,相关系数越接近于0,相关度越弱。通常情况下通过以下取值范围判断变量的相关强度(表6-3):

表6-3　　　　　　　　　　皮尔森相关系数等级描述表

皮尔森相关系数绝对值	相关性描述
0.8-1.0	极强相关
0.6-0.8	强相关
0.4-0.6	中等程度相关
0.2-0.4	弱相关
0.0-0.2	极弱相关或无相关

6.2.3 经济韧性研究结果

1)经济韧性影响因素特征

(1)产业多样性度量

产业多样性与专业化是衡量城市产业发展均衡性的重要指标,相关研究表明,产业多样性是影响区域经济韧性的重要指标。

中国是全世界工业门类最齐全的国家,拥有41个工业大类、191个工业中类和525个工业小类,成为全世界唯一拥有联合国产业分类当中全部工业门类的国家,这使得中国在面对任何经济危机时,都具备广阔的回旋空间和进一步升级产业的基础。广东省作为中国经济大省,门类齐全产业基础为经济发展提供坚实动力。

基于广东省2019年存续企业数据，根据国民经济行业分类（GB/T 4754—2017）为产业分类依据，广东省包含20个门类和97个大类分类的所有行业，同时包含473中类行业中的424类，覆盖率达89.64%（图6-10）。

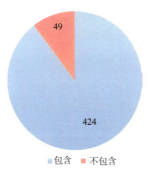

图6-10　广东省2019年存续企业中类行业包含情况

（数据来源：国家企业信用信息公示系统）

其中相关多样性度量了由投入产出关联较强的小类行业所构成的大类产业内部的多样化水平，无关多样化则度量了大类行业之间的多样化水平。相比较于相关多样化，无关多样化具有较弱的知识和技术关联。

计算得到广东省21地市的产业多样性分布情况如下（图6-11）：

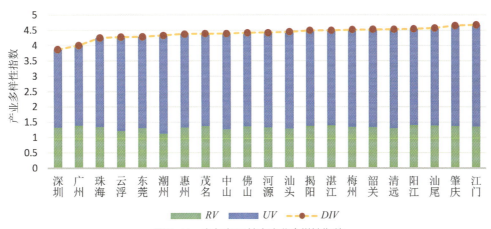

图6-11　广东省21地市产业多样性指数

（数据来源：国家企业信用信息公示系统）

21地市在产业相关多样性、无关多样性维度存在较大差异。潮州市、云浮市、中山市大类产业内部的多样化水平较低，而汕尾市、湛江市、阳江市、广州市大类产业内部的多样化水平较高，其他城市相关多样性处于中等水平；深圳市、广州市、珠海市、东莞市的大类行业之间的多样化水平较低，相应的其总体多样性水平也较低，产业发展具有一定的专业性。肇庆市、江门市、汕尾市产业多样性整体水平较高。

（2）产业网络图谱联系度

以国民经济行业分类（GB/T 4754—2017）为产业分类依据，计算分类产业间不同要素（总部分支、资金流、创新流等)联系总量,建立产业网络图谱,通过节点及节点间的网络路径来系统描绘各个行业之间的结构特征与关系。

产业网络图谱内涵。从产业链的角度上理解,产业链表达的是产业内各环节之间的分工协作关系,产业链延伸越长、越完整,表明该产业最终形成的附加值越高。放在产业网络图谱上看,产业链各环节即是网络中的节点,多个节点形成网络路径则表现为产业链的延伸长度。

产业网络图谱特征指标。基于图论与复杂网络理论,用于度量网络图谱特征的指标主要有中心度、边权重等。每个节点都具有中心度,表示网络中的一个节点与所有其他节点中具有直接联系的点的总数,节点的中心度越大,说明节点在网络中的作用越重要。网络节点之间的边权重表示两个节点之间产生的联系总量,两个节点之间的边权重越大,说明两者之间的联系强度越强。

产业图谱可视化过程中,中心度与边权重分别通过网络中节点的大小与边的粗细来表示,节点越大,说明其中心度越大;节点之间的边越粗,说明其边权重越大。

研究中以各产业之间的总部分支、资金流动、创新联系三个要素分别建立产业网络图谱(图6-12～图6-14),结果表明,分产业的产业网络图谱在总部分支、资金流动两类要素联系的结构上总体相似。不论是总部经济态势,抑或者是资金对流,以软件和信息服务业、专业技术服务业、居民服务业等为核心的"服务业"均串联起了基础性实体产业,形成一种以"研发""服务"上下游为主要环节传导延伸至"生产""加工"等中间环节的产业链关联模式;相较之下创新联系在科学研发、信息技术服务等产业链环节同样表现出核心地位,同时更凸显出以计算机和电子设备、电气机械、化学制品、金属制品等加工制造业实体间的产业链强力传导关系。以信息技

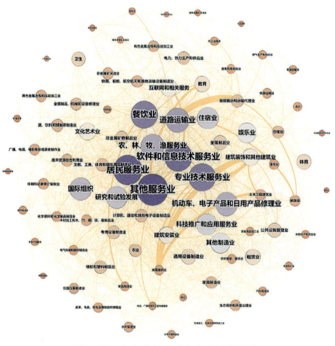

图6-12 广东省总部分支产业网络图谱
(数据来源:国家企业信用信息公示系统)

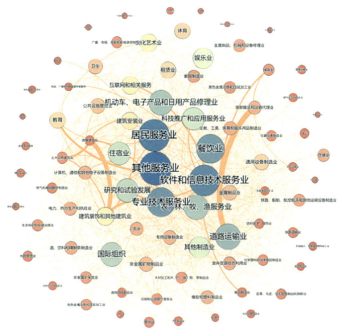

图6-13　广东省资金流动产业网络图谱
（数据来源：国家企业信用信息公示系统）

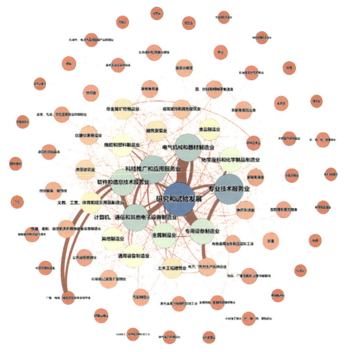

图6-14　广东省专利联系网络图谱
（数据来源：国家知识产权局）

术支持、消费服务为主要推力的多样化产业网络成为广东省产业网络结构的主要特征之一。

信息技术支持、消费服务主导下的广东省产业网络需进一步培育以新信息技术产业、新消费服务等代表的新动能，共同推动互联网、大数据、人工智能和实体经济深度融合，延伸产业链条，增强产业链韧性。

基于以上理论构建21地市分行业的产业网络图谱，并从企业资金、总部分支、专利3个维度计算其网络联系度，得到如下结果（图6-15）：

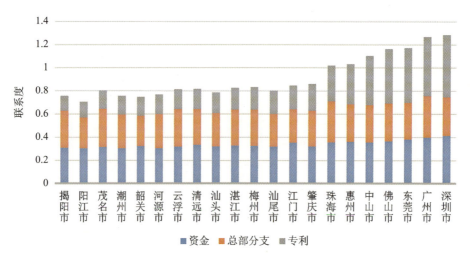

图6-15 2019年广东省21地市产业网络图谱联系度结果
（数据来源：国家企业信用信息公示系统、国家知识产权局）

从图6-15可知深圳市、广州市、东莞市、佛山市、中山市、惠州市、珠海市等珠三角城市的不同行业间资金、总部分支、专利产业网络联系度总和排前。从单项来看，各地市不同行业间资金网络与专利网络联系度存在强正相关性，其斯皮尔曼等级相关系数达到0.8981，排名靠前城市依旧集中深圳市、广州市、东莞市、珠海市、佛山市、惠州市。而各地市不同行业间总部分支网络联系度则有部分变化，排前城市为广州市、珠海市、深圳市、茂名市、佛山市、云浮市，其中茂名市、云浮市内部不同行业间联系度较高。

（3）产业网络内稳性

产业网络是影响经济韧性的核心因素之一，本节以产业总部分支联系、资本流动、专利联系三个维度作为切入点，评估广东省的产业网络特征，以此窥探常态化的产业网络在广东省各城市间的经济差异化表现。

产业网络作为搭建区域经济可持续发展的"韧性纽带"，能够在区域消解危机时发挥重大作用，其中，产业网络表现出内稳态的特征。在疫情来临初期，应物理隔离管控带来的行政边界壁垒，城市间赖以生存的产业联系结构在一段时间内被严重破坏，若产业网络中的每个城市节点能够随着外部变化而实现自身内部产业要素互联互通，保障城市节点内部的经济稳定性，形成经济安全屏障，就不会出现城市内部经济系统性崩溃。

各城市间产业网络节点内稳性差异明显。广东省各地级市总体上形成了"多中心、多层级、高流动性"的产业网络空间布局。从总部分支联系上看，以佛山、广州、东莞、深圳、惠州五市为中心节点连接的"N"字形总部分支高流动网络结构进一步凸显，处于外围地区的各城市则与广州、深圳两个极点联系紧密。

从各地市资金流动情况上看，形成以广州、东莞、深圳、佛山四市为中心节点连接的资金高对流"三角形"结构，广东全省资金流动以此"三角形"为核心逐级逐层向外围城市扩展，"三角形"结构之外，深圳与惠州之间资金流动最为频繁，成为资金流动中新的经济纽带。

从各地市专利联系情况上看，珠三角地区逐步形成以广州、深圳、佛山为核心联结珠海、中山、东莞、惠州等节点的"几"字形创新走廊。创新走廊外，汕头与广州间的创新联系最为紧密。

从全省各城市总部分支要素的内稳性上看，东部区域差异明显，广东全省呈现出环带状的"先衰减、后加强"的三个层级的空间布局，第一层级为深圳，该地市的内稳性值为1.1，基本处于对内与对外联系的总体平衡之中；扩展至第二层级，即广州、东莞、惠州、汕尾等地市，内稳性相对衰减，内稳性值至小于1，对外依赖性相对更强；第三层级主要为粤东、粤北绝大部分地市，在此层级中各地市的内稳性突增，内稳性值均大于1，河源、梅州、潮州、揭阳等地市的内稳值在2以上，其内部自我消解能力突出，分支机构更多地依赖于总部产业在城市内部的"自我衍生"。

从全省各城市资金要素的内稳性上看，东西部区域差异明显，出现两极分化的态势。以广州、深圳、东莞三个地市为分界线，东部地区除潮州市外，其余地市的资本流动内稳性值均在1以下，东部片区产业资本要素投入更多地依赖于外部城市的投资；西部地区（包含广深莞三市在内）除阳江市外，其余地市的资本流动内稳值均在1以上，其中，广州、深圳、珠海三市内部产业融资能力极强。

2）经济韧性特征

研究中使用2019年、2020年前三季度作为研究时间序列，并通过选取广东省21地市作为研究案例，分析以GDP为核心指标的经济韧性面板数据，分别计算了2020年前三季度每季度经济韧性以及整体韧性指标，结果见图6-16：

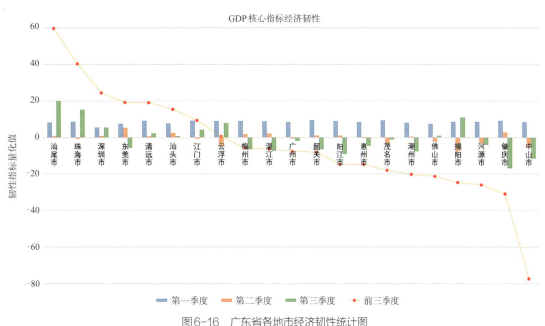

图6-16 广东省各地市经济韧性统计图

（数据来源：广东省统计局）

从图6-16可知，在新冠疫情发生后，2020年前三季度各地市整体经济韧性表现差异较大，表现为疫情冲击影响的时空差异性。汕尾市、珠海市、深圳市、东莞市、清远市、汕头市、江门市、云浮市8市经济发展情况要优于全省平均水平，在新冠疫情冲击下表现了较好的经济韧性。而其他13地市经济发展情况低于全省平均水平，其中广州市、惠州市、佛山市、肇庆市、中山市等珠三角城市经济韧性均较差，中山市表现尤为明显。

分季度来看，第一季度全省各地市经济韧性指数较高，通过疫情发展形势分析可知，第一季度包含国内（包括广东省）疫情发展的初期、爆发期和过渡期，是疫情发展最集中的阶段，考虑第一季度包含春节假期和经济潜力，疫情发生对各地市的经济冲击在第一季度有所缓冲；疫情对地市经济冲击在第二、三季度逐渐明显，其中珠海市、江门市、云浮市、揭阳市、佛山市5市在第二季度经济韧性指数均为负值，但在第三季度回升为正值，疫情冲击影响后经济快速调整回复；广州市、茂名市、河源市、中山市4市在第二、三季度经济韧性指数均为负值，疫情对其经济冲击影响持续；东莞市、梅州市、湛江市、韶关市、阳江市、惠州市、潮州市、肇庆市8市第三季度经济韧性指数为负值；而汕尾市、深圳市、清远市、汕头市4市在前三季度经济韧性指数均为正值，经济韧性较好，疫情对其冲击影响较小。

从复杂适应系统理论来看，21地市在疫情发生后期区域经济演化过程各自表现出维持、释放、重组阶段特征：在维持阶段，区域经济系统的潜力值高，区域经济系统所拥有的累积资本，包括竞争力、劳动力水平、制度管理以及软硬件基础设施等资本都是在较高水平，同时经济韧性处于不断下降过程，易受冲击影响，在遭遇疫情后处于此阶段的城市经济韧性不断下降，同时消耗潜力值，如广州市、茂名市等；而有些地市则在经历维持阶段后进入释放阶段，其潜力逐渐释放，但经济韧性不断提升，如云浮市、揭阳市、佛山市等；汕头市、珠海市等在经历第二季度的韧性下降后，在第三季度经济韧性已经回复到高于第一季度的水平，进入重组阶段，经济韧性不断增加。考虑不同地市在经济潜力以及反馈周期、政策实施等方面的不同，同时研究以季度为单位，时间粒度不够精细，各地市在同一时期进入不同的适应性阶段，但所表现特征均符合适应复杂适应系统理论。

3）经济韧性影响因素相关性分析

研究中通过将各地市前三季度经济韧性指数指标与产业相关指标（实验中各解释变量数据采集时间均为2019年）做皮尔森相关性分析，得到相关指数见表6-4：

表6-4　　　　　　　　　　经济韧性与产业相关解释变量相关系数表

	第一季度	第二季度	第三季度	前三季度
RV	0.18	0.1	0.11	0.15
UV	0.62	0.01	−0.21	−0.19
DIV	0.67	0.05	−0.17	−0.13
ZJ_C	−0.62	0.22	0.08	0.18
ZF_C	−0.26	−0.26	0.22	−0.01

续表

	第一季度	第二季度	第三季度	前三季度
ZL_C	−0.66	0.16	−0.03	−0.01
ZJ_STA	−0.69	0.09	0.1	0.17
ZF_STA	0.23	−0.1	−0.25	−0.24

通过表6-4可知，第一季度经济韧性与产业相关解释变量存在显著相关性，存在正相关指标为UV、DIV，产业非相关多样性、多样性具有一定分散风险、钝化波动作用，在冲击初期具有维持经济韧性稳定的作用图6-17、图6-18。

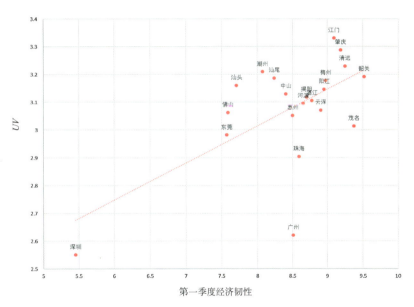

图6-17　21地市UV与第一季度经济韧性散点图

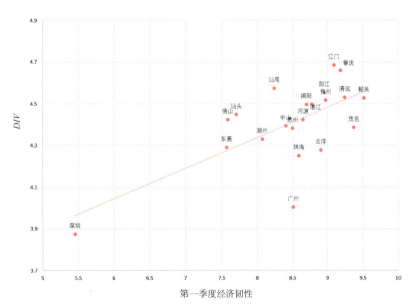

图6-18　21地市DIV与第一季度经济韧性散点图

存在负相关指标为 ZJ_C、ZL_C、ZJ_STA（图6-19～图6-21），即通过第一季度的各地市样本分析，而各地市内部的资金、专利网络的联系度和资金内稳性指标均未表现出预期的对区域内经济韧性的正向作用，成为影响经济韧性的负面指标。考虑为疫情冲击带来的特殊的地理隔离影响：根据前者研究，资金、专利网络的节点高度联系以及资金高度内聚会导致区域锁定，而广东省为外来人口大省，疫情期间尤其在第一季度地市采取封城、延期外来人员复工等政策，导致地市原本的内驱动优势变为制约地方经济发展的主导负面影响因素。

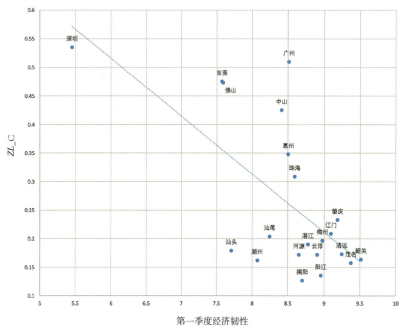

图6-19　21地市 ZL_C 与第一季度经济韧性散点图

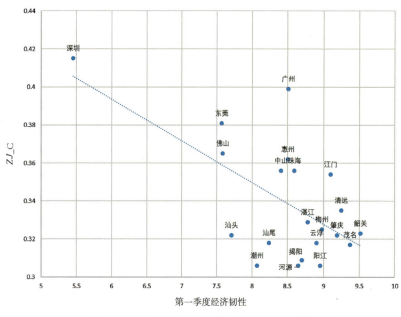

图6-20　21地市 ZJ_C 与第一季度经济韧性散点图

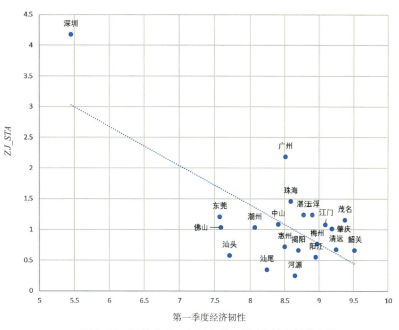

图6-21　21地市ZJ_STA与第一季度经济韧性散点图

而产业相关因素在第二、三季度以及前三季度总体经济韧性均未表现出明显相关性，考虑其成因主要有三方面：一是研究样本全省21地市的经济基础及潜力不同，各地市经济基础存在较大差异，面对疫情冲击，其包含累计资本在内的可消耗潜力不同，经济韧性表现时滞性表现不均衡；二是研究时间粒度及周期，研究以疫情发生的前三季度为研究时段，存在季度时差间隔大的问题，同时疫情冲击在国内外的影响时段存在较大差异，广东省作为国内经济大省和外贸经济大省，其经济发展受国内外双重影响，三季度数据未能全面从长周期范围展现其经济韧性特征；三是解释变量为静态指标，采集时间均为2019年，未有与被解释变量匹配时段数据进行分析。

6.2.4 重点产业经济战略部署

政策和制度环境被认为是分析和解释区域经济韧性重要因素，而政策与制度环境具体表现为国家的产业经济战略。波施马认为制度因素在两个方面影响区域韧性：一是技术—产业多样性；二是区域受到外部冲击后培育新的增长路径的能力。

广东省在经历疫情冲击后也积极在重点行业领域、重点发展平台着手，积极培育产业经济发展新路径。

（1）重点行业领域战略

2020年5月，广东省印发《广东省人民政府关于培育发展战略性支柱产业集群和战略性新兴产业集群的意见》，该文件提出重点发展十大战略性支柱产业集群、十大战略性新兴产业集群（表6-5），两类十大产业集群既是落实国务院关于统筹推进疫情防控和经济社会发展的决策部署，同时也是对广东省产业发展现状的全面总结，具有战略和现实意义。

表6-5　　2020年广东省重点发展产业集群清单

十大战略性支柱产业集群	十大战略性新兴产业集群
新一代电子信息产业集群	半导体与集成电路产业集群
绿色石化产业集群	高端装备制造产业集群
智能家电产业集群	智能机器人产业集群
汽车产业集群	区块链与量子信息产业集群
先进材料产业集群	前沿新材料产业集群
现代轻工纺织产业集群	新能源产业集群
软件与信息服务产业集群	激光与增材制造产业集群
超高清视频显示产业集群	数字创意产业集群
生物医药与健康产业集群	安全应急与环保产业集群
现代农业与食品产业集群	精密仪器设备产业集群

（2）重点平台

重点平台和特定地区作为广东省重点支持发展的产业基地（园区、集群）、重大产业项目、龙头骨干企业的聚集地，是广东省最重要的经济增长极。保持重点平台和特定地区发展环境健康有序，鼓励、支持、引导产业园区走可持续发展、绿色发展道路，推动企业加大研发投入，是重点平台的主要发展任务。广东省特定地区总体发展势头良好，全省分布较为均匀，相关侧重产业各有特色，有力支撑了广东省经济全方位复苏。

除广东省重点平台的建设稳步推进以外，广东省对于促进产业园区高质量发展，在疫情期间仍然给予高度重视，省级安排粤东西北地区及珠三角部分地区共13市相关资金共计约10亿元（包含产业园建设专项帮扶和产业共建资金），用于促进各产业园区的高质量发展转型任务（图6-22）。

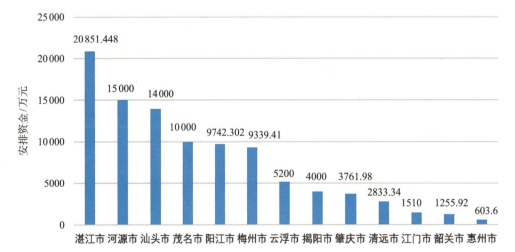

图6-22　广东省2020年促进经济高质量发展专项（省产业园区）工业园区高质量发展资金安排
（数据来源：广东省工业和信息化厅）

总体上看,广东省对重点平台和产业园区的发展在疫情期间有了新的认识,遭受疫情打击较重的经济欠发达地区,相关产业扶持力度进一步增强,为实现经济高质量发展提供了政策动力。

6.2.5 小结

2020年受疫情影响,前两季度GDP、消费、固定资产投资、进出口同比均出现跌落情况,但整体呈现快速恢复趋势。国家、省、市、县各级紧急配套政策措施完善,疫情控制状况良好的同时也保障产业经济快速有序恢复。到第三季度,四项主要经济指标同比增速均回正。产业发展也保持稳定,存续企业数量稳步增长,消亡企业数量同比减少,全省企业在疫情期间稳定渡过难关,产业主体动态维稳。

通过经济韧性量化分析,疫情对各地市经济影响存在时空差异性,全省21地市经济韧性现状均符合复杂适应系统理论,同一时期表现不同适应性阶段特征,其中汕尾市、深圳市、清远市、汕头市4市在前三季度的经济韧性表现良好;广州市、茂名市、河源市、中山市4市在第二、三季度均受疫情持续冲击影响;珠海市、江门市、云浮市、揭阳市、佛山市5市在第二季度受影响后,在第三季度快速调整回复;东莞市、梅州市、湛江市、韶关市、阳江市、惠州市、潮州市、肇庆市8市对疫情冲击敏感性较弱,在第三季度经济韧性指数开始下降为负值。

产业相关因素分析可知,广东省产业经济发展取得积极成效,总量稳定,结构优化,产业网络空间呈现多中心、多层级、高流动性特征,产业的行业覆盖率高。

基于2020年广东省前三季度的经济数据,对经济韧性以及与产业相关因素的相关性进行初步探究发现,产业非相关多样性和多样性在疫情冲击初期对经济韧性具有维稳效用。同时,受疫情政策控制带来的地理隔离影响,资金、专利网络的节点高度联系以及资金高度内聚形成的区域锁定是影响区域经济韧性的负面因素。

同时在产业经济逐渐回复阶段,国家也从政策和制度上紧密部署,积极发展重点行业领域、重点平台,积极培育产业经济发展新路径。

6.3 本章小结

广东省作为中国第一经济大省,至2019年GDP总量连续31年居全国第一,增速保持中高水平,产业经济发展取得积极成效,而2020年初新冠疫情暴发给广东省经济发展带来巨大冲击,为广东省经济发展敲响警钟。

在当今杂多变的大变局形势下,良好的经济韧性对经济稳定运行、高质量发展具有重要意义,保持良好的产业多样性以及适度的产业网络联系度对于经济韧性具有积极的正面效应,同时政府组织的长远的、强有力的产业政策部署也是提升经济韧性、寻求经济新发展路径的重要举措。

第七章

数据增强韧性

云计算、物联网、3S技术、互联网等技术的兴起，智能手机、无人机、多媒体环境监控等新兴技术的应用，为预警准备、风险控制、评估反馈和处置善后等城市韧性建设环节提供新知识、新技术、新思维和新价值，增强经济韧性、社会韧性和环境韧性，从而为实现整个城市的安全韧性提供基础。

数据韧性是城市安全韧性的重要一环。近年来，在国土空间规划编制及信息化建设的背景下，统筹整合土地、地质、矿产、海洋、测绘地理信息等自然资源数据，建设"地上地下、陆海相连"的统一的自然资源"一张图"，既是行业发展趋势亦是国家要求。

建立健全丰富的自然资源数据资源体系，是增强城市数据韧性的关键。因此本章从认识数据的韧性出发，理解数据所面临的困境，明确数据工作五大原则，在城市数据治理工作中需牢牢把握六大关键环节，构建数据治理技术及数据挖掘应用体系，为夯实城市数据基础、增强数据韧性提供技术支持，这样才能更好地为政府决策、实时监管、科学评估、风险预警等提供实时、可靠、有效的数据支撑，才能进一步提升科学决策水平与政务服务效能，提升治理体系与治理能力现代化水平。

7.1 数据的韧性

2020年4月中共中央、国务院《关于构建更加完善的要素市场化配置体制机制的意见》指出，数据已成为与土地、劳动力、资本、技术等一样的可市场化配置的生产要素。数据在城市发展与运行过程中，对城市安全韧性维护、生产力发展具有广泛影响。数据韧性作为不可或缺的一环，与本书前文介绍的生态、社区、农业、交通、经济等方面共同构筑起城市安全韧性能力体系，增强一座城市在面临自然和社会的慢性压力和急性冲击后，特别是在遭受突发事件时，借其动态平衡、冗余缓冲和自我修复等特性，保持抗压、存续、适应和可持续发展的能力。

对于城市来说，有关城市发展运行的土地、水利、经济社会运行等相关数据往往掌握在各主管系统中，往往亦存在因来源不同而导致的数据标准不统一、数据粒度大小不一致、数据分散而不集中等问题，进而为应对或解决综合分析、行政决策等复杂问题带来了困难。因此，需要开展数据治理等相关工作，根据数据特性及应用需求，遵循数据工作的原则，整合多方相关数据资源，建立数据体系并制定数据标准规范，使用合适的分析挖掘工具发现背后隐藏的知识，从建设体系到应用全方位增强数据的韧性。

7.2 数据的困境

7.2.1 难以获取的数据

数据已成为国家基础性战略资源,大数据正日益对全球生产、流通、分配、消费活动以及经济运行机制、社会生活方式和国家治理能力产生重要影响。我们基于数据开展工作,不管是数据处理,还是数据分析;不管是数据挖掘,还是数据变现,数据获取必是先行之事。

以政府数据为例。政府数据是数字政府建设的重要基础,是指所有内部或产生于政府外部,但对政府活动、公共事务和公众生活有影响、有意义的数据资源的统称。近年来,广东省积极探索地方政府层面的数据开放,政府数据开放工作取得了一些成效,但仍存在一些问题,使得政府数据获取受限。

一是共享开放的数据质量不高,使得优质的数据获取困难。优质数据主要是指社会需求高且无问题的数据,广东已建设使用的数据开放平台中存在重复创建的数据、无法下载的无效数据等问题数据,使得这些数据获取困难;且开放的数据类型较少,类似工商登记信息这类社会需求量大的数据,开放的地市较少,致使利用价值高的数据难以获取。

二是共享开放数据的可持续性差,缺乏有效的共享和开放机制。数据是不断动态更新的,根据数据更新频率需要进行年度更新、实时更新、月度更新等。不进行更新和维护的数据会影响数据的现势性和准确性,大大降低数据的利用价值,使得有效的数据获取困难,因此建立和实施有效的更新维护机制非常重要。

综上,需统一各地、各部门标准,有效整合数据,建立对数据的收集、加工、存储和利用的数据规程,改变数据资源管理处于相对随意的状况,建立起政府数据采集、共享和开放机制,从而推动各政府部门开放更多的、更有价值的数据。

7.2.2 会"说谎"的数据

数据时代,我们开始摆脱感性的束缚,在数据中寻求科学、理性的决策依据,但"用数据说话"却不能等同于"用事实说话"。数据会说谎,究其根源不是数据本身会说谎,而是基于数据所做出的决策会说谎。

(1)数据不会说谎,但有些数据没有发出声音

单一的数据都有一定的局限性,只有融合集成各方面的数据,通过多源信息联合感知技术,才能更全面地反映事物。对同一个问题,不同的数据可以反映互补信息,增加了解的广度和深度。受资源和技术条件的限制,很多情况下无法对一个事物做"全息"描述。数据存在的缺失、稀疏、有偏、不一致性等不完备性问题,数据并非"无死角""全粒度""全维度""无冲突"。时空大数据的不完备性阻碍了实际应用,盲目、暴力地使用大数据很可能适得其反。

（2）数据不会说谎，但数据分析挖掘的算法会存在偏见

数据本身并不会为社会创造出价值，特别是静态的、孤立的数据，只有采用恰当的数据挖掘算法与流程，使静态无序的数据流动起来，孤立的数据关联起来，将数据盘活，数据价值才能真正显现。但很多数据算法是不公开，是暗箱操作的，对于需要处理的众多输入数据，算法赋予它们的权重有可能是主观的。很可能会由于前面算法的选择，影响了后续一系列的选择和结果，产生蝴蝶效应。例如京东、淘宝等个性化的推荐服务，可能会缩小而不是扩大用户的选择范围。在一个足够大的数据集里，算法可以"发现"很多的关联关系，误把关联关系当作因果关系，造成结果的偏见。

7.2.3 在变化的数据

在富饶的果园中采摘果实时，我们既要考虑需要摘取什么品种的果实，亦要考虑果实是否已成熟，在数据获取时亦然。大数据时代下，数据无时无刻不反映着现实世界的情况，随着数据记录硬件技术的改进，数据记录频率得以提升，数据的版本随时发生着变化，因此依据数据得出的结论，也拥有了相应的"保质期"。

数据是具有时效性的。我们在查询数据及相关分析报告时，往往会注意到权威机构都注明了相关分析数据采集截止日期。NVIDIA解决方案架构与工程团队副总裁马克·汉密尔顿在GTC CHINA 2018大会上举了一个十分形象的例子：每年去医院就诊人次是一个非常惊人的数字，但相应的医院所能承载的就医人数是非常有限的。如果某地突发大规模的流感，大量人群挤入医院就诊，可能就会让当地的医院承受巨大的压力，造成患者无法及时入院就诊。在这方面，卫生防疫部门进行了非常有效的工作，他们通过大数据的方法，及时跟踪流感等高发疾病的发病情况。卫生防疫部门会采集大量病患数据，这些数据必须在很短的时间内得到处理，并实时得出某些医疗数据。如果卫生防疫部门的计算系统获取和处理数据较慢，数据处理并得出相关结论的时间已经到了温暖的夏季，感冒已进入低发期，那么这类大数据处理计算就会变得毫无意义。

只有充分地保障数据时效性，才能保证数据分析结论的正确性。获取并分析销售、车辆行驶情况等实时数据，可为使用者提供最优方案，争取最优经济及社会效益，如：某快餐业连锁公司通过图像分析算法，对店铺内实时等候队列长度进行评估，进而变更电子菜单所显示的内容为商家争取最大利润；交通流量数据公司依靠分析历史和实时路况信息，综合考虑日期、季节、节假日、天气、交通事故及道路建设情况、大型活动、公共设施分布等信息，预测道路拥堵情况，为驾驶者节省时间与耗能、规避拥堵提供参考。

在7.3及7.4的章节中，我们将介绍时效性具体包括哪些方面及如何保障数据的时效性等内容。

7.2.4 不安全的数据

中国工程院院士邬贺铨在第三届中国国际物联网（传感网）博览会上发表题为《智慧城市的数据管理》的演讲中表示，全球互联网一天内产生的信息量达800EB。近年来，信息产业已有了

飞速的发展——移动互联网的普及、5G技术的兴起等，信息传播格局发生了深刻的变革，大数据、人工智能等新技术的兴起与发展更是给人们的生活生产方式带来了翻天覆地的变化。

在各领域数字化优化升级的潮流下，面临与日俱增的海量存量数据及体量逐渐庞大的每日信息流，数据的安全显得愈发重要。数据所面临的风险主要有两方面：一是数据丢失的风险，二是数据泄密的风险。如今互联网、信息数据已深入地渗透到我们生活中的每一个角落，无论是发生数据丢失还是数据泄密，对经济、社会带来的破坏都是不可估量的。从2018年8月发生的腾讯云数据丢失事件中，便可管中窥豹。

前沿数控是一家定位于数控、模具、机械行业的创业公司，该公司于2018年8月5日在官方微博发表题为《腾讯云给一家创业公司带来的灾难！》的文章，控诉腾讯云导致了该公司所拥有的包括经过长期推广导流积累起来的精准注册用户以及内容等全部数据的丢失，造成经济损失近千万。随后，腾讯云发表了《关于用户"前沿数控"数据完整性受损及腾讯云补偿措施的说明》《关于客户"前沿数控"数据完整性受损的技术复盘》，指出经复盘后发现，该故障缘起于因磁盘静默错误导致的单副本数据错误，再加上数据迁移过程中的两次不规范的操作，导致云盘的三副本安全机制失效，并最终导致客户数据完整性受损。鉴于此，腾讯云同时提出两项改进措施，一是对于涉及数据安全的流程自动化闭环，进一步提升运维自动化及流程化，降低人工干预；其次是对物理硬盘静默数据错误，在当前用户访问路径数据校验自愈的基础上，优化巡检机制，通过优先巡检主副本数据块、跳过近期用户访问过的正确数据块等方法，加速发现该类错误，进行数据修复。

因此我们要采取如数据合规备份、数据涉密处理等管理模式提升数据应对风险的能力。在7.3及7.4的章节中，我们将进一步介绍安全性、保密性的特性及如何通过制度的确定来规避此类风险。

7.2.5 有故事的数据

数据除了是信息的载体之外，本身也是个"有故事的孩子"。数据从产生开始，便拥有了一个记载其诞生时间、产生方式等的"身份证"，并在数据存储、应用、更新的过程中，不断地更新"身份证"上所记录的信息，从而完成了数据全生命周期记录，实现数据溯源。在信息学里，对于这个"身份证"有一个更专业的称呼——元数据。

元数据（Metadata），又称中介数据、中继数据，是描述数据的数据，主要描述了数据的属性，用来支持如指示存储位置、历史数据、资源查找、文件记录等功能。数据溯源则是记录原始数据在整个生命周期内（从产生、传播到消亡）的演变信息和演变处理内容。数据溯源更强调一种溯本追源的技术，根据追踪路径重现数据的历史状态和演变过程，实现数据历史档案的追溯。

数据溯源最早仅用于数据库、数据仓库系统中，后来推广应用到对数据可靠性要求比较高的各个领域。随着互联网的迅猛发展以及网络欺骗行为的频繁发生，检验数据的真实性显得越来越重要。数据溯源作为考究数据真实性的有效途径之一，逐渐扩展到地理信息系统、云计算、网格计算、普适计算、无线传感器网络和语义网络等应用中。近年来诞生的区块链技术则是对传统溯源技术的一个创造性革新，有效地回避了具有中心化特性的传统溯源技术带来的元数据从生产到流通容易被篡改的问题，兼具了去中心化、可追溯、防篡改、可视化、安全匿名等特性，有效地保障了数据的真实性及安全性。

只有了解数据溯源，建立数据生命周期的概念，才能更好地理解数据应用、数据管理的需求，制定适应的数据治理技术体系，切实增强数据韧性。

7.3 数据工作应遵循的原则

面对复杂庞大的数据体系，从数据的收集整理到入库使用都会遇到各种各样的问题，为使数据能够准确、易用、便于管理，数据工作必须遵循标准性和规范性、完整性和准确性、时效性和可靠性、安全性和保密性以及可溯源和可拓展的原则。

7.3.1 标准性和规范性

数据工作需要遵循相关数据标准和操作规范，达到数据从收集到应用都合规、合理的目的。

标准性包括数据标准和数据库设计标准。数据标准规范数据的内容、数据的结构、数据图层、数据名称等信息，使得数据能按照一定的规律、体系和符号化呈现出来。"无规矩不成方圆"，数据库就像一个储物柜，只有根据数据标准的"规矩"，分散在外的各种物品才能够"分门别类"地存放于储物柜中，而不是杂乱无章地堆积。

规范性包括数据处理、应用的合规性及相关应用的规范。技术应用规范对数据工作的过程和方法进行指导，使得数据处理工作能够提高效率和准确性。数据处理的工作就像工厂里的流水线，每一个环节都有特定的步骤和重点，只有按照对应的流程和步骤，最后才能制作出精美的成品——准确又好用的数据库。

7.3.2 完整性和准确性

保持完整性和准确性是数据工作的重点，它们影响着数据的质量和数据的精度。

完整性指的是数据命名、数据要素、属性字段、属性内容等信息不能有遗漏和缺失。就像邮政物流，填写的寄件人及收件人的重要信息必须完整，如根据需要，把地址精确到街区、门牌号、单元号，才能让包裹高效、快速地送达。

准确性指的是数据内容要与数据名称相匹配，图层内容不能有遗漏、重复和变形等错误，属性内容需要填写正确、规范。保证数据的准确性，就要通过多种方式对数据进行检查。

7.3.3 时效性和可靠性

时效性指的是数据时点和数据的有效时间。数据的时效性需要保持数据能够及时更新，做到与时俱进。要保证数据的时效性，就要对数据进行版本管理。像健康软件统计的每日行走步数，每日统一时点更新的排行榜；软件中及时记录的身体数据；疫情期间每日更新的病例数等，都能充分体现出数据的时效性。

可靠性指的是数据从产生开始，所记录的信息是真实、有效的，并能够使用于正确的方向。要保证数据的可靠性，就需要对数据进行全生命周期的有效管理。在疫情期间，为了能够做到有效防控，人民群众都要配合各类官方小程序如实填报自己的健康状况和出行记录，如实填报的信息才是真实有效的，才能对防控起到监督管理的作用；若填报虚假信息，数据就失去了它的可靠性，为疫情防控带来隐患。

7.3.4 安全性和保密性

在日常对数据进行整理和使用的过程中，不免存在威胁数据安全的因素。这些因素可能导致数据的丢失、损毁、破坏或被窃取，因此，在数据工作中，需要确保数据的安全性和保密性。

安全性包括数据处理、数据应用、数据管理等方面的安全。在数据处理阶段，应防止在过程中的硬件故障导致数据损坏和数据丢失，要加强对计算机等设备的管理。在数据应用方面，应严格按照相关法律法规、应用规程对数据进行保护。在数据管理方面，应制定完善和健全的数据管理体系和安全制度，使数据安全管理工作井井有条。

保密性指的是对数据进行保密处理，以防止数据的窃取和泄露。对于涉密数据，应遵守国家相关的法律法规，对该数据进行管理和存放，对于接触涉密数据的人员要进行严格的管理，防止造成数据泄密的严重后果。

7.3.5 可溯源和可拓展

动态的、富有弹性的数据，就是有韧性的数据。数据的韧性既需要展望未来，也需要回顾过去，因此包括两方面特性：可溯源及可拓展。

可溯源指的是对于数据收取的来源及生产进行追溯，是对数据的过去进行了解。这个数据是怎么生产的，是通过什么方式得到的，是什么时候得到的，这些都是数据溯源的必要信息。如手机信令数据可以通过通信公司获取、用水量数据可以通过水利部门获取、地理数据可以通过地理空间数据云网站获取。

可拓展指的是数据根据现实或规划的变化情况，对相关数据的格式、文档等资料进行更新和扩充，是数据的"未来"。人生会经历不同阶段，不断成长，数据也会通过不断积累和更新，然后被挖掘出更大的潜力。

7.4 数据治理关键环节及技术

在机构改革及国土空间规划编制的背景下，笔者依据国家及省部委相关要求，结合广东省及地市的具体情况，因地制宜地开展了一系列国土空间规划"一张图"及自然资源数据治理工作，把数据治理关键环节及技术归纳梳理为数据收集、数据体系构建、数据规整建库、数据关联的建立、数据维护及更新和数据使用及安全共六大点，以下将一一进行介绍。

7.4.1 数据收集

为规范数据生产业务工作，强化数据质量管理，保障数据安全及效力，为数据汇集阶段制定标准化流程及质量控制记录模板，从数据源头对数据质量进行把控，实现数据管理的专业化、标准化、制度化。

1）数据汇集流程

数据汇集工作需要了解数据版本信息并确认，建立原始数据库及原始数据资源目录，并根据补充数据资料收集的情况对原始数据库和原始数据资源目录进行动态维护及更新（图7-1）。具体流程如下：

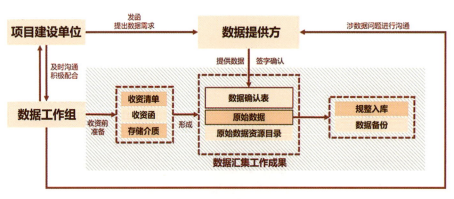

图7-1　数据收集流程技术路线图

（1）拟定收资清单。根据实际情况，结合数据资料收集要求，制定收资清单，收资清单应包括数据名称及内容，明确需求数据时点要求、格式要求。

（2）收资前工作准备。现场数据资料收集前确定资料提供单位、联系人、联系电话、数据收集时间，并按所收资料是否涉密准备好专用的存储介质。

（3）数据交接。数据交接时，数据提供方应在数据接收方的指导下填写《数据确认表》，双方根据数据资料收集现场情况签字确认。《数据确认表》应详细记录数据内容、数据版本、数据格式、提供单位、数据资料收集日期和经办人信息，确保数据的可溯源性。

（4）数据提供与接收方应共同确认数据版本和数据时效性。规划类数据需要确认批复情况，已批复版本需要记录批文号及批准时间，在编数据需要记录成果阶段及相关时间节点。

（5）原始数据管理。完整备份原始数据并建立原始数据资源目录，对所有已收集原始数据进行分类登记，在数据资源目录中详细记录数据版本、数据格式、坐标系、提供单位、收集日期等信息。其中，涉密数据应严格按照国家相关保密管理要求进行管理与使用。

（6）数据汇集工作中涉及的单位或人员要各司其职。

2）制定数据确认表

制作数据确认表模板，在收资的现场与数据提供方共同确认所收数据的所在行政单元、数据名称、数据类型、坐标（含中央经纬线或带号）、数据版本（在编或已批复）、批文号或更新时间、编制单位、规划范围面积或总面积（km^2）、建设用地面积（km^2）、接收数据格式、收时间、入库情况等信息进行确认，从数据来源方面确保数据的可靠性。

3）制作原始数据资源目录

制定原始数据资源目录模板，对收资原始数据的版本、格式、提供部门、收资日期等信息进行详细记录，确保每一份数据的法效性、溯源性。

7.4.2 数据体系构建

只有理解数据体系，才能看见事情的逻辑和趋势、构建数据架构、厘清数据关系、提升数据治理能力。数据的内在体系、表的字段、信息口径等不一致，导致数据汇集时存在加工很难、成本很高的问题，所以数据处理难度大。单个系统运行没有问题，一旦两个、三个系统跨数据连接使用就会出现很多问题，当一百个系统在一起运行时就很难解决问题。

所以，现在很多地方都在想办法使数据高效流通。目前主要做法是构建数据共享交换平台，但在数据共享交换平台中交换的数据，应该从数据质量、数据逻辑、数据标准上保持一致，保证系统间的交换。由于每套系统都是一套语言体系，不同语言体系汇聚在一起时，数据就无法理解。因此，需要构建统一的数据框架体系和数据标准，以广东省自然资源一体化数据为例，简要介绍其分类体系与数据标准的建立原则与内容。

1）构建数据分类体系

搭建数据框架体系，是对数据进行分类分级和编码，是建立数据标准的基础。搭建自然资源一体化数据体系框架，依据相关技术规则将自然资源数据纳入其中。分类方式遵循数据逻辑思维主导与继承已有体系相结合的原则。按照《国土空间规划"一张图"建设指南（试行）》要求，参照《市县级国土空间总体规划数据库标准（试行）》《广东省自然资源一体化数据分类与编码指南》《广东省自然资源一体化数据库设计规范（第一部分）》分类体系，结合具体地市数据成果和数据内容进行扩充的方式分级分类，明确数据分类层级，便于自然资源数据汇入、使用及更新，满足标准化管理的需要。

数据框架体系覆盖"山水林田湖草"全域全要素，汇集国土、住建、林业、环保、海洋、生态、地质等多领域的海量、多源、异构数据，按数据逻辑思维分类归纳，形成完整的自然资源大数据库。具有可扩充、可延展的特性，随着具体数据专项工作的开展，自然资源大数据框架体系会不断扩充丰富，形成全域全要素全覆盖的时序数据集合。通过有效应用这些数据，挖掘数据汇集后的内在价值，实现面向未来的、用数据支撑政府审批、监管、决策等，发挥数据的监测预警价值，将现有的被动管理转变为主动发现，将不符合自然资源管理要求的苗头扑灭在萌芽状态。

2）建立数据标准

数据标准是指导空间数据入库的规范文件，是数据建设的基础，是实现数据互联互通、共享共建的关键。本着"急用先行、持续更新"原则，根据国家、广东省现有相关数据建设要求，制定涵盖公共基础、专业基础、业务管理和公共政务在内的自然资源一体化数据库标准。标准需规定适用范围、规范性引用文件、数学基础、数据库内容和结构、属性表结构等相关内容（图7-2），使建成数据库好用、好查、好看、好管。

```
目  录

1  范围
2  规范性引用文件
3  缩略语
4  数学基础
4.1  高程基准
4.2  地图投影与分带
4.3  平面坐标系
5  数据库内容和结构
5.1  数据库内容
5.2  空间要素组织管理
6  属性表结构
6.1  公共基础类数据属性结构
6.2  专业基础类数据属性结构
6.3  业务管理类数据属性结构
6.4  公共政务类数据属性结构
```

图7-2 "标准"目录结构

"标准"定义的数据结构属性包括：数据门类编码与名称、数据大类编码与名称、数据中类编码与名称、数据小类编码与名称、数据一级类编码与名称、数据二级类编码与名称、数据三级类编码与名称、数据图层、数据格式、数据时点、是否涉密、数据来源（图7-3）。支持多向自定义排列检索，可以根据数据需求自定义排列检索相关数据，如需要生态环境相关的数据，可以根据数据来源字段，选择"生态环境局"即可获取生态环境的相关数据；同样也可以多字段自定义

图7-3 数据结构属性

排列检索，如需要自然资源局所有的土地变更调查数据，可以选择数据来源是"自然资源局"，数据小类名称为"土地变更调查"，按照数据时点排序，可以检索到历年的土地变更调查数据资料。

"标准"还包括一套"合理、完整、美观"的符号样式库。在国土空间"一张图"数据建设工作的驱动下，大数据中心在形成"标准"时，也对符号样式库进行了一系列的优化和修改，力求数据展示做到"合理、完整、美观"。符号样式库结合使用习惯，并参照以往相关的符号样式标准，集合多方意见，形成了1套要素符号样式库、1套配色方案、1个字体文件，为数据展示和信息传达提供符号样式支撑。

符号样式文件基于ArcGIS的.style文件，对应数据的点要素、线要素和面要素，形成填充符号、线符号和标记符号样式库（图7-4）。

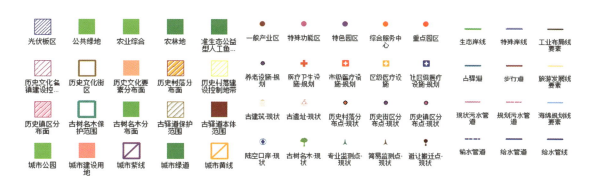

图7-4　符号样式库（示例）

配色文件基于ArcGIS的.lyr文件，衔接现有标准配色方案，形成一套全面细致、涵盖已有要素类型的配色方案（图7-5）。字体文件基于ArcGIS的.ttf文件，新增了文件中缺失的但使用广泛的字体符号，为标记符号的制作奠定基础。

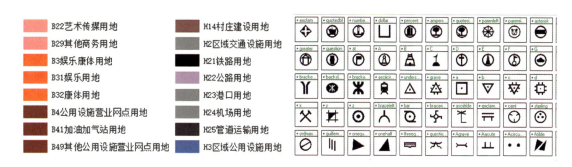

图7-5　配色文件和字体符号示例

7.4.3 数据规整建库

数据规整建库过程通过多源异构数据预处理、数据库标准入库、入库成果质量检查三个过程，建立权威、统一的数据库，具体工作中包括格式转换，非空间数据规整化，坐标转换，数据入库和数据质量检查5个方面。

格式转换。格式转换主要针对空间数据。空间数据格式多样，常见的数据格式包括以AutoCAD为载体的.dwg格式、以全国林地年度更新软件为载体的.zdb格式等。根据国家要求，需将矢量数据的格式统一转换为.gdb或.mdb格式，并确保数据格式转换前后内容的一致性与完整性。

非空间数据的规整化。非空间数据包括一些统计数据、工商数据、人口数据等，将非空间数据做数字化、空间化和规范化处理。

坐标转换。根据《国土资源部国家测绘地理信息局关于加快使用2000国家大地坐标系的通知》（国土资发〔2017〕30号）等文件要求，需对非2000国家大地坐标系的数据进行坐标转换工作，确保空间数据的坐标系统一为2000国家大地坐标系，高程基准统一为1985国家高程基准。

数据入库。根据制定的数据库标准对数据进行入库。

数据质量检查。对入库数据进行数据质量检查，检查方式包括交叉检查及成果抽查。一是交叉检查，在数据处理过程中对所有数据整理和处理工作采用交叉检查方式进行质量检查，对建库数据内容的正确性、一致性和完整性进行检查。二是成果抽查，对已完成数据入库的数据成果，采用30%的抽查比例进行数据质量的规范性、完整性抽样检查。工作中保留检查的全部记录。

7.4.4 数据关联的建立

数据关联指建立自然资源数据与空间、业务、时态之间的多维度关联，通过机器为主、人工检验为辅相结合的方式，最终形成数据关联表的一种技术。其中，主要是建立三个关联：空间逻辑关联、业务逻辑关联及时态关联。本小节将对三个关联的定义及之间的联系进行介绍。

（1）空间逻辑关联

空间逻辑关联是纵向的数据关联，基于数据的空间属性，完成单个地块上的"图属档"关联，在纵向空间上明确项目范围，实现"属性可见、档案可查"。

（2）业务逻辑关联

业务逻辑关联是横向的数据关联，基于业务办理的依赖关系，以单个项目地块为单位，通过为项目红线建立唯一标识码字段，以空间关系为依据，基于业务办理的依赖关系，横向关联同一项目地块上全生命周期业务数据，实现单个项目地块的业务"全链条"关联。

（3）时态关联

时态关联是基于数据生产及业务办理时序，通过追溯单个地块的生命周期情况，明确该地块所历经生命周期数及当前生命周期所处环节，在各生命周期间业务数据间建立关系而实现。

7.4.5 数据维护及更新

数据是在不断动态变化的，数据维护包括定期数据备份、数据优化等；数据更新采用定期更新与动态更新相结合的方式，对数据进行及时更新，确保数据时效性；建立数据版本管理制度，实现版本可溯、来源可循。制定数据管理办法，细化和落实数据更新和维护、数据安全监督的具体管理实践工作。

数据更新和维护管理。数据遵循定期备份和及时更新制度，并及时做好版本记录和撰写数据维护文档，数据维护文档需明确各部分数据维护的工作流程、明确各部分数据维护之间的优先级、明确各部分数据维护的字段，明确每个字段下的细节、明确各部分历史数据维护导出的状态范围。同时注意维护过程中出现的数据内容更改，及时补充/更新至数据维护文档内，对已维护的数据进行抽查，核对数据以及数据维护的准确性。

7.4.6 数据使用及安全

随着信息技术与经济社会的深度融合，数据对社会各行业、各领域创新的支撑作用日益凸显。与之相伴生的是数据的安全问题。数字产业的发展离不开企业数据交换、获取、利用和资本化等行为，其创新需要最大限度发挥数据红利，而此过程必然涉及与隐私相关的个人数据，由此出现数据泄露等问题。因此，数据安全是一个需要持续关注和解决的问题。

数据安全防止或授予基于授权的数据访问，数据安全问题主要体现在数据开放和数据采集层面。数据开放时要考虑信息安全、国家机密、商业秘密、个人隐私等多方面的问题。然而哪些数据该开放，哪些数据不该开放，则需要制订一个标准加以界定。数据采集层面也涉及数据边界的问题，例如，现在不少城市都在公共场合安装了摄像头，这些摄像头所采集的影像资料有利于提升城市治理效率，但同时也面临市民隐私保护的问题。数据共享开放层面同样也涉及数据安全问题，数据的开放共享涉及数据的存储、传输、共享等阶段。例如，在政府数据中，病人健康信息是其中的一个典型例子，应该有政策和程序清楚定义谁有权限访问哪部分健康信息，以及数据在网站间传输时应该如何保护、存储。

因此需要用体系化的思维来解决数据安全问题，数据安全体系的一个核心思想体现在"全生命周期"的安全保护。在数据的动态流转过程中，数据安全与隐私保护策略应建立于数据全生命周期，包括数据的采集、传输、存储、使用、共享、销毁等环节，通过关注数据各生命周期所面临的各种安全威胁，提供针对性安全保护手段，确保数据在全生命周期的机密性、完整性、可用性。

鉴于此，为保障数据安全，应进一步完善数据管理、应用、流动等方面的法律制度，也需要多管齐下、多元规制，提高违法成本，切实维护数据安全。对有关部门来说，跟踪各类场景下数据流通和应用的最新变化和特点，做好风险预警工作，也是有效应对数据安全挑战的有力举措。

做好数据安全管理，目的是规范行为，明确相应的权利和义务，确保依法合理使用数据。要认识到，各类数据只有在充分流动和分享过程中才能被利用起来，才能最大限度释放红利、发挥效用，给用户创造价值。因此，与数据安全相关的规制举措并不意味着过度约束，否则将对数据流动造成不必要的阻碍。一方面，规制举措需要在保障数据安全前提下，为数据流动创造条件；

另一方面，需要明确规制举措的范围和限度，完善相应程序，依法依规开展数据安全管理，既实现维护数据安全的目的，也起到促进数据合法合理开发利用的效果，在数据安全和数据开发利用之间做好平衡。

7.5 数据挖掘：洞悉城市的运行状态

7.5.1 社会经济大数据

未来将是一个数据化社会，无数据不经济。社会经济数据是可以通过研究社会经济统计活动的规律和关系，而从产生结果的集合，它来源于对社会经济现象的调查研究活动之中，并用于认识社会经济现象发展规律。

社会经济数据包括经济、社会、人口、农业、工业、教育、文化、卫生等和社会经济现象相关的数据，并随着信息技术的使用，通过数字化整合权威机构发布的数据资源，利用数据采集、清洗、挖掘和可视化等技术手段，形成各种各样的数据池，成为社会经济大数据。提供一个数据查询、数据挖掘分析、决策支持的数据源。

经济大数据的来源多样主要，详细见表7-1：

表7-1　　　　　　　　　　　　经济大数据来源情况

序号	来源	例子	备注
1	现状调查	传单，实地调查等	
2	政府发布	国家统计局、气象局等官网	
3	商业网站	百度地图、房天下等商业网站	
4	数据平台	知网、中国经济网等	
5	年鉴	国家统计年鉴、各城市年鉴	
6	行业部门	电力、税务、工商业等部门	
7	商业购买	向相关商业公司购买	

除了数据来源，数据分析工具也非常多，评论者都可能站在不同的角度对某一个工具的好坏进行评价，评价结果会因个人的感情色彩而显得不同。

从类型来分，数据分析工具分为三大类。

数据收集类：数据采集、数据源（包括位置、图片、文本、音频、视频等）；

数据管理类：数据仓库、数据平台（云存储、第三方数据平台、物联网等）；

数据使用类：数据处理、数据挖掘、数据可视化、垂直化应用（智能营销、综合服务、影像分析）、行业化应用（金融、零售、旅游、政府、电信、规划、医疗等）。

数据收集类主要是通过采用一些特定的工具进行数据获取，数据采集根据采集数据的类型可以分为不同的方式，主要方式有：传感器采集、爬虫、录入、导入、接口等。

传感器监测数据：通过传感器，即现在应用比较广的一个词：物联网。通过温湿度传感器、气体传感器、视频传感器等外部硬件设备与系统进行通信，将传感器监测到的数据传至系统中进行采集使用。如果是新闻资讯类互联网数据，可以通过编写网络爬虫，设置好数据源后进行有目标性的爬取而获得数据。

数据管理类主要是通过数据平台、提供专业的、量身定制的解决方案，如中国互联网数据平台、百度数据开放平台、中国经济社会大数据研究平台等，数据平台均是基于数据，面向行业和地域提供数据分析成果。通过数据分析模块，用户可以自定义设置进行分析的时间、地区和指标因素，同时能够对检索的结果进行二维表格和不同形式图表的展示，通过对检索结果不同样式的展示，反映指标的历史轨迹、现状和未来发展趋势，进而辅助决策。如通过搜索全国范围内500+类餐饮、购物中心、汽车服务等商业兴趣点数据，洞察商业聚集潜力、行业体量等（图7-6）。

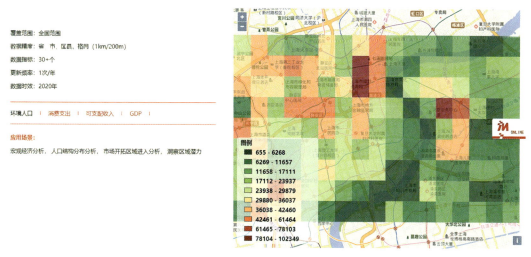

图7-6　某平台提供的数据分析服务

数据使用类工具非常多，在每个行业都有不一样的分析软件，用于进行数据处理、数据挖掘、数据可视化等，结合城市规划行业，主要的数据分析工具有：

（1）Excel

绝大多数据分析岗位任职要求都有具备Excel数据处理能力，其优点：第一，Excel为常用办公软件，无须额外特殊安装；第二，门槛低，易上手，能快熟掌握Excel的操作方法。劣势主要是，不然数据量过大（如超过百万），巨大的数据量在处理数据的效率明显比其他工具的低。总体看来，Excel是数据分析工具中不错的大众选择。

（2）SPSS

SPSS是社会统计科学软件包的简称。SPSS软件包在1968年推出，于2009年被IBM收购，主要运用于各领域数据的管理和统计分析。作为世界社会科学数据分析的标准，SPSS操作界面极其友好，结果输出界面也很美观，同时还配备十分详细的用户手册。SPSS的核心功能主要有数据编辑功能、可视化功能、表格编辑功能、连接其他软件、统计功能。

（3）ArcGIS（GeoSense）

伴随着新一代新型智慧城市的发展趋势，城市中的群众、交通出行、商业服务、通信、生态资源等慢慢产生一个广泛联络的总体。大数据GIS可能在社会经济发展的各行各业充分发挥不可替代的功效，后续运用发展前途无限。在GIS领域，ArcGIS处地龙头地位，其主要的分析功能有统计分析、矢量分析、栅格分析、大数据分析等，在生态资源行业、城市规划、公安行业和城市信息化管理，对空间数据的分析用得非常多。

除了以上的软件，另外，MATLAB、lingo、Finereport、Tableau等数据软件也非常多，另外，为了应对大数据量的处理和分析，掌握相关的数据分析语言也非常有必要，普遍采用的是R或Python语言，在结合数据库存储与管理的情况下，使用脚本处理会更高效便捷。通过语言的应用，除了可以实现网络爬虫与网页抓取所需要的数据、统计分析等。另外，还能进行网络图片热度分析、道路词频挖掘、现状建筑色彩分析，并提供多维度、高时效、高精度的商业数据，为智慧的商业分析与决策提供最富远见的商业洞察。

7.5.2 "城市居民"大数据

城市的居民不仅包括人类，还包括动物和植物。人类、动物和植物，三者之间关系密切，相辅相成、互相影响。只有加深对动物和植物的了解和研究，才能更好地制定对自然和生态的保护方案，提高人们的生活环境和生活水平。

1）关于人的数据

人类是城市中的主要居民，随着科技的发展和数据的积累，和人类相关的大数据研究也越来越多，较为典型的有基于人口或用户画像的研究。

根据采集的人口出行路径、消费水平、受教育程度、职业、行业等数据，为不同的群体进行画像，把生活在城市中的人划分为不同的类型。在大数据时代下，根据准确的人口画像，大到国家能够制定和完善民生政策、社会保障政策和公共服务设施的布置；小至商家的推销广告能够根据人口画像针对不同群体进行精准投放。

如利用群体画像的数据，使用RFM模型和K-Means聚类算法，可以研究出网络博主的聚类与分类，并判断出成为不同类型博主（如潜力博主、流失博主、活跃博主）的行为规律，为科学网站建立用户流失预警机制，促进科学和学术的信息交流。

人类对不同的城市都有不一样的认识和感知。如通过网络词频功能，可以对城市印象进行分析，根据不同年份的词频挖掘，可以看出人们对该城市的印象变化。结合不同的方向，如交通、美食、旅游等，可以为城市不同方面的发展提出不同的建议，让城市更多元化，更能发挥自己的特长，拥有更好的发展方向。

2）关于动物的数据

城市的每个角落，都生活着不同的生物。如垃圾桶周围主要聚集着流浪猫和流浪狗；污水沟里面主要生活着老鼠，窗外的屋檐下可能居住着小鸟的一家，大海里有各种不同的海洋生物。通过对居住在城市的动物居民进行分析研究，加深对各类动物的了解，人类才能更好地与自然和谐相处，才能更好地维护人类和动物之间的关系。

人类主要的活动范围在陆地，从高山到平原，河流到小溪，农村到城市，人类的活动对于各种动物都有不同程度的影响。草地上的草食动物分布取决于草本植物生长的格局，而草本植物的格局又对草食动物的利用具有缀块性，也就是说，根据草本植物生长的分布不同，草食动物的分布也会有较为明显的边界。根据草食动物的分布数据和草地资源的分布数据，利用生物、物理等学科的渗透理论并结合网格分析，能够对草食动物和草本植物之间的关系进行研究，并寻找出两者分布的规律，同时为草地规划和草原生态保护提供参考。

鸟类的生活看似与人类关系不大，但鸟类活动习性的变化却能反映出人类活动对自然的影响。其中，受人类影响最大的是鸟类的迁徙活动，同时，鸟类的迁徙活动也是最能反映人类活动对气候及环境影响的现象。通过鸟类多年份的迁徙时间和迁徙路径的变化数据，结合多年份地区气温、湿度、降水的变化数据，使用线性回归分析等数学模型，可以研究鸟类迁徙活动和气候变化的关系，从而提升人类对全球气候变化的关注度和保护度。

近年来，人类的活动范围继续加大，海洋中丰富的海洋资源也吸引着人类探索。随着人类对海洋了解的加深，对海洋生物海洋环境的保护意识也逐步加深了，根据不同年份海域大型底栖动物的调查分布数据，结合海域的底质环境和生态状况的变化，可以通过分析优势种类底栖动物的时空变化，对大型底栖动物优势种的变化分布趋势进行预测，并研究大型底栖动物优势种和海水有机质积累及海域底质环境变化的关系，从而更好地对海洋进行保护。

3）关于植物的数据

城市中分布着各种各样的植物：海岸边有湿地，马路边有行道树，公园里有草坪和森林。人类的生活离不开植物，植物不仅能装饰城市、美化景观，还能为人类提供充足的食物和氧气，是人类生存必不可少的物种。因此，加深对植物的研究，不仅能够保障人类赖以生存的环境，还能保护物种丰富度和提升生态价值和生态效益。

分析城市植物常用的模型有：最大熵模型、表面分布区分室模型、拟合神经网络、回归模型、空间明晰物种组合模型、人工神经网络、随机森林、生物气候模型等。通过不同的模型，能够研究过去、现在和未来的植物分布，进行物种分布评估与生物多样性评价，预测物种潜在分布范围和区位。

例如，可以基于InVEST模型和MaxEnt模型，对自然保护区的保护效益进行评价。InVEST模型可以模拟不同土地覆盖植被下生态服务系统物质和价值的变化；MaxEnt模型就是最大熵模型。根据植被覆盖数据，结合自然保护区、森林分布这些自然要素，将农村居民点、公路、铁路、农用地等城乡建设用地数据作为对植物生长的威胁因子，对自然作物的生长环境质量进行模拟分析。结合濒危野生植物，对物种潜在分布区进行预测。最后，综合两个模型的计算结果，协同分析生长环境的适宜度和植物种类的丰富度，从而筛选得出需要重点保护的自然区域，提升保护效益。

可以运用最大熵模型和随机深林模型对城市森林的分布进行模拟，并结合理论和实际，从而得到对森林分布影响最大的潜在因素和最适合森林生长的地区。使用降水量，温度等环境变量数据，结合地形和土壤数据，再利用森林内某树种的分布和无分布数据，建立随机森林的样本。最后，通过最大熵模型和随机森林模型，分析影响某树种生长的最大因素，选取最适宜某树种生长的区位，并预测以后该树种会分布的潜在地区，从而使某树种能够得到更好的保护，进而对物种多样性进行有效保护。

7.5.3 疫情下的大数据

2020年初我国爆发了由新型冠状病毒感染的肺炎疫情，更具传播性的肺炎给人们的生活带来了冲击。面对来势汹汹的新冠肺炎疫情，通过大数据让公共卫生官员和健康专家及人民群众摸清了解疫情暴发就显得尤为重要。

1）疫情前的大数据应用

基于大数据技术最早的经典应用之一，即是在流行性传染病的预测和控制方面。早在2008年谷歌在美国地区发布了谷歌流感趋势（Google Flu Trends），利用关键词追踪技术搜集大量有价值的数据，从而推进流感研究，截至目前谷歌流感趋势已经涵盖全球29个国家，其中登革热趋势已经涵盖10个国家。

Google流感趋势（Google Flu Trends，GFT）是Google于2008年推出的一款预测流感的产品。Google认为，某些搜索字词有助于了解流感疫情。Google流感趋势会根据汇总的Google搜索数据，近乎实时地对全球当前的流感疫情进行估测。

"谷歌流感趋势"系统的设计人员认为，人们输入的搜索关键词代表了他们的即时需要，反映出用户情况。为便于建立关联，设计人员编入"一揽子"流感关键词，包括温度计、流感症状、肌肉疼痛、胸闷等。只要用户输入这些关键词，系统就会展开跟踪分析，创建地区流感图表和流感地图。为验证"谷歌流感趋势"预警系统的正确性，谷歌多次把测试结果与美国疾病控制和预防中心的报告做比对，证实两者结论存在很大相关性。

2）疫情后的大数据应用

国务院于2020年1月27日发布了《近期防控新型冠状病毒感染的肺炎工作方案》(肺炎机制发〔2020〕9号)，明确指出各地要充分应用"大数据+网格化"等手段，抓好疫情预警、监测、排查、检测等工作。明确要利用大数据等技术开展人员追踪管理，做到追踪到人、登记在册、上门观察。所幸大数据技术及其应用愈发成熟，高速宽带网络的广泛普及和应用、信息技术特别是大数据技术，在此次防疫工作中发挥了很大的作用。

在众多医护人员的以及广大群众的配合下，新冠肺炎疫情防控近来已经度过危险期间。这期间应用大数据分析工具，对警力部署、目标轨迹、人群密集度、警情态势、热力图等展现得淋漓尽致，对提供服务疫情态势研判、疫情防控部署等有重要参考价值，为警务实战提供基础支撑。"九次方民意云大数据"平台，经过大数据手段对收集到的民意数据进行研判分析，这些数据对疫情态势进行预测，精确覆盖民生热点。掌握人员流动情况是大数据分析的重要方面，掌握整体形式，依据区域的态势特点合理安排人员及资源。工信部信息通信管理局局长韩夏在发布会上说，近段时间来，工信部已经组织行业专家开展大数据咨询，紧急建立疫情电信大数据分析模型，组织基础电信企业大数据统计全国尤其是武汉和湖北等地区的人员流动情况，帮助各地联防联控部门精准施策。大数据所产生的数据量一定要求人们对数据进行归纳总结，对数据的结构和形式进行转换处理；为疫情防控提供精确化数据支撑，收集本地及四周区域的疫情情况，密切关注动态变化，发现或听闻并且经过验证。中国信息通信研究院院长刘多说，一定要马上上报专项中国信息通信研究院，支持公司做好疫情防控应急预案。使用大数据分析技术，把城市管理中的各类重要数据汇聚融合，并可以统一分析、快速处理。广联赛讯很早就提出的："通过终端获得并采集车辆与用户数据，数据的统一采集及分析处理能马上满足各项疫情防控分析需求，完成大数据时代基于用户画像的精准营销，为后项运营提供数据支撑的汽车数据应用宏图"，终究成现实。

（1）医疗大数据

国内多家机构包括BAT等科技企业及主流媒体在内，开始针对此次疫情发布相应的跟踪数据，助力整体疫情的有效防控。

依托大数据技术，这些机构通过网站、APP等渠道发布疫情实时大数据报告，统计全国官方通报疫情情况，并用可视化图表的形式直观展示目前疫情的发展态势，从而有效帮助大家了解周边的疫情发展，帮助调配物资到需要的地方。

（2）运营商大数据

此次疫情的大数据控制方面，运营商在数据源以及数据分析上面也展现了自身的价值。

据媒体报道，疫情发生后，工信部第一时间成立部电信大数据支撑服务疫情防控领导小组，统筹协调部门之间、部省之间的联动共享。

另外，疫情暴发后，中国移动接到国家卫健委关于疫情日报的需求，制订了数据上报与数据建模方案、无线专网安全保障和应急预案，并在1天之内开通了医疗专网服务。通过疫情防控大数据传送专网，能实现武汉72家医院疫情数据的实时传输上报。

在各地的管控方面，各地政府也开始借助运营商的大数据能力加强对疫情的防控，特别是对湖北等疫情重点地区户籍人口的防控，防止春运返程对疫情的再次发酵。

华西证券分析师吴彤认为，运营商数据在DT时代的战略地位是BAT等互联网巨头所无法企及的。原因在于，运营商凭借所处的数据交换中心地位，能搜集到与用户息息相关的最有价值、更为准确的数据，包括地理位置、商业活动、搜索历史、社交网络等。此外，电信大数据天然具有用户最为详细的信息，在国家力推用户实名制后，电信数据更准确的涵盖了用户方方面面真实且完整的信息。受益于移动终端数量的快速普及以及移动用户数量的大幅增长，运营商多年来已形成有效的用户大数据。

三大运营商推出的"个人轨迹证明方法"，可以给服务商发短信（表7-2、图7-7～图7-9），

表7-2　　　　　　　　　　　　个人轨迹追踪查询方式

序号	运营商	发送内容	发送号码
1	中国移动	CXMYD	10086
2	中国电信	CXMYD#身份证后四位	10010
3	中国联通	"CXMYD#身份证号码后四位"	10001

图7-7 中国移动个人轨迹证明反馈结果　　图7-8 中国电信个人轨迹证明反馈结果　　图7-9 中国联通个人轨迹证明反馈结果

得到你的手机最近一个月的轨迹，用来辅助证明你最近一个月是否离开城市或者由异地返回。

从通信专业角度分析：运营商查询用户的轨迹实际上就是手机漫游记录，一般不对外开放相关记录。在全国疫情严峻之时，通过该方法实现返工行程排查，为复工复产提供支撑。

（3）户外出行大数据

疫情的发生大大影响了人民群众的工作和生活活动，后来疫情得初步控制后，人民活动逐渐恢复正常，但因国外疫情仍然严峻，为防国内新冠疫情死灰复燃，各地方及各大单位均通过技术手段制定相关的政策，通过特殊的途径对工作、生活、旅游等户外活动进行监测和防御，包括以下几个方面：

①城市预警

我国各重点城市通过预警平台对疫情情况实时进行预警，提醒当地群众不能往疫情发生地区进行活动，如北京市海淀区上线了"城市大脑疫情预警系统"，该系统就是通过对互联网搜索信息、社区和医院等重点区域视频监控信息、市民热线的百姓诉求信息等进行大数据分析，从而找出关键事件并进行定位，及时发出预警信号。

②旅游出行

在景点人流密集地区，通过技术手段提供敏感人群分布及流向跟踪数据分析，同时提供了数据可视化监测，如广西桂林等多个地市目前已实现省、市、县三级的区域数据可视化展示应用。针对敏感人群在各区域流动聚集情况实现24小时监测，提供敏感人群常驻聚集地的流动分布可视化展示，为防疫工作提供重点排查监测区域的数据分析决策。

另外，当乘坐交通工具到另一座城市时，均要求扫个人出行码或填写行程单，并由工作人员确认为绿色才可在城市中游玩（图7-10）。在游玩过程中，旅游出行大数据就会实时动态更新。

③上班扫码

由于上班场所是人流密集场所，在疫情期间，大部分单位均已经全面实行员工上下班扫码及外来绿码持有人员的准入制度（图7-11，图7-12），并必须通过检测体温，加大了监管和服务力度，全力为经济生产做好保障。

图7-10 旅游行程码

图7-11 上班出入旅游行程码

图7-12 粤规院3月～5月份扫码出入人数统计

④公园扫码

在抗疫期间，不少市民可能会感觉憋闷，随着清明后春意渐浓，疫情形势好转，一些市民走出家门，到公园透气，放松身心，但是公园里的防控措施时刻不减（图7-13）。

图7-13　公园测量体温

在每个门入口处，工作人员都对入园游客进行体温测量，确认戴口罩，实行实名制购票，除了传统登记方式之外，还在入口会有一个二维码，每位入园群众均要扫描，确认行程，向工作人员出示，就可以顺利入园（图7-14，图7-15）。

图7-14　传统的登记方式

在新冠肺炎疫情防控的大背景下，游客实名制登记能够建立健全游客信息，以用于后台进行记录，形成入园游客大数据，能在发生疫情时有效掌握疫情传播的途径，迅速采取措施，对相关人员进行追踪和管控，有利于游客的健康与安全。

⑤网上预约

为创造文明有序的游园环境，节日期间热门景点景区客流量较大，人员相对密集，为进一步做好客流引导，各城市会对客流量较大公园景区实行网上预约。游客可通过线上平台提前实名预约入园门票，可有效控制入园客流，保证游园秩序平稳和游客的身体健康，也可以进一步避免接触，降低传染风险。

一般情况下，除了在这些公园景区各自的网络平台预约之外，还可以通过相关官方微博、微信的预约入园渠道（图7-16）。用手机的方式在线预约，相关预约数据已存入服务器中，最后在入园时刷身份证入园，通过和服务器的身份信息进行对比，无误就可直接进入公园游玩。

图7-15 新时期扫码登记入园方法

图7-16 白云山景区网上预约门票

经过累积，网上预约信息的数据会组成公园入园大数据，以用于统计和分析人流情况。

（4）数据韧性验证

新冠疫情发生之前，我国社会经济、城市居民等大数据主要应用于科学研究领域，相关分析及结论甚少展现在广大人民群众面前。在新冠疫情暴发后，通过标准体系采集建立的大数据资源，在有效工具挖掘之下为人们展现出极具活力、富有韧性的一面：通过整合并分析政务大数据及移动运营商大数据，在追寻确诊患者活动轨迹的工作中发挥了巨大的作用。以下将以追寻青岛市一名确诊患者移动轨迹的工作为例进行介绍。

2020年2月9日，青岛市确诊一名22岁女性新型冠状病毒肺炎患者，患者系确诊病例密切接触者，经相关部门通过核查移动运营商大数据、行程记录大数据及相关消费记录数据，确认了该名患者2月6日至确诊日期之间的行动轨迹，分析排查出曾乘坐患者所乘出行车辆DD1367号车、T1082号车的其他乘客共14名，精准确认了需密切观察的同乘及有关人员，敦促了相关人士需第一时间到当地所在社区及区疾控中心报告登记，助力了疫情的防护和控制工作，有效地防止了疫情的扩散。具体情况如下：

2月6日，驾驶员驾驶DD1367号车；

14：31从山科大发往大窑沟；

14：36前海湾路西上男乘客1名；

14：43青大附属院西海岸院区东门上男乘客1名、女乘客1名，下男乘客1名；

14：54理工大学站上女乘客1名；

14：59嘉陵江东路站上女乘客1名（患者）；

15：24汶上路单县路站下女乘客1名（患者）；

15：28兰山路火车站下男乘客1名、女乘客1名，15：38分大窑沟下女乘客1名。

2月7日，驾驶员驾驶T1082号车，13：28分由大窑沟发往山科大；

13：28大窑沟上男乘客1名；

13：33市立医院站上男乘客2名；

13：37青大附院江苏路上男乘客2名；

13：41兰山路火车站上男乘客5名；

13：43西镇站上女乘客1名（患者）；

13：56武船重工下男乘客1名；

14：10嘉陵江东路下男乘客1名、女乘客1名（患者）；

14：13青云山路北站下男乘客1名；

14：20保税港区东门下男乘客2名；

14：24青岛滨海学院下男乘客1名；

14：27青大附属院西海岸院区东门下男乘客2名；

14：31港头李下男乘客2名；

14：38到达终点站山科大。

7.6 本章小结

习近平总书记在杭州城市大脑运营指挥中心考察时强调："运用大数据、云计算、区块链、人工智能等前沿技术推动城市管理手段、管理模式、管理理念创新，从数字化到智能化再到智慧化，让城市更聪明一些、更智慧一些，是推动城市治理体系和治理能力现代化的必由之路，前景广阔。"数据是推进城市精细化管理和数字化转型的重要战略资源，身处百年未有之大变局，数据韧性是城市安全韧性的重要一环。

数据治理是城市治理的基础，要充分发挥数据辅助支撑作用，不仅需要打通数据采集、规整、入库等数据生产各个环节，而且需要打破城市各个系统间数据壁垒，才能实现政府对人口、土地、农业、交通、经济、生态等方面的实时监测、科学评估、风险预警，全面提升社会现代化治理能力及治理水平。

第八章

信息技术
增强韧性

公共安全领域的城市韧性概念正被广泛接受，并在实践中发挥显著作用。对于城市这个开放的复杂系统，韧性是保障城市运行稳定、发展健康、协调有序的重要特性。信息技术能够赋予城市治理更强的感知、处理、应对的能力，根据不同的领域进行效能提升，对城市多个维度进行韧性的增强。疫情背景下，信息技术应用直接作用于城市和社会运作，以赋予城市新信息技术能力的路径增强城市韧性；自然资源信息化背景下，信息技术应用赋能规划谋划城市韧性的塑造，以优化城市物质空间形态和资源配置的路径增强城市韧性；智慧城市是未来城市发展的高级形态，它以信息技术赋能系统性增强城市多维度韧性，规划从资源空间科学配置谋求城市韧性，站在远期的规划发展来看，应加深认识其本质趋同和协同发展的关系，强化资源共用、优势互补、协作建设。本章结合疫情防控、自然资源信息化、智慧城市建设，来探讨助力城市韧性塑造的信息技术和概念。

8.1 疫情下的信息技术应用

公共卫生和社会运行视角下，信息技术直接增强了城市疫情防控和社会经济运行的韧性。疫情期间，我国通过信息技术快速迭代，建设了符合疫情抗击背景的健康码平台、云协同办公平台、医院信息系统、疫情地图等内容，以信息技术手段提高疫情监测、管控、发布的效率以及助力社会生产有序恢复，显著增强了城市的卫生防疫韧性和社会经济运作韧性，对我国的疫情防控和社会生产生活稳定具有不可磨灭的作用。基于大数据的疫情动态监测防控、云协同办公模式对疫情防控下的生产生活起到重大作用，本节对这两个信息技术应用展开梳理和探讨。

8.1.1 基于大数据的疫情动态监测防控

1）国内健康码的发展

2019年12月8日，武汉市官方通报首例肺炎患者发病，由此爆发了一场重大的公共卫生安全事件，造成了重大的经济损失和人员伤亡。为应对这场灾难，国家了成立"中央应对新型冠状病毒感染肺炎疫情工作领导小组"，所有省市先后进入一级响应，采取了严厉的防控措施。

2020年2月，为应对疫情防控期间"三返"形势，做好居民的健康监测，深圳及杭州最早推出健康码并启动实施基于健康码的出入管控。随后，全国各地陆续推出了自己的健康码。2020年2月底，国家政务服务平台推出"防疫健康信息码"，标志着健康码推广到全国。到2020年3月，全国大部分省份已建立本地健康码，基本形成国家（防疫健康信息码）、省（粤康码、苏康码等）、市（穗康码、深康码等）三级的健康码体系，并在各地疫情防控中发挥积极作用。为进一步解决各地区健康码标准不统一、数据不共享、缺乏互认机制等问题，贴近民生解决复工复产的困难，国务院办公厅会同各地区和国家卫健委等推动建立"健康码"的互通互认，依托全国一体化政务服务平台，实现信息共享和统一。2020年4月，国家市场监管总局发布《个人健康信息码》

系列国家标准，为全国各地健康码的信息统一和互通互认提供了标准化依据。

中国的"健康码"是由政府推动、互联网企业设计开发运营的数字抗疫产品。健康码的发展经历了"出现—推广—统一"的历程。从抗疫的角度看，是互联网企业的发展反馈到疫情控制的新鲜血液和有效典范，也是基于国家体制和公信力的成功实践。从社会治理的角度看，是特殊时期下政府公权力的部分让渡，是一场浩大的数字治理实验，在疫情中暴露了在线政务服务的一些实际问题，并推动政务信息化演进。

2）健康码背后的技术

健康码背后运用到移动轨迹追踪、大数据的关联分析、二维码等技术，基本原理是通过挖掘时空间关系，精准识别防疫控制重点人群，从而实施人流管控。

（1）移动轨迹追踪

移动轨迹追踪是基于手机信令数据完成的，是健康码赋色关键的一环。

手机信令数据连续性好、覆盖广、实名性强。信令数据的信息内容通常包括手机识别号、时间戳、位置区编号、小区标号和事件类型等，在我们使用手机的时候会频繁产生并记录在运营商的数据库中。据工信部《2019年通信业统计公报》，我国移动电话基站数量达到841万个，已成为全球移动通信基站建成数量最多、网络覆盖广度和深度全球领先的国家（图8-1）。截至2019年底，我国移动电话用户总数达16亿户，移动电话普及率达114.4部/百人（图8-2）。手机实名制也在工信部的一系列工作中落实，2016年《工业和信息化部关于贯彻落实〈反恐怖主义法〉等法律规定进一步做好电话用户真实身份信息登记工作的通知》要求"2017年6月30日前全部电话用户实现实名登记"。

图 8-1　2014—2019全国移动电话基站数量

另一方面，信令数据也有着大量研究和应用的基础。在疫情以前，信令数据便已广泛应用于学术研究和实际商业活动，如城市空间结构的识别和一些基于位置的服务（LBS）等。

（2）大数据关联分析

健康码充分运用了大数据，多维度挖掘和关联分析，对居民二维码赋色。

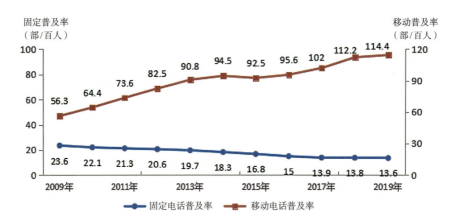

图8-2 2009—2019年固定电话及移动电话普及率发展情况

健康码的数据涉及个人身份信息、个人健康自查数据、手机信令数据以及卫生健康、交通运输、海关、民航、铁路、移民管理等多部门数据。

健康码的大数据关联分析,体现在三个方面:一是移动轨迹追踪;二是多源数据交叉验证;三是多因子计算的健康码赋色算法。移动轨迹追踪主要利用信令数据、用户身份信息和一些扫码、登记获取的用户位置信息。多源数据交叉验证,是进一步对数据的有效性进行检验校正,基于跨库比对解决登记错误等数据生产错误,提高信息可信度。健康码赋色算法,利用移动轨迹、个人健康自查、人际关系等多维度影响因子,基于量化赋分进行建模分析评估,并在实践中不断完善算法。

健康码背后的大数据关联分析,为精准、动态识别防疫重点人群提供有效手段,是海量数据信息挖掘辅助政府决策和实施管控的关键技术支撑。

(3)国内外健康码技术差异

随着全球疫情暴发,国外也开始实施了健康码防疫措施,在技术上与国内有着明显的区别(表8-1)。

表8-1 国内及国外主流健康码技术对比

	国内	国外
移动追踪数据	身份信息+电信运营商信令数据	蓝牙配对数据
移动追踪技术	信令数据挖掘	蓝牙配对
应用形式	构建于APP上的小程序	APP
应用级别	APP	操作系统
其他数据源	主动填报,身份信息,卫生健康、交通运输及海关等多部门数据	主要依靠蓝牙配对数据、公共卫生部门数据、主动上报
应用功能	依据风险计算进行亮码	提醒用户相关风险
架构模式	中心化数据存储与分析	去中心化数据存储与计算

首先，国外在移动追踪上采用蓝牙配对技术。中国的健康码基于信令及实名制实现人流精准跟踪；而美国、德国、英国等国家则通过使用蓝牙近距离交换数据和识别，仅基于蓝牙代码，在最低程度数据采集的情况下对用户移动轨迹进行匿名追踪。这种设计方式与国外的制度及强数据隐私保护有着密切关系。

其次，应用级别不同。中国的健康码是构建于APP之上的小程序，并结合电信运营商及多部门的数据进行移动轨迹追踪；而美国等国家的健康码来自苹果和谷歌两家公司联合开发，部分功能提升到操作系统级别，从而能够长时间运行，用户覆盖范围也可扩大到全球。

架构模式上，国内采用中心化的数据存储与分析，阿里、腾讯、政府存储了疫情相关的多源大数据，便于进行统一的分析和挖掘；而国外主流模式则基于蓝牙配对数据进行本地存储，通过确诊患者信息的广播或手机设备定期轮询以及本地计算，从而告知密切接触者相关风险，是一种去中心化的数据存储与计算的模式。

3）健康码的启示

疫情下健康码的发展历程、技术原理和问题暴露，为规划信息化提供了多方面的启示。

数据及信息化建设，需要重视并推动标准化建设。健康码的发展，从原型研发到全国统一，克服了多源头、多地区、多时点等数据差异，成功将各种数据链接，才完成一系列的大数据挖掘和分析。健康码平台建设中，相应的接口互通、算法表现一致、用户端亮码和提示等表现的统一、标准化，更是实现全域通用、全民共识的要点。规划行业数据和信息化的建设，同样要做好数据、接口、算法、表现等多方面的标准化建设。

融汇新技术，保障信息和网络安全。随着互联网向物联网的急速发展，全民信息安全意识空前提高。公民的数字信息俨然成为个人数字身份和资产，数据隐私不容侵犯。健康码利用分段二维码、加解密算法、区块链、去中心化等技术和模式，为疫情防控的信息安全保驾护航。数字时代下，自然资源数字资产是全国全民共有的资源，应进一步融汇新技术，提升保障自然资源数字资产安全的能力。

探索多维场景的多源大数据联合分析。健康码的是一次融合多源大数据分析的成功实践，它基于身份信息、时空间轨迹、社会关系等挖掘防疫场景下的风险人群，并基于分析结果实施了全国性管控。对规划而言，随着国土空间规划体系建立及信息化建设加快，在完成数据资源管理和各类常规统计分析业务系统之后，将会存在更多潜在价值丰富的应用场景，持续探索并结合大数据治理、深度学习和数字城市等方面的技术，将有助于实现精细化、智能化、科学化、立体化的城市规划、管理和服务。

8.1.2 疫情下的云协同办公模式

2020年2月，由于新冠疫情的爆发，全国各地经济均受到不同程度的影响。为避免人员流动造成聚集性感染，政策鼓励全民居家办公，协同办公行业随之迎来井喷式增长。2月，效率办公类APP月独立设备数环比增长180.6%，日均使用时长环比增长168.2%，以钉钉、腾讯会议、石墨文档等为代表的协同办公软件用户量激增。3月全国复工复产，部分企业转为线下办公，远程办公类软件月活与使用时长环比增长率均在3月出现明显回落。当前远程办公产品存在稳定性与用户体验性等方面的弊端，以及一些行业存在对远程办公的不适用性，预计未来远程办公应用活跃度会进一步下降。疫情过后，在提高节流需求刺激下，预计远程办公的用户基础与用户黏性将较疫情之前有明显增长。

严峻的疫情之下，远程办公成为企业实现高效复工的必然选择。由于线上办公人数激增，Zoom、钉钉、企业微信等一众视频会议平台在复工当天便出现了集体崩溃的情况。疫情将远程办公推上了风口的同时，也为这些平台的运作带来了全新的挑战。

近年来，随着互联网、云计算、大数据以及视频会议技术的不断发展，企业早期部署的硬件视频会议系统逐渐被视为"传统视频会议系统"。因其安装复杂、网络专线昂贵、软件兼容性差、扩容成本高等问题逐渐被高效协同办公的需求所摒弃，云视频会议系统开始被大型企业集团化和分公司重视，同时由于移动终端的崛起，手机视频会议软件也受到多数互联网企业的关注。

（1）5G技术的演进，提供高带宽和低时延能力。

与前几代移动网络相比，5G网络（图8-3）的能力将有飞跃发展。例如，下行峰值数据速率可达到20Gbps，而上行峰值数据速率可能超过10Gbps。5G给我们带来的是超越光纤的传输速度（Mobile Beyond Giga），超越工业总线的实时能力（Real-Time World）以及全空间的连接（All-Online Everywhere）。

图8-3　5G示意图

4G网络目前已经可以支持视频的播放，但是5G将能对在线会议提供更加高效的用户体验。主要可以从三个方面进行提升：端到端的网络延迟将从60～80ms下降到10ms以内，大大提升了用户在线观看的质量；高清视频输入通常需要50Mbps的带宽，但由于4K、多视角、实时数据分析的需要，带宽可能会高达100Mbps；10Gbps的上行吞吐量允许更多用户同时分享高清视频。

（2）流媒体技术的发展，提升视频语音质量

由于网络的异构性，用户上网的带宽差别较大，由于视频流信号的数据量大，对传输的实时性要求较高，对延迟有严格的限制，如果不能在限定的时间内发送音视频并且被收到，就必须被丢弃，这将严重影响视觉效果。因此，如何适应众多的网络带宽，保证好的音视频传输质量是视频会议系统需要解决的关键技术之一。

流媒体技术的意义重大，无论对视频直播的发展还是整个互联网的推进都有非常关键的作用。随着流媒体技术的不断发展，给视频会议的质量带来了很大的提升。有效地提高了视频会议过程中的用户体验，使得线上的协同更加便捷化和高效化。

8.2 自然资源信息技术应用

自然资源规划和管理视角下，信息技术应用赋能自然资源的科学规划和合理利用，间接服务于城市韧性的增强。在国土空间规划体系建立以及新一代信息技术发展背景下，规划的信息化面临新的任务和挑战，要充分重视自然资源领域的信息技术发展和应用。城市的规划是在设计城市建设发展的空间蓝图，应充分吸收疫情冲击对规划工作的启示，强化信息化赋能城市规划的意识，用新技术支撑发展更科学、更效率、更精细、更立体的规划，从城市的规划建设阶段对城市的韧性进行谋划增强。本节对中台架构、三维技术、智能分析决策等自然资源信息技术应用进行梳理介绍。

8.2.1 中台架构策略

"中台"概念来自2015年马云对一家芬兰游戏公司（Supercel）考察后的感悟。2015年12月，阿里巴巴集团CEO张勇通过内部邮件宣布启动阿里巴巴2018年中台战略，构建符合DT时代的"大中台，小前台"的组织机制和业务机制。2017年5月，阿里中间件首席架构师钟华编写了《企业IT架构转型之道：阿里巴巴中台战略思想和架构实战》一书，深刻阐述了中台是介于前台与后台之间的，采用共享方式解决了以往烟囱式和单体式架构的重复开发、数据分散、试错成本高等问题的企业IT架构。近年来，特别是2019年，中台的概念屡被提及，已经到了似乎离开中台就无法谈软件体系架构的地步（图8-4）。

自此业内掀起了"业务中台""数据中台"和"AI中台"等一系列技术性中台概念风潮。虽然尚未形成统一的定义，但各种中台的共同特征就是通过制定技术标准和重构业务规范，更大限度地提升和释放已存能力，为上层应用提供基础性、通用性和引导性技术服务。

1）自然资源领域的中台架构

在自然资源信息化的发展过程中，需要不断吸收行业前沿信息

图8-4　中台框架

技术，打造一个先进的自然资源信息化平台。2019年11月，自然资源部印发《自然资源信息化建设总体方案》，明确提出了基于分布式国土空间基础信息平台管理"一张图"，并在其支撑下构建各类业务应用。可见基于中台架构的自然资源信息化建设思路已逐渐成为自然资源领域信息化建设的重要思路。

自然资源信息化的中台架构策略是随着自然资源机构改革，业务发生重大重组，业务范围迅速拓展，土地、规划、地矿、测绘、海洋、林业、不动产等业务主线存在相通的共性需求，因此在信息化建设过程中需要进行统筹规划，提炼整合共性的技术、数据和业务需求，进行一体化设计，实现共享和复用。

从业务发展和技术演进的角度来看，中台的出现虽然具有一定的偶然性，但也有其必然性的一面。众所周知，近些年来，IT系统的技术架构实际上一直沿着解耦、聚焦、再解耦到再聚焦的路线进行演进。以云计算为例，最先投入使用的基础设施即服务（IaaS）就将物理资源等基础设施与上层软件解耦，使得上层软件能够方便地调用经过细粒度抽象后的计算资源、存储资源和网络资源，进而更好地聚焦应用功能实现。随之而来的平台即服务（PaaS）更进一步将系统软件以及相关部署联调和测试运维等服务从上层软件中解耦出来，使真正直接服务于业务的应用软件无须关注大量底层编程、支撑软件的版本挑选、运维配置管理等繁杂工作。前些年出现的面向服务的架构（SOA）和近年来流行的微服务等技术架构实际上也采取了相同的理念。

2）技术中台

技术中台为自然资源的各类前台业务应用提供统一技术支撑能力，集成微服务、ETL、二维GIS引擎、三维GIS引擎、工作流引擎、大数据分析引擎、分布式存储等主流先进技术，对数据中台提供数据整合、存储、分析、展示全流程支撑能力，对业务中提供服务化、流程化技术支撑。技术中台强调基础设施和中间件的抽象整合，为业务中台服务提供通用基础能力的支撑，让业务中台服务能够专注于自己的业务领域逻辑开发，减少对于通用基础能力的耗时。技术中台的核心是以容器为载体，通过容器封装应用程序与计算资源的解耦，提供更灵活的应用部署和运行方式，由此实现对工作负荷以及计算资源的动态管理，确保计算资源有效合理的分配，确保应用程序的服务水平，并提供更高的可用性，同时围绕自然资源信息化提供涵盖数据存储、整合、分析、展示和业务定制等中间件服务。

3）数据中台

数据中台技术在数据管理的发展中逐渐形成，数据管理大体上经历了"手工报表—数据仓库—数据平台—数据中台"的阶段，其发展紧紧关联着行业内生产数据的量级、类型的变化趋势。数据中台可被视为一个集采集、加工、管理、共享功能于一体，将标准化数据提供给应用层的服务平台。自然资源信息化的数据中台核心是自然资源资产的整合、分析和共享，提供数据从采集、加工、处理、分析以及服务的全流程能力（图8-5）。

数据中台技术作为数据界面的新架构，其功能是对愈发庞大且多渠道的自然资源数据信息进行规范化处理，将数据从应用界面剥离出来，再进行计算与加工。数据中台关联着自然资源要素

图8-5 数据中台架构

观测数据体系中数据的产生、收集、传输、储存、共享、使用、更新等每一个环节。

通过数据汇交、汇集等方式，获取自然资源各部门多源异构数据，同时通过政务部门之间共享交换、实时流数据接入和网络爬虫等方式接入自然资源其他相关数据，基于统一标准规范，通过数据治理，梳理自然资源资产目录，构建统一、标准、规范的自然资源大数据、进行统一资产管理。

4）业务中台

信息化系统业务中台的功能框架可以分为能力调用面和能力供给面两部分。其中调用面主要提供调用与开发者视图，即为需要使用业务中台中各种能力的上层业务应用提供一个友好、规范和明确的统一入口，并提供各种服务与协助。而供给面是业务中台的基础与核心，除直接或者间接提供各种面向上层业务应用的业务中台能力外，还要为保障各种能力的健壮运行、敏捷开发、良性运转和维护分析提供有效支撑。

5）小结

依托基于中台架构的自然资源信息化建设策略是自然资源信息化发展的趋势所在，国土空间基础信息平台以及自然资源一体化业务平台等相关的平台都开展了中台架构的探索实践。基于工作流、二维三维GIS引擎等技术，集成开源技术，构建技术中台；基于自然资源全领域的数据资源基础上，按照数据治理规范，集成和开发构建自然资源信息化数据中台；通过构建集云资源管理、通用服务、专题服务等一体化服务体系，统筹自然资源各类政务服务业务，搭建业务中台，支撑自然资源全业务、全流程，提升自然资源综合一体化能力。

8.2.2 三维技术的应用

2019年自然资源部关于印发《自然资源部信息化建设总体设计方案》，"方案"提出"强化三维数据的管理、展示和应用"。通过应用三维技术，为自然资源业务赋能。通过三维立体+时间的多角度、全方位多维数据管理与展示技术,将遥感影像、DEM、三维实体、实景影像、BIM等多源自然资源相关数据基于统一空间尺度进行整合集成,实现二三维一体化的多维数据管理。有机整合GIS功能和三维可视化效果,加强兼顾三维展示效果与二维查询分析能力的二三维一体化的空间分析能力;提供自然资源本底国土空间开发利用状况、国土空间管控条件、规划符合性分析、国土空间发展认知等方面通用的"即时分析、实时展现"三维大场景分析展示功能。

1)三维数据基础

三维技术从采集方式主要可以分为机载激光雷达技术和倾斜摄影技术。LiDAR(Light Detection And Ranging),是激光探测及测距系统的简称(图8-6),是以激光作为载波的雷达。机载激光雷达系统是一种集激光测距、数码相机、全球定位系统和惯性导航系统四种技术于一体的系统,可以高度准确地定位激光束打在物体上的光斑,从而精准地计算出每一个地面光斑的空间三维坐标(X, Y, Z)。

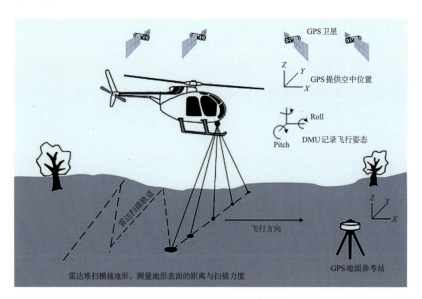

图8-6 机载激光雷达工作原理

机载激光雷达技术主要的产品(图8-7)可以包括激光点云、数字表面模型(DSM)、数字高程模型(DEM)和数字正射影像(DOM)。其中激光点云可以直观表现城市建筑物,可对建筑物屋顶结构细节进行精细化建模、模型外轮廓精度可控,能满足城市高精度维数字城市建模的质量要求。

倾斜摄影技术是在飞行平台上搭载5台传感器,一个相机获取正下方影像,其他四个相机从东南西北方向与地面构成45°角同时对地面进行拍摄,获取建筑侧面纹理信息(图8-8)。倾斜摄影能够获取目标地物多角度的影像,真实还原城市实景信息,获取的影像分辨率高、色调一致。基于倾斜摄影的影像可以直接进行空间三维量测。倾斜摄影生成的产品主要有实景三维模型、数字表面模型、正射影像、数字高程模型等。

激光点云

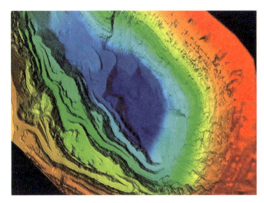
数字高程模型

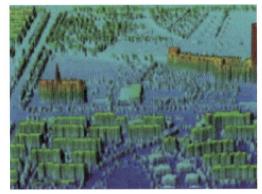
数字表面模型

数字正射影像

图8-7 激光雷达技术主要产品

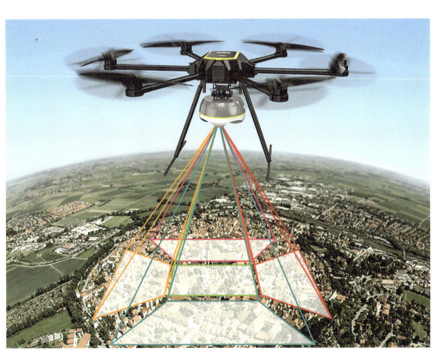

图8-8 倾斜摄影工作原理

2）虚拟现实技术

AR（Augmented Reality），即增强现实（图8-9），是一种实时计算摄影机影像的位置及角度并加上相应图像的技术。近年来，在计算机视觉与人工智能技术的推动下，增强现实技术发展迅速，尤其在图像跟踪注册精度、显示设备性能、人机交互自然性等方面发展势头强劲，这为AR的相关应用提供了宝贵的发展机遇。目前，增强现实技术的应用方向主要集中在军事领域、医疗领域、古迹复原与保护领域、教育领域、实物营销领域、工业制造与维修领域等。

图8-9 虚拟现实

在GIS领域中，针对POI（兴趣点）、BIM（建筑信息化模型）、StreetView（街景）等方向，将AR技术融合到GIS应用领域，支持虚拟的二维地图及三维场景与现实世界融合识别。尤其在目标物寻找、AR实景导航、建筑物巡查、三维楼层和剖分等领域做了推广应用。

"AR+GIS"能够带来更加真实的地图体验，有着非常广泛的应用领域。如：AR导航公众应用，可结合智能语音辅助，进行全国范围的POI搜索和实景导航；移动GIS常用的调查应用，也可以通过AR地图来实现。借助AR地图进行实景调查应用，可以快速实现地物定位、POI查找，还可以进行数据1:1验证。在三维应用领域，AR与BIM相结合、AR与三维模型数据相结合，在建筑物巡查、BIM模型室内/室外漫游、楼层切分及剖分、电子沙盘等多个方面都可以发挥重大的作用。

通过摄像头传感器+POI+真实感引导，在地图和实景上显示周边的兴趣点，实现了增强现实的效果；通过传感器、地图和图像的结合，使得用户更快找到正确位置。此外，多种AR模式的提供和简单的触屏操作，从人机交互的角度提高了软件的实用性和易操作性，增强了用户体验。

3）三维城市到数字孪生城市

在数字中国、新基建、新城建发展的大背景之下，"数字孪生城市"成为当今城市治理能力现代化的热点话题。早在中共中央、国务院《河北雄安新区规划纲要》的批复精神和要求中，数字孪生城市的概念就已提出："坚持数字城市与现实城市同步规划、同步建设，适度超前布局智能基础设施，打造全球领先的数字城市。建立城市智能治理体系，完善智能城市运营体制机制，打造全覆盖的数字化标识体系，构建汇聚城市数据和统筹管理运营的智能城市信息管理中枢"。

数字孪生，在普遍的认知里，更多是一个基础性质的概念。这一点可以从它的定义上来判断。以目前广泛采用的定义来看，数字孪生是指利用数字技术对物体、系统、流程的信息进行实时映射，完成虚拟仿真的过程。"数字孪生"从字面上看，是对我们世界万物的实体（不管是原子，还是分子）进行数字化的复制。早在1960年，美国宇航局提出数字孪生的概念，其目的是在地球上对外太空的航天器进行仿真模拟，从而推演外太空的航天计划，避免航天器发生事故或遭遇灾害。可认为数字孪生是一组虚拟信息，从微观原子角度直到宏观几何角度，去全面描述真实或潜在的物质世界；任何用于建造该物质真实的信息，都可以从数字孪生中获取。

对于数字孪生城市而言，它不仅是对实体城市的简单复制和映射，而且促进我们基于数字空间进行社会经济环境的重构与创新，这将会孕育出与实体城市互动交织的新兴未来。因此，数字孪生城市将基于真实的城市数据不断进化出未来智能；将随着数字技术的演进日益强化，最终成为一个承载人类物质世界、社会活动和集体心智的无限场域。

4）三维技术在自然资源管理中的应用

（1）自然资源调查监测评价

坡度分析中利用实景三维成果，可直观的分析和量测各种自然资源的坡度情况。如在三维数据上叠加耕地数据后，一是可直接读取耕地的坡度信息，为耕地分等定级提供依据；二是将耕地及分等定级数据与三维数据进行叠加后，如果耕地坡度与分等定级数据不符，就可找出不符范围，以此辅助耕地分等定级调查；三是依据坡度高低辅助退耕还林还草等工程。自然资源确权登记中，相比二维数据，在三维数据中可更为直观地对水域、森林、山岭、草原、荒地、滩涂等自然生态空间进行清洗界定，明确自然资源范围。

（2）国土空间规划

国土空间规划离不开地形地貌的分析，如双评价中的资源环境承载能力评价、水源涵养评估、三区三线划定等，因实景三维能更直观地展现规划范围内的建筑和周边情况，准确评估规划面积、体量、控高分析等关键指标，辅助规划分析。

（3）国土空间用途管制

国土空间保护与合理利用：立足生态系统的完整性，统筹考虑各类国土空间要素的合理利用及保护需求，实现国土空间用途管制范围、要素和类型全覆盖。以流域用途管制为例，可在三维环境下，利用DSM数据直接提出流域范围、面积和方向等，通过多时相DSM提取流域周边植被、建筑物等信息的变化情况，然后叠加土地利用现状数据，为流域的空间管制提供基础。不动产三维审核报批：在三维审批模式下，直观查看不动产单元在自然幢内的具体位置，可对不动产单元的产权范围和四至关系在三维环境中更好地进行直观描述。

(4)生态修复

如在三维场景中，获取尾矿库区域不同时相的 DSM 数据进行矿区剖面的对比分析，提取变化信息，通过计算矿区堆积的体积和表面积，准确掌握矿区尾矿库区域的地形变化情况，为尾矿库的治理提供依据。

(5)地质灾害预警

在三维场景中构建地质灾害监测分析模型，依据滑坡、泥石流等监测数据与遥感影像、坡度数据、视频监控、救援物资及力量、导航数据和地形等数据，在三维场景中分析并展现地质灾害受灾区域范围、重点防范对象、受灾房屋、受灾人数、撤离路线、救援力量调配等信息。

5）小结

在十九大关于建设"数字中国、智慧社会"的总体指引下，自然资源部将启动"十四五"基础测绘规划编制工作，并将实景三维中国建设等领域作为重点关注方向，这预示着在960万平方公里的范围内实景三维建设工作将正式启动。基于三维技术，可实现自然资源调查监测评价、国土空间规划、国土空间用途管制等各项应用，为改善自然资源保障能力、优化自然资源开发空间格局、生态用地保障、城乡建设用地优化开发等提供三维可视技术支撑。

8.2.3 多元技术融合的智能分析决策

智能分析决策，是指基于一定的数据挖掘分析、人工智能、可视化等技术，能够针对特定领域问题辅助快速求解和制定决策方案的支持性应用。智能分析决策有助于实现自动的分析研判和管理决策建议，提高专业研究、政府决策的效率和科学性。随着信息化建设的深入，规划正以多元技术融合的方式，面向不同的阶段和角度探索构建智能的分析决策应用。

1）动态监测评估

动态监测评估，指基于特定数据源、分析评价模型进行动态的感知、统计、建模，提供自动化、动态化的监测分析，是对传统监测分析模式的转变。动态监测评估，能够面向特定资源、领域、问题进行常态化的统计监测，反映整体运行特征，暴露运行问题，常用于土地荒漠化、灾害监测、环境资源等方面。自然资源信息化建设正大力推进自然资源资产的开发保护利用、地质灾害预警监测、自然资源执法监管、市场运行监测、规划实施监督等各类应用体系（图8-10）。

2）专家系统

专家系统（Expert System）是人工智能最重要、最活跃的领域之一，它实现了人工智能从理论研究走向实际应用的重大突破。随着近年来人工智能被人熟知，其商业化应用也越来越广泛。规划面临大量的专业技术处理和分析，对于规划分析、研究、编制、管理等方面都存在一定的效率问题和结果偏差。借助专家系统，能够通过知识图谱、知识建模、关联分析等方式，将专家在特定领域的知识体系和思考推理方式进行建模和应用。

决策支持系统（Decision Support System）是专家系统的一个研究和应用的方向。近年来专家知识库在规划行业逐渐深化应用，使得传统需要借助大量技术人员和领域专家研究分析的问题，

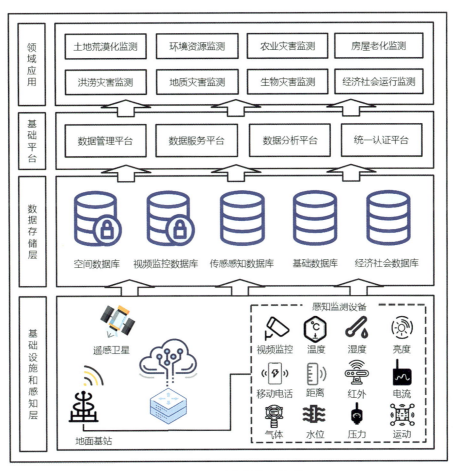

图 8-10 动态监测评估架构

能够基于专家系统自动化给出相近的判断和结论。自然资源领域的专家系统具备更强的空间问题理解和空间运算能力，能够基于专家经验、空间运算、数学建模、数据挖掘等组合形成支持空间规划领域的专家系统（图 8-11）。专家系统基于专家知识库构造，强调专家知识的沉淀与应用，具备一定的拓展能力，能够基于知识实践，不断反馈优化专家知识库。专家系统除了能够给出专业的分析结果或结论，还能够模拟人类思维，提供启发式的推理。专家系统在规划的应用，能够为规划设计单位和政府部门提供智能化的决策支持。

3）仿真模拟

仿真模拟技术是利用虚拟数字信息对真实场景进行模仿的技术，可针对特定的领域模型进行场景模拟，定量化、可视化展示特定条件下的事物动态演变过程。仿真模拟常用于城市水环境、城市洪涝（图 8-12）、森林火灾、地震灾害、土地覆被变化等场景研究，对系统演变过程和结果进行仿真和判断，从而根据仿真结果制定应对策略和规划调整。仿真模拟具备条件构想、仿真可视的能力，能够在假定的多种场景条件下进行探索分析，满足对特定未来的假设和实验，是基于虚拟世界对城市基础设施、土地利用规划、交通规划等方案进行模拟检验的手段，能有效地规避潜在落地风险。

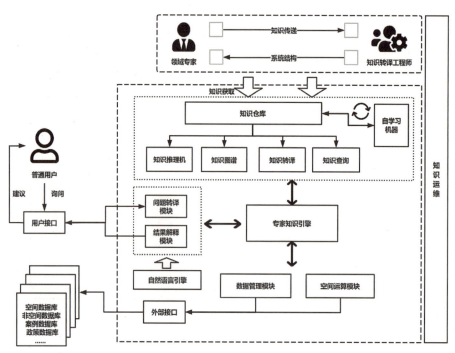

图 8-11 自然资源领域专家系统

图 8-12 洪涝模拟

4）数据可视化

数据可视化是以多种让人容易理解的形式展示数据及其分析结果的应用，对于智能分析决策能够直观地传达分析结果，便于高效、准确的理解和决策（图 8-13）。规划分析决策的数据可视化有三个发展方向：一是数据可视化形式多样化，包括动态图表库（如 Echarts、D3.js 等）、仿真模拟、二维地图、三维建模等，规划领域数据可视化较之以往静态人工出图的单一形式，向动态化图表生成、地图展示与查询统计、三维建模与交互等方向发展。二是数据可视化关联化，地图、图表、文件、三维模型等相互关联查询，能够一键式查询相关数据资源和文件。三是数据可

图8-13　丰富的数据可视化

视化时序化，基于历史数据库，实现根据时间序列展示数据的前世今生，发掘事物的历史变迁。

智能分析决策应用的数据可视化逐渐具备了更强的计算与渲染能力，能够支撑多源异构大数据的交互式、时序式、高精度、多维度的可视化，为数据分析和结果展示提供了高效、精准的表达方式。

8.3 智慧城市建设与规划协同发展

智慧城市与规划谋求城市更好地运作，要在实践中寻求两者相辅而行、互为促进的建设路径。智慧城市是城市整体的数字化、信息化、智能化，是未来城市和社会发展的高级形态。智慧城市在构筑一个更智慧的城市复杂系统，本身便在系统性地增强城市多维度的韧性。从远期规划来看，要辨析认识自然资源信息化与智慧城市建设趋势协同并进的关系，让自然资源信息化更好地助力智慧城市建设，让智慧城市建设更好地强化规划工作。

8.3.1 智慧城市建设历程

全球智慧城市的概念众说纷纭，最知名是IBM于2008年提出的智慧地球（Smart Plannet）理念，以"3I"，即无处不在的感知（Instrumentaion）、万物互联互通（Interconnectedness）、更高的智能化（Intelligent），驱动发展更加智慧的地球（图8-14）。而智慧城市是智慧地球最重要、最综合的应用，IBM将智慧城市定义为能够利用所有可获取的相关联信息，更好把握、管理城市运作和优化资源使用的城市。IBM认为"21世纪的'智慧城市'，能够充分运用信息和通信技术手段感测、分析、整合城市运行核心系统的各项关键信息，从而对于包括民生、环保、公共卫生、城市服务、工商业活动在内的各种需求做出智能的响应，为人类创造更美好的城市生活"。

智慧城市建设涉及多个领域，包括智慧电力、智慧医疗、智慧政府、智慧制造、智慧物流、

图8-14 智慧城市万物互联

智慧交通、智慧经济、智慧安防等。2009年9月美国迪比克市是与IBM共建的美国第一个智慧城市，它进行城市水、电、气、公共服务等资源的全连接，实现资源的测量、检测、调整，打造了更节能和智能化的城市。随后，美国又打造了科罗拉多州波尔得市的智能电网工程、加利福尼亚州圣何塞市的智能道路照明工程等项目。英国伦敦最早搭建智能交通体系，实现候车乘客数、行车的实时监测和车辆的灵活调度。日本"i-Japan"等国家信息化战略探索了居家智能化设计、社区环境智能化、低碳智能城市交通、电子政府等内容。新加坡政府先后于2006年及2014年提出"智慧国2015"和"智慧国2025"计划，并探索智能巴士、自动驾驶、老人监测系统、远程医疗等内容。我国则主要研究智慧城市规划设计、电子政务、城市安防和应急、智慧交通、智慧社区等内容，如近年来为优化服务改革、提高政府效率和透明度，大力推进"互联网+政府服务"的电子政府建设，自然资源方面的信息化建设要求打通业务链条和数据资源等。

我国的城市信息化经历了数字城市、智慧城市和新型智慧城市三个阶段。

数字城市（Cyber City）源自美国前总统阿尔·戈尔在1998年提出的数字地球，数字城市以3S技术、ICT技术及数字化为特征，强调用计算机模拟城市地理空间实现可视化，随着数字城市发展，将信息化扩散到城市地理以外的工商、教育、社会、税务等领域。通过城市信息化，能够更好地把握城市的运行状态和规律。

智慧城市（Smart City）是智慧地球（Smart Planet）理念落地全球的举措，在原有数字城市的基础上融入云计算、物联网、大数据、人工智能等新一代信息技术。我国官方首次提到智慧城市是在2012年1月颁布的《国务院关于印发工业转型升级规划（2011—2015年）的通知》，该通知从推进物联网应用的角度，明确了智慧城市的应用领域。2014年，国家发改委等八部门联合出台《关于促进智慧城市健康发展的指导意见》（发改高技〔2014〕1770号）提出"智慧城市是运用物联网、云计算、大数据、地理信息集成等新一代信息技术，促进城市规划、建设、管理和服务智慧化的新理念和新模式"，并要求到2020年，建成一批特色鲜明的智慧城市。政策以外，我国也出台了《智慧城市顶层设计指南》(GB/T 36333—2018)(图8-15)、《智慧城市技术参考指南》(GB/T 34678—2017)、《智慧城市数据融合》(GB/T 36625—2018)、《信息安全技术 智慧城市安全体系框架》(GB/T 37971—2019)等一系列国家标准,覆盖智慧城市的顶层设计、技术架构、数据规范、信息安全等方面。

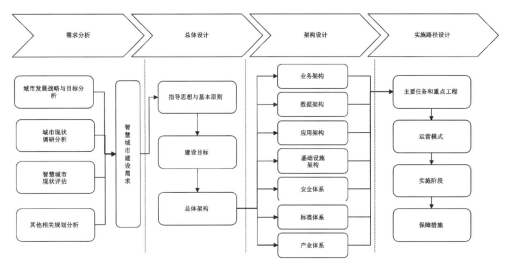

图8-15 智慧城市顶层设计基本过程(GB/T 36333—2018)

2012年12月,住房和城乡建设部启动国家智慧城市试点工作,2013年9月,科技部与国家标准委公布了20个试点示范城市,到2015年4月,住建部和科技部公布的国家智慧城市试点已达300个。截至2016年6月,全国所有直辖市和95%的副省级城市、76%的地级城市,共超过500座城市明确提出或正在建设智慧城市;到2018年11月,全国已有600多个城市计划建设或正在建设智慧城市。

"新型智慧城市"的概念由中央网信办及国家互联网信息办于2015年提出,新型智慧城市是在立足中国新型城镇化发展实际和已有智慧城市探索建设基础上,强调体系规划与顶层设计,强调打通信息孤岛、数据联通,强调信息挖掘、产业赋能,强调便捷惠民、提升市民感知的智慧城市2.0版本。2016年3月,"十三五"规划便提出建设智慧城市"以基础设施智能化、公共服务便利化、社会治理精细化为重点,充分运用现代信息技术和大数据建设一批新型示范性智慧城市"。2016年12月,《"十三五"国家信息化规划》(国发〔2016〕73号)中将新型智慧城市建设列为优先行动,提出分级分类推进新型智慧城市建设,统筹各类试点示范,开展新型智慧城市评价,探索可复制可推广的创新发展经验和建设运营模式。《2019年新型城镇化建设重点任务》(发改规划〔2019〕617号)要求,优化提升新型智慧城市建设评价工作,指导地级以上城市整合建成数字化城市管理平台,增强城市管理综合统筹能力,提高城市科学化、精细化、智能化管理水平。我国也出台了《新型智慧城市评价指标(2018)》,指标覆盖惠民服务、精准治理、生态宜居、智能设施、信息资源、信息安全、创新发展、市民体验等,共8项一级指标和23项二级指标(2016版为8项一级指标21项二级指标)(图8-16),针对新型智慧城市建设展开评价工作。

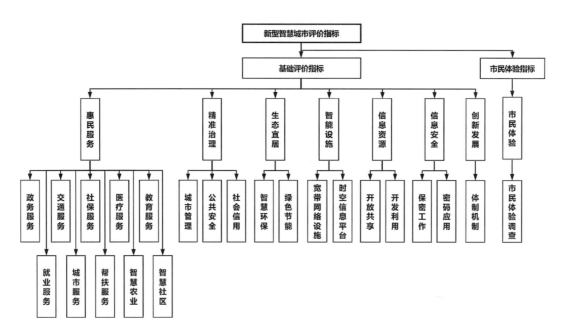

图8-16　新型智慧城市评价指标体系（2018）

智慧城市发展的三个阶段是一个迭代升级的过程，智慧城市建设是现代化城市运行治理的新模式和新理念，是城市形态往更高级别的演变。新型智慧城市是立足我国智慧城市建设实践和新型城镇化的发展需要而做的调整，是统筹规划并深化对人民的智慧服务，建设以人为本的中国特色智慧城市。

8.3.2 自然资源信息化助力智慧城市

自然资源信息化与智慧城市建设密不可分，本质上都是以信息化手段实现国家和城市治理体系和治理能力现代化，为人民提供更优质的服务，是对以人为本思想的贯彻。

自然资源信息化铸造城市时空基底。智慧城市的建设离不开城市自然、人文、经济、社会的数字化、信息化。时空信息平台是智慧城市时空基础设施建设的重要内容，为智慧城市建立时空信息数据体系，开展时空信息覆盖和服务（图8-17），需要依靠城市自然资源部门完成。对此，自然资源部门在国土空间规划体系建立背景下，开展了全面的自然资源信息化建设，基于"一网一图一平台多应用体系"的架构，实现国家省市县四级纵向联动和多部门横向联通，建立自然资源和其他政务部门的业务协同、数据分布式管理、共享和应用，能够为各级政府和相关部门的智慧城市建设提供自然资源数据支撑。

自然资源信息化是信息安全和数据规范的积极贡献者。网络安全和信息化是国家安全的重要组成部分，自然资源信息化涉及地理测绘等数据的生产、管理和使用，涉密和敏感数据范围广、受关注度高，自然资源部成立网络安全和信息化领导小组，负责网络和信息安全的指导、监督工作。各地自然资源管理部门和规划设计单位均全面贯彻落实《网络安全法》，加强网络和数据的安全建设，健全自然资源网络安全管理工作机制，落实网络安全等级保护制度，开展网络定级备

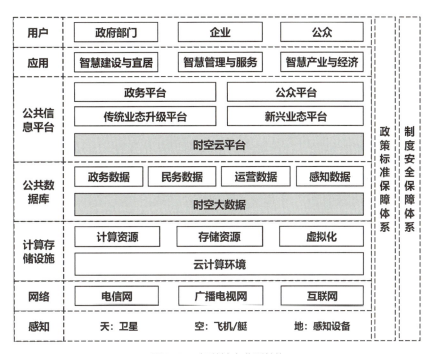

图8-17 智慧城市典型结构

(资料来源:《智慧城市时空大数据平台建设技术大纲》)

案、等级测评、整改和自查等工作,推进软件使用正版化、国产化。智慧城市复杂系统的数据流通需要数据标准和规范的支持,自然资源部门对于数据规范性高度重视,要求针对数据共享、开放互联的需要,要制定国土空间数据库标准、数据质检规范、数据汇交规范、数据更新规范、服务平台接口、数据接入等一系列标准规范,完善自然资源信息化全国标准体系。

自然资源信息化围绕国土空间规划深化多种智慧场景应用。自然资源信息化建设,围绕国土空间自然资源现状、规划、管理、经济社会数据构建国土空间基础信息平台,推进自然资源数据汇交、管理、共享和使用;推进自然资源的调查监测和评价应用,走向高精度的全时、全域、全要素的感知监测和综合性、多专题的评价;推进"互联网+自然资源"的政务服务体系,建立信息公开、数据社会化服务、不动产登记、综合行政办公等服务应用;推进国土空间规划规划编制、审批、实施监督的全流程全生命周期的监管。自然资源信息化为城市的规划和管理的阶段深度探索了多种智慧的应用场景,成为智慧城市建设智慧应用的重要组成和落地实践。

8.3.3 智慧城市建设支撑新规划

智慧城市建设涵盖信息基础设施、海量数据采集、知识挖掘、动态可视化等内容,构筑并丰富规划的信息化结构和能力,支撑新的规划发展转型:科学规划、综合规划、演进规划。

科学规划——广泛感知、实时动态的数据助力科学规划。万物互联、广泛感知、实时信息共享以及跨系统跨部门数据联通为规划提供多源异构海量的时空大数据,能够支持尺度更为精细、时相更为全面、维度更为综合的研究分析和知识挖掘,支撑城市韧性评估、应急防灾等领域研究、建设及示范推广，激发更多领域的研究创新和研究深度，充分汇聚数据催生转化为研究结果和实际应用。

综合规划——多部门学科领域交叉的综合规划。大数据挖掘、云计算、深度学习、人工智能等技术将构建新兴规划分析和编制设计的智慧应用，从数据汇集处理、数据再生产、数据增值、知识提炼到自动生成方案全面智能化辅助，转变规划工作方式，对规划的要求将进一步提高。随着国土空间规划体系建立、自然资源等多部门信息化建设，交通运输、卫生健康、农业农村、教育、水利、公安等部门之间的业务协调更加顺畅，城市的规划和运行管理衔接更加紧密、形成体系，需要更高层次的系统性、综合性、协调性，综合多部门多学科的专业知识和发展理念。智慧城市支撑下的规划，将是更能协调城市多方矛盾、处理复杂系统内部运转的综合性规划。

演进规划——实践检验反馈的良性动态调整。智慧城市的动态监测和智能评价等应用提供为规划编制提供了新反馈和新思路。智慧城市的建设能够及时跟踪城市运行管理问题，对城市人口、经济、社会、交通、医疗、环境、产业等方面进行及时的量化和评估，发现城市运行态势，暴露城市潜在问题，结合城市的发展战略目标和阶段划分，能够为城市做针对性谋划、解决城市问题，在实践检验中优化调整规划方向和规划理念。

8.4 本章小结

当前，信息技术已经在各个领域广泛应用，人们的生活和工作都已离不开互联网和移动互联网。无论是2020年的新冠疫情的安全保障支撑，还是自然资源的有效管理，都与信息技术息息相关。相关技术领域的发展、理论建模、技术创新等整体的推进，正在引发链式突破，推动经济社会各领域数字化、网络化、智能化加速跃升，为实现自动的分析研判和管理决策、提高自然资源治理能力和水平提供有力技术支撑。同时，自然资源数据作为智慧城市建设的重要数据源，随着自然资源信息化的发展，将为智慧城市的发展提供重要支撑。

参考文献

1. 张明斗，冯晓青.韧性城市：城市可持续发展的新模式[J].郑州大学学报（哲学社会科学版），2018，51（02）：59-63.
2. 赵瑞东，方创琳，刘海猛.城市韧性研究进展与展望[J].地理科学进展，2020，39（10）：1717-1731.
3. 彭翀，郭祖源，彭仲仁.国外社区韧性的理论与实践进展[J].国际城市规划，2017，32（04）：60-66.
4. 杨敏行，黄波，崔翀，等.基于韧性城市理论的灾害防治研究回顾与展望[J].城市规划学刊，2016，（01）：48-55.
5. 周霞，毕添宇，丁锐，等.雄安新区韧性社区建设策略——基于复杂适应系统理论的研究[J].城市发展研究，2019，26（03）：108-115.
6. 郑艳，王文军，潘家华.低碳韧性城市：理念、途径与政策选择[J].城市发展研究，2013，20（03）：10-14.
7. 石媛，衷菲，张海波.城市社区防灾韧性评价指标研究[J].防灾科技学院学报，2019，21（04）：47-54. YUAN S, FEI Z, HAIBO Z. Evaluation Indexes of Disaster Prevention Resilience of Urban Community[J]. Journal of Institute of Disaster Prevention, 2019, (04): 47-54.
8. 崔明家，王兴鹏.韧性视角下城市社区灾害应对能力评价体系研究[J].广西城镇建设，2019，（12）：119-122.
9. 桂楷东.12月8日：湖北武汉出现了首例不明原因肺炎病例。[EB/OL]. http://stdaily.com/zhuanti/zfhzlt5fr/2020-02/13/content_878194.shtml.
10. 羊城派.广东省工信厅：全省口罩日产量已超2000万个[EB/OL]. http://k.sina.com.cn/article_5787187353_158f1789902000xzc6.html.
11. 羊城晚报金羊网.广东口罩日产量6000多万只胶条生产长度可绕地球九圈[EB/OL]. https://k.sina.com.cn/article_2131593523_7f0d893302000r1lf.html?cre=tianyi&mod=pcpager_fintoutiao&loc=31&r=9&rfunc=59&tj=none&tr=9.
12. 张显源，蔡忠亮，李桂娥，等.耕地景观破碎化成因及对农村收入影响分析[J].测绘科学，2020，45（04）：134-141.
13. 于伟，张鹏.中国农业发展韧性时空分异特征及影响因素研究[J].地理与地理信息科学，2019，35（01）：102-108.
14. FOLKE C. Resilience: The emergence of a perspective for social–ecological systems analyses[J]. Global Environmental Change, 2006, 16(3): 253-267.
15. 鲁学军，武鹏达，郭旭东.二值形态闭运算在优质耕地集中连片划定中的应用[J].中国图像图形学报，2016，21（02）：199-206.
16. 张攀春.资源禀赋与农业现代化路径选择：来自国外的经验借鉴[J].江苏农业科学，2017，45（03）：250-254.
17. 农业农村部新闻办公室，社科院.国外数字农业关键技术发展与应用[J].新农业，2020，（18）：9.

18　老汤说旅游.国内都市农业五个典型发展模式[EB/OL]. https：//www.sohu.com/a/ 416461800_443684.

19　刘振国，姜彩良，王显光，等.基于系统韧性提升交通运输疫情防控与应急保障能力对策[J].交通运输研究，2020，6（01）：19-23.

20　吕彪，高自强，刘一骝.道路交通系统韧性及路段重要度评估[J].交通运输系统工程与信息，2020，20（02）：114-121.

21　李连刚，张平宇，谭俊涛，等.韧性概念演变与区域经济韧性研究进展[J].人文地理，2019，34（02）：1-7，151. LIAN-GANG L I, PING-YU Z, JUN-TAO T, et al. REVIEW ON THE EVOLUTION OF RESILIENCE CONCEPT AND RESEARCH PROGRESS ON REGIONAL ECONOMIC RESILIENCE[J]. Human Geography, 2019, 34（02）：1-7, 151.

22　陈梦远.国际区域经济韧性研究进展——基于演化论的理论分析框架介绍[J].地理科学进展，2017，36（11）：1435-1444.

23　FINGLETON B, GARRETSEN H, MARTIN R. RECESSIONARY SHOCKS AND REGIONAL EMPLOYMENT：EVIDENCE ON THE RESILIENCE OF U.K. REGIONS[J]. Journal of Regional Science, 2012, 52（01）：109-133.

24　PENDALL R, FOSTER K A, COWELL M. Resilience and Regions：Building Understanding of the Metaphor[J]. Cambridge Journal of Regions Economy & Society, 2009, 3（01）：71-84.

25　MARTIN R. Regional economic resilience, hysteresis and recessionary shocks[J]. Papers in Evolutionary Economic Geography, 2012, 12（01）：1-32.

26　SUSAN C, JONATHAN M, PETER T. Regional resilience：theoretical and empirical perspectives[J]. Cambridge Journal of Regions Economy & Society, 2010, （01）：3-10.

27　MARTIN R, SUNLEY P. On the Notion of Regional Economic Resilience：Conceptualisation and Explanation[J]. Papers in Evolutionary Economic Geography, 2013, 15（01）：1-42.

28　SIMMIE J, MARTIN R. The economic resilience of regions：towards an evolutionary approach[J]. Cambridge Journal of Regions Economy & Society, 2010, 3（01）：27-43.

29　BRIGUGLIO L, CORDINA G, BUGEJA S, et al. Conceptualizing and measuring economic resilience[M]. 2005.

30　R I C. City Resilience Framework[J]. The Rockefeller Foundation and ARUP, 2014.

31　E C, A B, L R. Building Economic Resilience？An Analysis of Local Enterprise Partnerships' Plans[J]. 2014.

32　N M, S L. Productive local economies：creating resilient places[J]. CLES-Centre for Local Economic Strategies, 2010.

33　孙久文，孙翔宇.区域经济韧性研究进展和在中国应用的探索[J].经济地理，2017，37（10）：1-9.

34　MARTIN R. Regional economic resilience, hysteresis and recessionary shocks[J]. Papers in Evolutionary Economic Geography, 2012, 12（01）：1-32.

35　DAVIES S. Regional resilience in the 2008—2010 downturn：comparative evidence from European countries[J]. Cambridge Journal of Regions Economy & Society, 2011, 4（03）：369-382.

36　van BERGEIJK P A G, BRAKMAN S, Van MARREWIJK C. Heterogeneous economic resilience and the great recession's world trade collapse[J]. Papers in Regional Science, 2017, 96（01）：3-13.

37　CRESPO J, SUIRE R, VICENTE J. Lock-in or lock-out？How structural properties of knowledge networks affect regional resilience[J]. Papers in Evolutionary Economic Geography, 2012, 14（01）：199-219.

38　ADLER P S. Social capital：The Prospects for a New Concept[J]. Academy of Management Review, 2000, 27.

39　BOSCHMA R. Towards an evolutionary perspective on regional resilience[J]. Papers in Innovation Studies, 2014.

40 HUGGINS R, THOMPSON P. Local entrepreneurial resilience and culture: the role of social values in fostering economic recovery[J]. Cambridge Journal of Regions Economy & Society, 2015, 8(02): 35～45.

41 FRANK, NEFFKE, MARTIN, et al. How Do Regions Diversify over Time? Industry Relatedness and the Development of New Growth Paths in Regions[J]. Economic Geography, 2015, 87(03): 237-265.

42 ESSLETZBICHLER J. Relatedness, Industrial Branching and Technological Cohesion in US Metropolitan Areas[J]. Regional Studies, 2015, 49(05): 1-15.

43 ELINOR, OSTROM. Panarchy: understanding transformations in human and natural systems: Lance H. Gunderson and C.S. Holling(Eds.)[M]. Island Press, Washington, DC, 2002.

44 MARTIN R, GARDINER B. The resilience of cities to economic shocks: A tale of four recessions (and the challenge of Brexit)[J]. Papers in Regional Science, 2019, 98(04): 1801-1832.

45 KOEN, FRENKEN, FRANK, et al. Related Variety, Unrelated Variety and Regional Economic Growth[J]. Regional Studies, 2007.

46 徐圆,邓胡艳.多样化、创新能力与城市经济韧性[J].经济学动态,2020,(08):88-104.

47 BROWN L, GREENBAUM R T. The role of industrial diversity in economic resilience: An empirical examination across 35 years[J]. Urban Studies, 2016: 45-54.

48 CUADRADO-ROURA J R, ANDRÉS M. Unbalanced regional resilience to the economic crisis in Spain: a tale of specialisation and productivity[J]. Cambridge Journal of Regions Economy & Society, 2016, (01): v34.

49 段志生.图论与复杂网络[J].力学进展,2008,38(06):702-712.

50 安沈昊,于荣欢.复杂网络理论研究综述[J].计算机系统应用,2020,29(09):30-35.

51 王颖.数据开放生态系统视角下广东省级政府数据开放研究[D].广州:暨南大学,2019.

52 江振强,杨鸿.广东省政府数据开放发展建设探索[J].电子产品可靠性与环境试验,2018,36(S1):200-203.

53 王震飞.基于RFM模型的科学网博客博主群体画像研究——以图书馆学、情报学、档案学三个学科领域为例[J].情报探索,2020,(11):26-33.

54 王玮明,李镇清.草地资源缀块聚集分布时草食动物时空分布模型[J].生物数学学报,2003,(02):187-191.

55 严润玄,冯明,王晓波,等.浙江北部海域大型底栖动物优势种的时空分布[J].海洋与湖沼,2020,51(05):1162-1174.

56 陶珊慧,赵圣军,安玉鑫,等.黑龙江省帽儿山2—5月份气温变化对雀形目鸟类迁徙时间的影响[J].东北林业大学学报,2020,48(11):80-83.

57 刘晓彤,袁泉,倪健.中国植物分布模拟研究现状[J].植物生态学报,2019,43(04):273-283.

58 史晨,耿曙,钟灿涛.应急管理中的敏捷创新:基于健康码的案例研究[J].科技进步与对策,2020,37(16):48-55.

59 方兴东,严峰."健康码"背后的数字社会治理挑战研究[J].人民论坛·学术前沿,2020,(16):78-91.

60 胡永恺,宋璐,张健,等.基于手机信令数据的交通OD提取方法改进[J].交通信息与安全,2015,33(05):84-90.

61 中华人民共和国工业和信息化部.2019年通信业统计公报[J].通信企业管理,2020,(02):6-11.

62 钮心毅,丁亮,宋小冬.基于手机数据识别上海中心城的城市空间结构[J].城市规划学刊,2014,(06):61-67.

63 方建.中国大数据产业观察网.不一样的欧美版"健康码"[EB/OL]. https://xw.qq.com/cmsid/20200416A0IDHX00.

64 国伟,李恒训,黄耀晖,等.基于网证的"防疫健康信息码"应用研究[J].信息安全研究,2020,6(09):791-797.

65　INSPUR浪潮云."身份健康码"的背后区块链为数据安全护航[EB/OL]. https：//www.sohu.com/a/ 376915889_100163566.

66　张瑾, 李元杰, 臧卫杰.从传统数字化办公到协同管理平台的跨越——浅析协同办公平台在小浪底的应用.河海大学.2020年（第八届）中国水利信息化技术论坛文集[C]//河海大学北京沃特咨询有限公司, 2020.4.

67　芮雪.互联网经济时代下远程协同办公效率提升方法研究[J].中国管理信息化, 2020, 23（19）：98-100.

68　赵杏英, 王金锋.城市级实景三维建模方法比较分析[J].工程技术研究, 2020, 5（20）：214-215.

69　陈选滨.从现实到虚拟, "数字孪生"承载人类多大的野心？[J].大数据时代, 2020, （09）：12-17.

70　祁兆宇.三维不动产登记信息平台助推城乡规划建设[J].城乡建设, 2020, （21）：26-28.

71　赵双庆, 金仙宝, 王丹, 等.实景三维在自然资源管理中的应用浅析[J].内蒙古科技与经济, 2020, （18）：62-63.

72　鲁国栋.实景三维技术助力自然资源管理[N].中国自然资源报, 2019-10-26.

73　廖伕.基于知识图谱的专家系统发展综述[J].现代情报, 2012, 32（02）：159-166.

74　梁伟光, 李庆华.专家系统综述[J].才智, 2010, （27）：51.

75　陈柳钦.智慧城市：全球城市发展新热点[J].青岛科技大学学报（社会科学版）, 2011, 27（01）：8-16.

76　史璐.智慧城市的原理及其在我国城市发展中的功能和意义[J].中国科技论坛, 2011, （05）：97-102.

77　AL C M. Smart Cities series：introducing the IBM city operations and management solutions[J]. 2011.

78　IBM.智慧的城市在中国[R/OL].（2009-02-12）[2012-03-02]. http：//www-900.ibm.com/innovation/cn/cities/pdf/white_paper_0924.pdf.

79　李立望, 黄德海.智慧城市的中国化历程和发展方向[J].新经济导刊, 2019, （03）：46-52.

80　李国英, 侯珂.国外智慧城市建设实践研究[J].现代经济信息, 2015, （23）：27-28.

81　沈霄, 王国华.基于整体性政府视角的新加坡"智慧国"建设研究[J].情报杂志, 2018, 37（11）：69-75.

82　城市运营服务.城市运营服务.世界智慧城市的典范——新加坡[EB/OL]. https：//www.sohu.com/a/ 232309361_100055748.

83　上海艾瑞市场咨询有限公司.2019年中国智慧城市发展报告[R/OL].（2019-03-27）[2021-03-02]. https：//www.iresearch.com.cn/Detail/report?id=3350&isfree=0.

84　亿欧智库.2019年中国智慧城市发展研究报告[R/OL].（2019-05-23）[2021-03-02].https：//www.iyiou.com/research/20190523630.

85　李德仁, 龚健雅, 邵振峰.从数字地球到智慧地球[J].武汉大学学报（信息科学版）, 2010, 35（02）：127-132.

86　金江军, 张琳琳, 姚大川.中国智慧城市发展现状、问题及对策[J].北京城市学院学报, 2019, （01）：10-13.

87　张永民.从智慧城市到新型智慧城市[J].中国建设信息化, 2017, （03）：66-71.

88　周建兵.新型智慧城市运营指挥中心发展趋势研究[J].智能建筑与智慧城市, 2020, （09）：32-33.

89　蒋武洲.新型智慧城市运营管理中心的发展趋势分析[J].电视技术, 2018, 42（12）：148-151.

90　智慧城市行业动态.发改委, 网信办联合启动2018新型智慧城市评价工作（附新旧指标对比）[EB/OL].https：//www.sohu.com/a/295531071_654086.

91　田宝江, 李颖欣.智慧城市背景下城市规划的应对与创新[J].城市建筑, 2018, （15）：22-25.

92　国家信息中心智慧城市发展研究中心.新型智慧城市评价指标[R/OL].（2016-12-13）[2021-03-02]. http：//www.scdrc.sic.gov.cn/archiver/smartercity/upfile/files/default/20161213181014666090.pdf.